KB190659

이 책은 하늘에 대한 연구로는 가장 선명하면서도 또한 가장 최신의 연구를 종합적으로 반영한 놀라운 연구서다. 저자는 바울의 삼층천에 대한 연구로 박사 학위를 받은 하늘 연구의 최고 전문가로서 고대 유대인들의 우주론을 탁월하게 설명하고 우주론(하늘, 천사들, 천상회의, 하늘회의, 지옥, 음부)과 그리스도인의 세계관이 어떤 영향을 주고받는지 성경의 논지와 이 분야의 최고 연구 자료에 근거해 논증한다. 이 책은 구약과 제2성전기 유대교와 신약의 하늘을 이해하기 원하는 독자들뿐 아니라 깊이 있는 연구를 시도하는 신학생들(과 신학자들)에게 최고의 안내서다. 특히 하늘 관련 최근 연구를 집대성한 것과 같아서 우주론 연구자들은 이 책의 각주만 봐도 큰 도움을 얻을 수 있다. 크리스토퍼 롤런드(Christopher Rowland)의 연구가 구더를 통해 열매를 맺었다.

강대훈, 개신대학원대학교 교수

언제부터인지 한국 교회에서 내세와 영생, 하늘에 대한 이야기가 거의 들리지 않는다. 보수적인 교회는 온통 땅에서의 번영과 복에 관심이 있고 진보적인 교회는 오로지 땅에서의 정의와 평화를 추구한다. 천국과 지옥은 불편하거나 저 멀리 있는, 혹은 과학 시대에 맞지 않는 원시적인 가르침에 불과한 내용이 되었다. 더욱이 전통적으로 천국과 내세, 영생의 삶을 중대한 교리로 배워온 기독교인들은 정작 하늘의 세계에 대해서 체계적으로 가르침을 받지 못했다. 예를 들어, 그룹과 스랍, 그리고 타락한 사탄을 비롯한 천사들과 천계의 피조물들에 대해 잘 알지 못한다. 또한 바울이 왜 자신이 목격한 하늘을 다층적인 의미의 '셋째 하늘'로 묘사했는지 이해하지 못한다.

『마침내 드러난 하늘나라』는 하늘이 사라진 이 시대에 기독교가 하늘에 뿌리를 두고 땅을 살아가는 종교임을 상기시키는 역작이다. 이 책은 하늘나라의 실체가 구약, 중간기, 신약을 관통하며 어떻게 발전되어 구체적인 실체로 드러났는지를 잘 보여준다. 암울했던 유대교 중간기에 내세를 소망하며 발달한 유대 묵시 문학들이 구약과 신약을 잇는 가교 역할을 했는데, 이는 구약을 거쳐 신약으로 이어지는 묵시 신학의 발달에 따른 결과라 말할 수도 있지만, 다른 측면에서 보면 이 책의 제목이 말하는 바와 같이 계시의 발전에 따른 하늘나라의 "드러남"으로 이해할 수도 있다. 구약에는 천국과 부활, 영생 그리고 천상의 존재들에 대한 정보가 희미하거나 찾아보기 힘들지만, 중간기를 거쳐 신약에 이르면 상당히 구체적으로 묘사된다. 이에 대해 그동안 우리는 성경 사전을 통해 파편적인 지식을 얻어야 했지만, 이 책은 매우 체계적으로 그러한 내용들을 설명해준다. 또한 이 책은 대중적인 차원에서 저술되어 누구나 쉽게 이해할 수 있다. 그럼에도 깊은 학문성을 갖춘 이 책은 말할 수 없이 유익하고 풍부한 참고 자료들을 제공한다. 이런 점에서 이 주제를 전문적으로 연구하고자 하는 이들 또한 반드시 이 책에서 출발해야 할 것이다.

김경열, 총신대학교 초빙교수, 〈말씀의 집〉 대표

구더는 많은 사람이 하늘나라를 이야기하지만 그것이 무엇인지 정확히 말로 표현할 수 있는 사람은 드물다는 관찰에서 시작하여, 하늘나라를 죽어서 가는 나라로 인식하고 사용함에 따라 실질적으로 우리가 살아가는 이 땅과는 분리된 것으로 여겨져 왔음을 지적한다. 그녀는 그리 길지 않은 이 책을 통해 성경에서 하늘나라에 대해 다루는 내용들을 차근차근 살펴 보며 성경이 말하는 하늘나라를 설명한다. 왕이신 하나님에 대한 은유가 신구약성경의 하늘 관련 본문을 관통함을 보이면서, 이 은유를 중심으로 하나님의 보좌, 하나님의 궁정, 그 궁정에서 하나님 앞에 선 여러 신적 존재들을 다루고, 하나님을 대적하는 사탄, 타락한 천사, 메타트론도 다룬다. 특히 하늘의 천사들에 대한 여러 설명과 더불어, 하나님과 가장 가까이 있는 존재이면서 때로 하나님을 대신하는 천사들에 대한 인식이 "두 번째 하나님"으로서 예수 그리스도의 신성을 받아들이는 것을 쉽게 하였다는 점, 그리고 이웃에 대한 환대와 우리와 소통하시는 하나님께 대한 열린 마음과 기대를 갖게 한다는 설명은 무척 인상적이면서도 적절하며 천사에 대한 우리의 이해가 더욱 넓어져야 함을 알려준다. 무척이나 까다롭고 어려운 책인 요한계시록이 근본적으로 하늘의 일을 땅에 있는 사람들에게 전달하는 것이라는 구더의 단언은 오래도록 제대로 다루어지지 못한 요한계시록을 이 땅의 현실에 단단히 자리잡게 한다. 구약과 신약 안에 환상이나 꿈, 천사가 전해주는 말, 하늘로부터 나는 소리, 하늘에 올라가는 사람, 하나님을 만난 사람 등 온갖 신비한 상황이 존재하지만, 이 모든 것의 핵심에는 지으신 세상과 소통하기를 원하시는 하나님이 있다. 결국 저자의 모든 초점은 하늘나라가 단지 죽음 이후의 시간과 연관된 것이 아니라 철저하게 지금 이 땅에서의 일상과 연관되었음을 보이는 데 있다. 세부적인 내용에서 성경 본문에 대한 기본적인 풀이를 제공하면서 본서는 독자로 하여금 좀 더 생각하고 궁리할 수 있는 생각거리를 던져준다. 하늘나라를 믿는다는 것이 어떤 의미를 갖는지 차근히 보여주는 본서는 하늘나라에 대한 우리의 실질적인 이해를 위해 기초적이면서 기본적인 토대를 제공하는 책이라 할 수 있다.

김근주, 기독연구원 느헤미야 연구위원

저자는 차분하게 대중적인 하늘나라에 관한 통념들을 분석하고, 또 성경 전통에서 하늘나라의 뜻을 정리한다. 둘을 비교하니 어림짐작한 것보다 훨씬 큰 간격이 드러난다. 대중적 하늘나라가 개인적이고 미래적이어서 현실과 별 상관이 없다면 성경의 하늘나라는 하나님이 머무시는 땅임을 설득력 있게 밝힌다. 후자는 얼마나 구체적으로 우리의 삶과 연관되어 있는가! 성경의 하늘나라는 우리가 알고 그만 둘 수 있는 것이 아니다. 그것은 우리에게 실행을 요청한다.

성경의 하늘나라를 이해하기 위해서는 건너기 힘든 시간과 공간, 그리고 역사와 문화의 큰 차이를 넘어서야 한다. 저자는 요령 있게 이 작업을 완수한다. 이 책의 강점은 무엇보다 잘 읽힌다는 것이다. 교양 대중이 쉽게 읽을 수 있고 또 유익하기도 하다. 정보를 설명할 때에도 아주 친절하여 마치 초등학교 교실에 들어가 있는 듯하다. 풍부한 정보와 쉬운 읽기, 나아가 통념과 왜곡의 효과적인 교정, 이 셋이 훌륭하게 조화를 이룬 책이다. 번역 역시 탁월하여 마치 애초에 우리 말로 쓰인 글 같다. 오후에 공들여 읽다가 새벽을 맞았다. 즐거운 마음으로 추천한다.
김학철, 연세대학교 학부대학 교수

구더는 성서학계 최고 수준의 논의를 이해하기 쉽게 전달하는 특별한 능력이 있다. 복잡한 주제를 흥미로우면서도 삶에 적실한 내용으로 만들었다.
크리스토퍼 롤런드(Christopher Rowland), 옥스포드 대학교(Oxford University)

마침내 드러난 하늘나라

폴라 구더

Heaven

Paula Gooder

사랑하는 프랜시스 맨트(Frances Mant)를 기리며
(1961. 5. 14 - 2011. 5. 7)

Abbreviations

AGJU	Arbeiten zur Geschichte des antiken Judentums und des Urchristentums
ESV	English Standard Version
JSNT	*Journal for the Study of the New Testament*
JSOT	*Journal for the Study of the Old Testament*
JSS	*Journal of Semitic Studies*
NIV	New International Version
NRSV	New Revised Standard Version
OTG	Old Testament Guides
RSR	*Religious Studies Review*
SBL	Society of Biblical Literature
SR	*Studies in Religion*
TSAJ	Texte und Studien zum Antiken Judentum
VC	*Vigiliae Christianae*
WBC	Word Biblical Commentary
WUNT	Wissenschaftliche Untersuchungen zum Neuen Testament

| 목 차 |

· **옮긴이의 말**

1. 원서의 제목이기도 한 Heaven(s) 단어를 문맥에 맞게 하늘나라, 하늘, 천국, 천상으로 옮겼습니다. 이들과 구별하기 위해 Sky는 주로 창공으로 옮겼습니다.

2. 저자의 논지가 개역개정성경의 번역과 다르다고 판단되는 경우에는, 저자 개인의 번역을 따랐습니다. 그 논지가 크게 다르지 않은 경우, 되도록 개역개정성경 혹은 새 번역성경을 반영했습니다.

3. 히브리성경은 곧 구약성경을 가리킵니다.

감사의 말

책은 혼자서 쓸 수 없습니다. 물론 생각을 종이에 옮기는 물리적인 과정이야 혼자서 할 수 있습니다. 하지만 책이 실제로 만들어지는 과정에는 오랜 시간에 거쳐 형성된 개념과 더불어 질문 그리고 대화가 필요합니다.

많은 분들이 하늘나라에 대한 저의 생각—특히 신약성경을 이해함에 있어서 하늘나라가 중요하다는 생각—을 구체화하는 일에 도움을 주었습니다. 그중에서도 특별히 한 사람을 언급하지 않을 수 없는데요. 바로 옥스포드 대학교 아일랜드 교수직(Oxford University, Dean Ireland's Professor)에 계신 크리스토퍼 롤런드(Christopher Rowland) 교수님입니다. 저의 첫 '하늘나라 안내자'가 되어 주신 분입니다. 교수님은 하늘나라를 다루는 성경 안팎의 문헌들로 저를 이끌어 주셨으며, 지금도 여전히 영감을 주시는 분입니다. 제가 이 분야에서 교수님이 가진 지식의 깊이와 넓이, 지혜에 필적할 수는 없을 것입니다.

제 이야기에 기꺼이 귀를 기울여 준 다른 분들에게도 감사한 마음을 전합니다. 제가 더 나은 방향으로 나아갈 수 있도록 올바른 질문을 해준 덕분에, 하늘나라에 관해 자리 잡지 못한 생각들이 좀 더 명확해질 수 있었습니다. 또한 오랫동안 서더크(Southwark) 교구에서 여러 주제를 가르치고, 길포드(Guildford) 교구에서 하늘나라를 다룬 덕분에 제가 가진 생각들이 더 구체화될 수 있었습니다. 아울러 런던(London) 교구의 여성 성직자분들—우리는 몸에 대한 신학을 주제로 풍성한 대화를 나누었습니다—과 함께 공부한 일 역시 정말로 큰 도움이 되었습니다.

제임스 존스(James Jones) 주교님에게도 감사한 마음을 전합니다. 그분의 사려 깊은 경청과 시의적절한 격려 덕분에 환경 문제를 다루는 데 있어 하늘나라의 신학이 갖는 중요성을 깨달을 수 있었습니다.

또한 클레어 데이비스(Clare Davies), 매들린 로이드(Madeleine Lloyd), 프랜시스 테일러(Frances Taylor), 이 세 분에게도 특별히 감사의 말을 전하고 싶습니다. 그분들은 (주방 후드가 제 머리 위로 떨어지는) 참사가 일어나 도움이 절실할 때에, 제 아이들을 돌봐주었습니다.

언제나처럼 피터(Peter), 수지(Susie), 루스(Ruth)에게 가장 감사한 마음을 전하고 싶습니다. 그들은 모두 지금의 제가 있게 해주었으며, 언제나 영감과 사랑과 기쁨을 넘치게 주었습니다.

"이 하늘(Heaven)과 땅(Earth)에는 말일세, 호레이쇼.

자네의 철학으로는 상상도 못할 일이 많다네."[1]

하늘나라(Heaven)와 같은 단어를 들으면 무엇이 떠오르나요? 대다수 사람들의 경우 좀 희미하더라도 분명 머릿속에 떠오르는 이미지가 있을 것입니다. 하늘나라에 대한 책을 쓰면서 한 가지 흥미로웠던 점은 이 주제가 사람들의 반응을 일으킨다는 것이었습니다. 보통은 글을 쓴다고 해도 사람들의 관심을 끈다는 것이 여간 어려운 일이 아닙니다. 가장 흥미로운 주제조차 설명을 하면 할수록 오히려 흥미를 떨어뜨리기가 쉽거든요. 하지만 이 책의 반응은 상당히 달랐습니다. 제가 하늘나라에 대한 이야기를 꺼내자마자, 대부분의 사람들이—신앙이 있든 없든 상관없이—하늘나라에 관하여 그들이 믿거나 혹 믿지 않는 내용을 적극적으로 말하기 시작했습니다. 또한 다른 사람들에게 들은 어처구니 없거나 혹 심각한 이야기를 전해주기도 했습니다. 거의 모든 사람들이 하늘나라에 관하여

---

1   William Shakespeare, *Hamlet*, Act I scene iv, 166-7.

어떤 식으로든 입장을 갖고 있다는 점은 상당히 흥미로운 부분이었습니다. 그 입장은 사람마다 조금씩 달랐지만 그럼에도 거의 모든 사람들이 하늘나라에 관한 견해를 가지고 있었고 또 하늘나라가 어떤 모습일지 나름의 이미지를 가지고 있었습니다.

이처럼 하늘나라에 관하여 많은 관심이 쏟아지는데도 정작 그것에 관한 깊이 있는 이야기를 찾아보기 힘들다는 점은 다소 의아합니다. 제가 이 책을 쓰는 동안 계속해서 떠오른 생각도 바로 이 점이었는데요. 사람들은 하늘나라를 믿는다는 것이 어떤 의미인지에 대해 말하고 싶어하지만, 정작 그런 기회가 흔치 않습니다. 이는 하늘나라에 관하여 어느 정도 정확성을 가지고 말할 수 있는 부분이 무엇인지 잘 모르기 때문일 수도 있습니다. 실제로 우리가 하늘나라에 관하여 확신 있게 아는 부분은 거의 없는 실정이니까요.

하지만 이러한 문제가 성경의 저자들에게는 나타나지 않습니다. 우리는 창세기부터 요한계시록까지, 성경 곳곳에서 하늘나라에 대한 말씀과, 하늘과 땅의 관계에 대한 말씀들을 보게 됩니다. 우리가 말하지 않더라도 이미 성경이 하늘나라에 관하여 많은 내용을 말했습니다. 물론 이 책에서 저는 하늘나라와 관련된 모든—혹은 대부분의—질문에 답을 줄 수 있다는 식의 주장은 하지 않을 것입니다. 그럼에도 이 책을 통해서 하늘나라와 관련된 논의가 더욱 활발해지고, 무엇보다 하늘나라의 본질에 대해서 또한 하늘나라가 일상의 삶 속에서 가지는 의미에 대해서 더욱더 많은 대화가 일어나기를 바랍니다. 하늘나라는 우리 자신과 세계에 관하여 우리가 모르는 부분을 상징적으로 보여주는 위대한 신비입니다. 또한 하늘나라는 일상생활과 평범한 현실에 갇힌 우리의 시선을 끌어올려주고, 우리의 존재가 속한 단조로운 일상 너머에, 보이지 않는 또 다른 현실(reality)이 있음을 일깨워 줍니다. 그 현실은 땅의 것들이 아닌, 하나님의 것들로 운행됩니다. 또한 그 현실은 우리의 일상생활만큼이나—그 이상은 아니더라도—실제적입니다. 하늘나라는 분명 우리가 속한 현실 그 이상의 무언가가 있다는 직감에 답을 줍니다. 그리고 하늘나라는 우리의 모든 철학으로 상상할 수 있는 것보다 더 많은 것이 정말로 하늘(나라)과 땅에 있는지 궁금하게 만듭니다.

대중의 상상 속 하늘나라

먼저 우리가 '하늘나라'라는 단어를 어떤 의미에서 사용하고 있는지 살펴보는 것으로 시작하려 합니다. 하늘나라는 종교적인 배경에서 비롯된 단어임에도 불구하고, 이미 일상의 언어에서도 널리 사용되고 있는 독특한 단어 중 하나입니다. 신앙이 있든 없든 상관없이 대부분의 사람들은 이 단어를 사용합니다. 사람들이 '하늘나라'라는 단어를 가장 많이 사용할 때는 곧, 자기 자신 혹은 사랑하는 사람들이 죽으면 그들에게 어떤 일이 일어나는지를 설명하려고 할 때입니다. 이처럼 하늘나라는 사람들이 죽은 후에 가는 곳으로 여겨지고 있습니다. 다시 말해, 현재의 삶에서 겪는 여러 제약에서 벗어나 무한한 행복과 기쁨, 만족을 누리게 될 장소로 여겨지고 있습니다. 하늘나라가 어떤 모습일지에 대해 모두가 의견을 같이 하는 것은 아니지만, 하늘나라에 대한 믿음 자체는 분명 널리 퍼져 있습니다.[2] 그렇지만 정작 하늘나라가 무엇인지 정확히 말로 표현할 수 있는 사람은 찾아보기 힘듭니다. 흔히 하늘나라는 땅에 있는 사람들이 죽음 후에 가게 되는 곳으로 알려져 있는데요. 사후 세계의 장소로서의 하늘나라를 향한 믿음이 상당히 많이 퍼져 있어서, 그러한 내용이 영화나 소설, 각종 노래들 가운데 수없이 활용되고 있습니다.

하늘나라는 수세기 동안 미술을 통해 묘사되기도 했습니다. 하늘나라에 대한 대중의 인식은—적어도 부분적으로나마—하늘나라를 그린 걸작품에 그 뿌리를 두고 있다고 할 수 있습니다. 물론 어떤 하나의 그림이 홀로 하늘나라에 대한 인식에 영향을 미쳤다고 짚어내기는 어렵습니다. 하지만 히에로니무스 보쉬(Hieronymus Bosch)의 **파라다이스**(Paradise)나, 얀 반 에이크(Jan van Eyck)의 작품, **어린 양에 대한 경배**(Adoration of the Lamb) 속에 담긴 동산(gardens)의 모습이, 우리 머릿속에 하늘나라에 대한 이미지가 형성되는 데 영향을 미친 것은 분명합니다.

예술 작품에서 엿보이는 하늘나라에 대한 대중적인 묘사보다

---

2   British Religion in Numbers(BRIN) 웹사이트는 Gallup, Mori와 같은 다양한 설문 조사들의 데이터를 수집하여, 하늘나라를 믿는다고 말한 응답자들의 비율이 1965년 이후 꾸준히 50% 이상 유지되고 있음을 보여줍니다. 참고, <http://www.brin.ac.uk/figures/#BSA2008>, 2010년 6월 24일 접속.

더 놀라운 것은—하늘나라를 묘사하는 것이 본래 상당히 복잡한 일임에도 불구하고—심지어 영화 속에서도 그러한 묘사의 시도가 이어져왔다는 사실입니다. 이것을 보여주는 가장 대표적인 사례는 아마 1946년 영화, 천국으로 가는 계단(A Matter of Life and Death)일 것입니다. 이 영화에는 이제 막 죽음을 맞이한 자들이 에스컬레이터를 통해 하늘나라로 올라가는 장면이 나오는데요. 이 장면은 일종의 상징처럼 되어버려서, 이후 하늘나라로 가는 여정을 가리키는 데 폭넓게 활용되었습니다. 이를테면, 필 콜린스(Phil Collins)가 1989년에 발표한 싱글 음반, 하늘나라로 가는 길에 생긴 일(Something Happened on the Way to Heaven)의 앨범 재킷과, 영화 엑설런트 어드벤쳐2(Bill and Ted's Bogus Journey), 그리고 심슨 가족의 두 에피소드에 활용되었습니다. 한편, 1998년에 나온 영화, 천국보다 아름다운(What Dreams May Come)은 하늘나라를 또 다르게 묘사하기도 했습니다. 이 영화는 아내와 자녀들을 찾아 하늘나라를 헤매는 한 남자의 모습을 그리고 있으며, 전체적으로 하늘나라를 영화의 배경으로 삼고 있습니다.

수많은 현대 소설들의 경우 하늘나라를 풍요로운 장소로 묘사했습니다. 예를 들어, 앨리스 세볼드(Alice Sebold)가 2002년에 발표한 소설, 『러블리 본즈』(The Lovely Bones)—2009년에 영화로 만들어지기도 했습니다—는 한 10대 소녀가 살인자의 손에 죽임을 당한 뒤, 그녀의 가족과 친구들을 '하늘나라'에서 지켜본다는 내용의 소설입니다. 이와는 완전히 다른 내용이면서도 상당한 인기를 끌었던 소설, 미치 앨봄(Mitch Albom)의 『천국에서 만난 다섯 사람』(The Five People You

Meet in Heaven, 2003년) 역시 그 제목처럼 전적으로 하늘나라를 배경으로 하고 있는데요. 이 소설의 주인공은 죽음 직후 하늘나라에서 다섯 사람을 만나게 되는데, 그들은 각기 주인공의 삶에 대해 그리고 세상에서 주인공이 차지한 위치에 대해 이야기합니다. 또한 해리 포터 시리즈의 마지막 이야기, 『해리 포터와 죽음의 성물』(Harry Potter and the Deathly Hallows, 2007년)을 보면, 해리와 볼드모트 사이에 최후의 대결이 펼쳐진 후, 덤블도어가 있는 하얀 방 안에 해리가 등장하는데요. 많은 사람들이 그곳을 하늘나라로 해석하고 있습니다. 물론 림보(limbo)에 더 가까워 보이기도 하지만요.

마찬가지로 하늘나라는 록이나 팝 음악에서도 중요하게 다뤄집니다. 에릭 클랩튼(Eric Clapton)이 1992년에 발표한 노래, '티어스 인 헤븐'(Tears in Heaven)은 그가 4살의 아들을 잃고 쓴 곡인데요. 하늘나라에서 아들을 보게 되면, 아들이 자신을 알아볼 수 있을지 없을지 궁금해하는 내용을 담았습니다. 또한 밥 딜런(Bob Dylan)이 1973년에 발표한 '노킹 온 헤븐스 도어'(Knockin' on Heaven's Door)의 경우 죽음을 앞둔 사람의 감정과, 마치 하늘나라의 입구에 다가선 듯한 느낌을 표현하고 있습니다.

제가 이런저런 참고 자료들을 한데 모아 소개하는 이유는, 그것들이 가진 문화적인 의미나 영향력—이는 논쟁의 여지가 있을 것입니다—을 보여주기 위함이 아닙니다. 이 자료들을 소개하는 이유는 곧 하늘나라와 사후 세계에 관한 믿음이 지속적으로 인기를 끌고 있다는 점을 드러내기 위함입니다. 동시에 우리가 죽은 후에 벌어지는 일을 묘사하는 데 흔히 사용되는 단어가 무엇인지를 드러내기 위한 목적도 있었고요. 당연한 말일 수 있지만, 하늘나라가 어떤 곳인지 그리고 하늘나라에서 사람들은 무엇을 하는지에 대해서는 그다지 의견이 일치되지 않습니다. 하지만 하늘나라에서 사후 세계를 보내게 될 것이라는 믿음은 대중문화의 상상력에 활기를 불어넣었고, 결국 다양한 매체를 통해 전파되었습니다. 시간이 지남에 따라 대중이 가진 믿음의 양상이 뒤바뀌고 또 세속주의(secularism)가 확산됨에 따라 하늘나라에 대한 태도가 변할 수도 있지만, 현재로서는 하늘나라에서의 사후 세계를 받아들이는 분위기가 계속해서 팽배한 상태입니다.

하늘나라와 관련된 생각과 감정

하늘나라(heaven)라는 단어가 대중적으로 사용될 때는, 단지 장소만 나타내는 것이 아니라 감정 역시도 나타냅니다. 이를테면, 종종 하늘나라는 가장 기쁘고 행복한 상태를 묘사하는 데 사용되기도 하는데요('천상의 초콜릿 케익' 혹은 '천국 같은 휴가지'). 이러한 용례는 죽음 이후의 삶에 대한 믿음에서 비롯된 것일 수 있습니다. 하늘나라가 어떤 모습일지에 대해서는 의견이 일치되지 않고 있지만 그럼에도 많은 사람들이 (하늘나라를) 영원한 기쁨의 장소, 넘치는 행복을 누리는 곳으로 생각하고 있습니다. 그래서 땅에서 하는 어떤 경험이 하늘나라에 닿는 것 같은 느낌이 들면, 그것에 비유하여 표현하는 것입니다. 이를테면, 오랜 시간 인기를 끌었던 어빙 벌린(Irving Berlin)의 곡,

'칙 투 칙'(Cheek to Cheek)은 영화 톱 햇(Top Hat, 1935년)에서 프레드 아스테어(Fred Astaire)가 처음으로 불렀는데요. 이 곡은 "천국 … 나는 천국에 있어요"로 시작합니다. 또한 릭 노웰스(Rick Nowels)와 엘런 쉬플리(Ellen Shipley)가 만들고, 1987년 벨린다 칼라일(Belinda Carlisle)이 불러서 유명해진 노래, '헤븐 이즈 어 플레이스 온 얼스'(Heaven is a Place on Earth)라는 곡도 있습니다. 이 두 곡은 모두 사랑에 빠지는 경험을 '천상의 경험'으로 간주하고 있습니다. 이는 곧 그 경험이 하늘나라에 비견될 만함을 의미하거나 혹은 죽음 이후 하늘나라에서 영원히 누리게 될 행복을 미리 맛본다는 의미를 담고 있습니다.

그렇다면 우리는 하늘나라에 대한 대중의 태도가—종종 흐릿하고 불분명할 때도 있지만—특별히 2가지 생각을 중심으로 전개된다는 것을 볼 수 있습니다. 첫째, 하늘나라는 우리가 죽으면 가는 곳이라는 생각입니다. 둘째, 하늘나라에 이르면 큰 행복과 만족을 누리게 될 것이라는 생각입니다. 어떤 사람들에게는 하늘나라에 대한 이런 대중적인 견해가 그저 실체(reality)가 없는 비유일 뿐입니다. 하지만 또 어떤 사람들에게는 죽음 이후 영원한 행복을 누리는 장소로서의 하늘나라가 그들이 가진 믿음—죽음 이후 자신에게 어떤 일이 벌어질 것인지에 대한 믿음 그리고 이미 죽은 (그들이) 사랑하는 사람들에게 어떤 일이 일어났는지에 대한 믿음—에 있어서 꼭 필요한 부분이 되기도 합니다.

그리스도인이 흔히 떠올리는 하늘나라

앞서 살핀 하늘나라에 대한 견해는 기독교 전통 안에서도 똑같이 중요하게 여겨졌습니다. 많은 사랑을 받은 찬송가들이 하늘나라에 대하여 비슷한 견해를 나타냅니다. 예를 들어, 찰스 웨슬리(Charles Wesley)가 1747년에 작사한 '하나님의 크신 사랑'(Love divine all loves excelling, 새찬송가 15장에 해당합니다 - 역주)이 있습니다. 많은 사랑을 받은 이 찬송가의 마지막 가사는 "우리가 하늘나라에 갈 때까지"입니다. 마찬가지로 존 보데(John Bode)가 1868년에 쓴 '이 세상 끝날까지'(O Jesus I have promised, 새찬송가 447장에 해당합니다 - 역주) 역시 마지막 가사가 다음과 같습니다.

오, 나를 인도하시고 부르소서, 나를 이끄시고 끝까지 붙드소서

하늘나라에서 나를 맞아주소서, 나의 구원자 나의 친구시여.

이 두 곡과 함께 많은 찬송가들이 죽음 이후의 삶은 곧 하늘나라에서 기쁨 가운데 영원히 존재하는 것이라는 생각을 당연하게 받아들이고 있습니다.

이러한 생각에 만족해하고 또 익숙해진 나머지, 정작 성경의 전통은 하늘나라를 (그러한 생각과는) 다른 방식으로 묘사한다는 이야기를 듣게 되면 당혹스러움을 느끼는 경우가 많습니다. 성경의 전통 안에 나타나는 하늘나라에 대한 주된 묘사는, 인간을 위한 마지막

안식처도 아니고 또한 만족과 행복을 누리는 장소도 아닙니다. 성경 안에서 하늘나라는 땅 위에 있는 하나님의 거처로 여겨집니다. 그곳에서 하나님은 밤낮으로 천사들의 경배를 받으십니다. 정작 하늘나라를 죽은 사람들의 영혼이 사는 곳으로서 언급하는 경우는 많지 않습니다. 즉, 성경 안에서 하늘나라에 관한 대부분의 언급은 우리가 죽을 때 벌어지는 일과는 별 관련이 없고, 지금 하나님이 거하시는 곳과 주로 관련이 있습니다. 그리고 이는 필연적으로 우리의 세계와도 연결이 됩니다.

흔히 하늘나라를 이야기할 때면 각 사람이 죽은 후에 벌어지는 일에 초점을 맞추는 경우가 허다합니다. 그로 인해 결국 그 개념은 사적이고 당장에는 의미를 찾기 힘든 내용이 되고 맙니다. 즉 하나님에 대한 내용이 아니라 인간 개개인의 운명에 관한 내용이 되어버리는 것입니다. 또한 하늘나라의 실재성(reality)이 막연한 미래로 밀려나게 됩니다. 그 결과 하늘나라는 각 개인이 자신의 미래를 생각할 때에야 꺼내는 주제가 되고, 정작 (현재의) 일상생활과는 대체로 무관한 문제가 됩니다. 이러한 생각(의 흐름)은 또한 피조 세계의 가치를 떨어뜨리기도 합니다. 인간 존재의 궁극적인 목적이 영적인 하늘나라에 존재하기 위해 이 물리적인 세계를 떠나는 일, 즉 우리의 몸을 벗어나는 일이 되어버리는 것입니다.

이와 같은 대중적인 인식과는 반대로, 성경의 전통은 하늘나라를 주로 우리가 아닌 하나님과 관련된 장소로 묘사합니다. 미래에 각 개인에게 영향을 미치는 곳으로 여기기보다는, 현재의 세계 곳곳에 영향을 미치는 장소로 묘사합니다. 다시 말해, 성경 안에서 하늘나라는 계속해서 하나님이 거하시는 땅 위의 장소로 묘사되고 있습니다. 하나님은 그곳에서 땅의 일에 개입하십니다. 인간의 부르짖음을 들으시고 천사를 보내기도 하시며 때로는 직접 간섭하기도 하십니다. 성경 안에서의 하늘나라는—멀리 떨어져 있으면서도—일상생활과 전혀 무관하지 않습니다. 성경은 하늘나라의 일이 땅의 일과 긴밀하게 연결되어 있으며, 또한 하늘나라에서 일어나는 일이 지금 땅에서 일어나고 있는 일에 영향을 미친다고 분명하게 밝히고 있습니다.

이 책을 쓴 이유

이 책의 주요 관심사는 성경 안에 있는 '하늘나라'라는 방대한 주제를 소개하는 것입니다. 놀랍게도 이 주제는 생각보다 그다지 많이 연구되지 않았습니다.[3] 성경뿐만 아니라 성경과 비슷한 시기

---

3 기독교의 역사 전반에 걸쳐서 하늘나라의 개념의 발전을 두고 수많은 역사적 탐구가 있었습니다. Colleen McDannell, Bernhard Lang, *Heaven: A History* (New Haven, CT: Yale University Press, 1990); Jeffrey B. Russell, *A History of Heaven: The Singing Silence* (Princeton, NJ: Princeton University Press, 1997); Alister E. McGrath, *A Brief History of Heaven* (Oxford: Blackwell, 2003). 그러나 하늘나라를 다루는 성경의 자료에 초점을 맞춘 대부분의 연구들은 사실 하늘나라보다는 죽음 이후의 삶을 조사하고 있습니다. 하늘나라라는 주제를 살펴보는 최고의 책 2권을 꼽으라면, 다음의 책들을 꼽겠습

에 기록된 유대 문헌과 기독교 문헌 속 하늘나라 개념에 대한 최신의 연구가 여전히 필요한 상황입니다. 성경은 하늘나라와 하늘나라에 있는 하나님의 보좌, 그리고 하나님 주위의 천사들에 관한 개념들로 가득합니다. 물론 성경 속의 어떤 책들은 다른 책들보다 하늘나라를 더 명확하게 언급하기도 합니다(예를 들어, 시편의 경우 하늘[나라]과 하나님의 보좌를 가리키는 내용으로 가득 차 있는 반면, 미가서의 경우 하늘[나라]에 대한 어떠한 언급도 나타나지 않습니다). 그럼에도 히브리성경과 신약성경의 모든 책들은 결국, 하늘나라를 적극적으로 믿는 사람들 곧 하늘나라에서 다스리시는 하나님과 천사들을 믿는 사람들(이 사는 세계)을 향해 기록된 것이라고 할 수 있습니다. 그러므로 우리가 성경을 더 깊이 이해

니다. Ulrich E. Simon, *Heaven in the Christian Tradition* (London: Rockliff, 1958), J. Edward Wright, *The Early History of Heaven*, illustrated edition (New York: Oxford University Press, 2002). 또한 히브리성경과 제2성전기 문헌에 나타나는 하늘나라를 연구한 유용한 자료는 다음과 같습니다. Jonathan T. Pennington, *Heaven and Earth in the Gospel of Matthew* (Grand Rapids, MI: Baker, 2009), pp. 39-76. 상당한 인기를 끌었던 다음의 책도 언급하지 않을 수 없습니다. Randy Alcorn, *Heaven* (Wheaton, IL: Tyndale, 2004). 이 책 역시 주로 성경을 살피며, 죽음 이후 우리에게 일어나는 일에 초점을 두고 있습니다. 하늘나라에 대한 가장 최근의 책이면서 또 가장 유용한 책은 다음과 같습니다. Christopher Morse, *The Difference Heaven Makes: Rehearing the Gospel as News* (London: T&T Clark, 2010). 이 책은 저의 생각과 비슷한 입장에서 시작합니다. 즉, 대중적으로 사용되는 하늘나라에 관한 언어의 한계를 인식하여, 하늘나라에 대한 이해를 다시 소개하려는 바람을 가지고 있습니다. 하지만 저의 책과는 달리, 주로 (불트만, 바르트, 본회퍼와 같은) 위대한 신학자들과 대화하며 그들이 가진 하늘나라 신학을 살펴보는 책입니다. 여러 면에서 제 책과 궤를 같이하며 유사한 생각과 강조점을 보이지만, 접근 방식은 전혀 다릅니다.

하고 싶다면, 성경의 저자들이 하늘나라, 하나님의 보좌, 하나님 우편에 앉으신 예수님, 천사들을 언급하면서 의도한 바를 이해할 수 있어야 합니다.

저는 이 책에서 학문성과 대중성 사이를 걷는 어려운 길을 택했습니다. 학문성에만 치중하게 되면 다소 읽기 어렵고 난해한 책이될 수 있다는 점을 잘 알고 있습니다. 반대로 학문성을 제대로 드러내지 못하면, 알맹이 없는 가벼운 책이 되고 말겠지요. 그래서 저는가능한 한 본문을 읽기 쉽게 만들려고 노력했습니다(물론 이 책에서 다뤄지는 자료 중 일부는 아주 어렵고 복잡합니다). 그러면서도 관련 주제를 더 자세히 살펴보길 원하는 이들을 위해 각주에 참고 자료들을 기록해 두었습니다.

하늘나라 용어 문제

성경 속에 나타나는 하늘나라와 하나님의 보좌, 천사들에 관한생각을 알지 못하고서는, 성경을 깊이 이해할 수 없습니다. 그러한용어나 이미지와 관련된 문제를 헤쳐나가기 위해서는 각 용어가 무엇을 가리키는지에 대한 실제적인 지식 그리고 어떤 이유로 사용되었는지에 대한 개략적인 이해가 필요합니다. 제목에서도 알 수 있듯이 이 책은 하늘나라에 대한 '일반적인 가이드'를 제공하는 책입니다. 따라서 하늘나라에 대한 개념들을 소개하는 동시에 하늘나라가 그리스도인의 신앙과 실천에 있어서 어떠한 차이를 만들어낼 수있는지를 다룰 것입니다. 이러한 책에는 어쩔 수 없이 많은 사람들이 '이상하다고 느끼거나' 혹 이해하기 어렵다고 생각할 만한 자료 연구가 담기기 마련입니다. 이 책에는 하나님의 보좌-병거, 천사들에 대한 연구도 포함되어 있습니다. 그러한 내용이 바울과 복음서 저자들의 생각 속에서 또 그 외 신약성경 저자들의 생각 속에서 상당히 중요한 부분이었기 때문에, 만일 우리가 그것을 제대로 이해하지 못한다면 그들이 말하는 바의 상당 부분을 이해할 수 없게 됩니다.

저는 하늘나라와 땅의 관계를 살피는 일로 시작하려고 합니다. 이를테면, 하늘나라에서 이루어지는 하나님의 즉위, 천사들, 하늘이 열리는 경우, 그리고 하늘나라에 오를 수 있다는 믿음 등을 살펴볼 것입니다. 이로써 내세 혹은 하늘나라와 '죽음 이후의 삶'의 관계에 대한 질문이 나올 수 있는 배경을 만들 것입니다. 저는 의도적으로 "우리가 죽고 나면 어떠한 일이 벌어지는가?"에 대한 질문에는 시간을 덜 할애했습니다. 그 주제는 다른 책에서도 이미 많이 다루어졌기 때문입니다.[4] 물론 하늘나라에 관한 책이 불완전한 책이 되지 않으려면, 적어도 기독교(의 사상) 안에서 나타났던 '죽음 이후의 삶과

---

4   참고, Richard Bauckham, *The Fate of the Dead: Studies on the Jewish and Christian Apocalypses* (Leiden: Brill, 1998); Richard N. Longenecker, *Life in the Face of Death: Resurrection Message of the New Testament* (Grand Rapids, MI: Eerdmans, 1998); Philip S. Johnston, *Shades of Sheol: Death and Afterlife in the Old Testament* (Downers Grove, IL: Inter-Varsity Press, 2002); N. T. Wright, *The Resurrection of the Son of God* (London: SPCK, 2003); Alan F. Segal, *Life After Death: A History of the Afterlife in Western Religion* (New York: Doubleday, 2004).

그 중요성'에 대한 숙고가 반드시 포함되어야 한다는 점을 잘 알고 있습니다.

이 책의 일부는 연대순으로 또 일부는 주제별로 구성되어 있습니다. 저는 히브리성경 안의 각 권들이 조합된 순서에 대해서, 그리고 하늘나라에 대한 개념들이 시간이 지남에 따라 발전한 경위에 대해서는 자세히 다루지 않을 것입니다. 만일 그러한 작업까지 하게 된다면, 이 책의 분량은 지금의 2배가 되고 말 것입니다. 하지만 하늘(나라)을 하나님이 거하시는 곳으로 그리는 히브리성경의 묘사와, 신약성경 요한계시록에 기록된 하늘(나라)에 대한 (정교한) 묘사 사이에 뚜렷한 관점의 차이가 있다는 점에 대해서는 주의를 기울이지 않을 수 없습니다. 따라서 성경의 시기 동안 전승들이 어떻게 바뀌고 변화하는지를 더 수월하게 관찰할 수 있도록, 관련 주제들을 대략 연대순으로 살펴볼 것입니다.

여기서 중요한 2가지를 짚고 넘어갈 필요가 있습니다. 첫째, 하늘나라에 대해 성경 전체가 말하는 바를 딱 잘라 단정 짓기란 불가능하다는 것입니다. 둘째, 가장 초기의 문헌에서부터 가장 후대의 문헌에 이르기까지 (하늘나라에 대해) 단일하고 명확한 전개 방향이 있다고 주장하기도 어렵다는 것입니다. 하늘나라에 관한 성경의 생각은 다양하고 복합적이며 또한 유동적입니다. 전반적인 생각의 흐름이나 사상의 전개를 언급하는 것은 가능한 일이지만, 그 와중에도 성경의 저자들이 말로 설명할 수 없는 것을 말로 옮기고 있다는 점, 따라서 각 저자들이 사용하는 단어와 이미지가 다양하다는 점을 충분히 감안해야 합니다.

무엇보다도 이 책을 통해서 저는 하늘나라를 믿는 것이 오늘날 우리가 사는 방식에 영향을 미칠 수밖에 없음을 드러내고 싶습니다. 그렇다고 지옥 불이나 저주 같은 위협적인 측면에서—지금의 삶을 잘 살아야지, 그렇지 않으면 심판의 날에 그 대가를 치르게 된다는 식으로—말하려는 것은 아닙니다. 우리가 삶을 사는 방식 가운데서 문제를 다루고자 합니다. 우리가 하늘나라를 후순위로 미루거나 혹 개인적인 측면에서 이해하려고 하는 것은 곧 하늘나라를 우리 삶 밖으로 밀어내어 막연하고 먼 미래로 내던지는 것과 같습니다. 하지만 제 눈으로 본 성경 속 하늘나라는 그와 정반대였습니다. 성경 속 하늘나라는 멀리 떨어져 있지도 우리와 무관하지도 않았습니다. 하늘나라는 현재적이고 또한 변혁적입니다. 하늘나라는 하나님의 열망 곧 우리와 가까이 계시고 우리 삶에 개입하시려는 그분의 열망을 분명하게 전달합니다. 그러므로 하늘나라를 믿는다는 것은 곧 어떤 일이 **일어날지**에 관한 이야기라기보다는, 오히려 **지금** 어떤 일이 일어나고 있는지에 관한 이야기라고 할 수 있습니다. 이는 우리 삶에 만족과 의미와 깊이를 제공합니다. 이것만으로도 하늘나라가 신앙의 부속품이 아닌 신앙의 중심 기둥으로 대접 받을 만한 자격이 충분히 되지 않을까요.

1장 태초에 …
/하늘과 땅

"너희는 하늘과 땅을 지으신 여호와께 복을 받은 자로다.

하늘은 여호와의 하늘이라도 땅은 사람에게 주셨도다."

(시 115:15-16)

1장 태초에 …
/하늘과 땅

하늘(나라)과 창공

대중적인 차원에서 하늘나라(heaven)는 주로 죽음 후에 일어나는 일과 관련되거나 혹은 죽음 후에 그곳에서 느끼게 될 행복에 가까운 감정을 일컫는 데 사용됩니다. 물론 이것이 하늘(나라)의 유일한 용례는 아닙니다. 흥미롭게도 이 단어는 '창공'(sky)을 대신하여 사용되기도 합니다. 특히 폭우가 매섭게 쏟아지는 것을 가리켜 '하늘이 열렸다'고 말하는 것은 드문 일이 아닙니다. 오래 전에 사라진 세계관을 드러내는 표현임에도 불구하고, 우리가 흔히 쓰는 말에 여전히 남아있다는 사실이 때로는 기이하게 느껴지기도 합니다.

이러한 용례는 성경의 전통까지 거슬러 올라갈 수 있습니다. 오늘날 우리가 가진 용례와 평행하는 내용들을 성경 곳곳에서 발견할 수 있습니다. 예를 들어, 창세기 8:2은 비가 그치는 것을 가리켜 "하늘이 닫히고, 하늘에서 내리는 비도 그쳤다"고 말합니다. 또한 시편 147:8은 하나님께서 "하늘을 구름으로 덮으신다"라고 말하고 있습니다.[1] 하늘이라는 단어가 이처럼 창공을 가리킬 때도 있지만 또한 하나님이 계시는 곳을 가리킬 때도 있습니다. 실제로 성경은 하늘에 있는 하나님의 보좌를 언급하기도 하고(시 11:4), 또 하늘에서 하나님이 땅을 내려다보시는 모습을 묘사하기도 합니다(시 14:2).[2]

하늘(Heaven)과 하늘들(heavens)

영어라는 언어가 이 2가지 문맥―창공을 가리킬 때와, 하나님이 계시는 곳을 가리킬 때―안에서 하늘이라는 단어를 사용하는 것을 보면 둘 사이에 미묘한 차이가 있다는 것을 알 수 있는데요. 영어의 경우 창공을 가리킬 때는 복수 형태의 단어(heavens)를 더 자주 사용합니다. 반면 하나님이 계신 곳을 가리킬 때는 단수 형태의 단어(heaven)를 사용하고요. (히브리)성경을 영어로 옮긴 번역본들은 이러한 방식으로 각 단어가 창공을 의미하는지 혹은 하나님이 계신 곳을 의미하는지를 구별합니다. 어떤 면에서는 이러한 구별이 도움이 되기도 합니다. 각 단어가 어떤 의미로 사용된 것인지를 알 수 있게 해주기 때문입니다. 하지만 또 어떤 면에서는 전혀 도움이 되지 않습니다. '하늘들'(heavens)과 '하늘'(heaven)이 마치 서로 다른 히브리어 단

---

1   이러한 방식으로 하늘이 사용된 사례를 추가로 보고 싶다면 다음의 성경 구절들을 참고하세요(창 15:5; 19:24; 왕상 8:22; 전 1:13).
2   또 다른 사례로는 다음의 성경 구절들을 참고하세요(창 21:17; 왕상 22:19; 사 66:1).

어 또는 용례를 반영한 것이라는 잘못된 인상을 주기 때문입니다. 그러나 이것은 순전히 영어에서의 관습일 뿐이지, 정작 본래 사용된 히브리어 안에서는 결코 나타나지 않는 방식입니다.

하늘을 일컫는 히브리어 단어로는 **샤먀임**(*shamayim*)이 있습니다. 흥미롭게도 이 단어는 복수 형태인데도(히브리어에서 어미 '-임'[im]은 보통 복수를 의미합니다),[3] 창공을 가리키기도 하고 또 하나님이 계신 곳을 가리키기도 합니다. 히브리어에서는 이 2가지를 가리키는 데 있어서 어떠한 구별도 나타나지 않습니다. 즉, 2가지 문맥 중 무엇을 가리키든 상관없이 히브리어 단어는 언제나 복수 형태입니다. 흥미롭게도 그리스어의 경우 하늘을 가리키는 데 있어서 단수 명사와 복수 명사 모두를 사용합니다. 이러한 어법 또한 우리의 영어 관습과는 일치하지 않는데요. 예를 들어, 창세기 1:1의 그리스어 번역본을 보면 하늘이 단수 형태로 번역되어 있습니다(영어에서는 "태초에 하나님이 하늘[heavens]과 땅을 창조하시니라"로, 즉 복수 형태로 옮겨졌습니다). 반대로 그리스

---

3 한동안 이 특정한 형태의 단어는 양수(dual, 쌍수)로 여겨지기도 했습니다(1 개보다 많은 것을 가리킬 때 사용하는 일반적인 복수 형태가 아니라, '2개'를 가리킬 때 사용하는 고대 히브리어 어미를 뜻합니다). 하지만 이제 대다수 학자들은 이것이 그저 복수 형태의 명사라고 주장합니다. 이러한 논의를 가장 잘 보여주는 자료는 다음과 같습니다. Cornelis Houtman, *Der Himmel im Alten Testament: Israels Weltbild und Weltanschauung*, Oudtestamentische Studiën, Vol. 30 (Leiden: Brill, 1993), pp. 5-7. 이에 대한 핵심 내용을 영어로 정리한 자료는 다음과 같습니다. J. Edward Wright, *The Early History of Heaven* (Oxford: Oxford University Press, 2002), pp. 54-5; Jonathan T. Pennington, *Heaven and Earth in the Gospel of Matthew* (Grand Rapids, MI: Baker, 2009), pp. 40-1.

어 번역본 욥기 16:19을 보면 하늘을 나타내는 단어가 복수 형태로 되어 있습니다(영어로는 "심지어 지금도 나의 중인이 하늘[heaven]에 계시고"로, 즉 단수 형태로 옮겨졌습니다). 지금까지의 내용을 정리하면 이렇습니다. 영어는 하나님이 계시는 곳을 나타내는 하늘(heaven)과, 창공을 나타내는 하늘(들)(heavens)을 분명하게 구별하고 싶어합니다. 하지만 정작 성경에 사용된 본래의 언어는 그러한 구별을 하지 않습니다. 어떤 이들이 바라는 것처럼 두 문맥을 명확하게 구별하는 것은 사실상 불가능합니다.

그렇다면 이제 하늘을 나타내는 히브리어 단어가 어째서 복수형인지에 대한 의문이 생깁니다. 하늘과 관련되어 대중적으로 사용되는 관용어 중 "나는 더없이 행복하다"(I'm in the seventh heaven)라는 흥미로운 표현이 있는데요. '천상의'(heavenly)와 유사한 이 표현은 곧 가장 큰 행복을 설명하고 있습니다. 또 인터넷에서 검색해보면, 7번째 하늘(Seventh Heaven)이라는 상호명으로, (건강에 그다지 좋지 않은 상품들이나 엔터테인먼트가 검색되기도 하고) 침대와 촛대, 휴가와 관련된 회사들이 나오는 것을 볼 수 있습니다. 심지어 7번째 하늘이라는 이름의 동물 구조 단체도 나오고요. 이 단어가 이렇게 대중적으로 사용되는 것은 (주전 3세기 이후) 후대 유대 전통과 기독교 전통에 그 뿌리를 두고 있는 것으로 여겨집니다. 실제로 그러한 전통들 가운데 다른 층(번째)의 하늘이 숫자를 바꿔가면서 나타나기 때문입니다. 주후 1세기에 편지를 쓴 바울조차 "셋째 하늘"(third heaven)을 언급하고 있습니다(고후 12:2). 하지만 사람들이 하나 이상의 층을 가진 하늘을 믿었다는 증거가 히브리성경 안에서는 (거의) 발견되지 않습니다. 다양한 층을 가진 하늘을 떠올린 것은 아마도 후대에 발전한 것으로 보입니다.[4]

(하늘을 가리킬 때에) 히브리어가 복수형을 사용한 것은 다양함(variety)이 아닌 광대함(vastness)을 말하는 방식으로 생각됩니다. 히브리성경 안에 하나의 층 이상의 하늘에 대한 언급은 명확히 나타나지 않는 데 반해, 하늘의 광대함에 대한 언급은 수없이 많이 나타나기 때문입니다. 즉 히브리성경 안에서 하늘은 측량할 수 없을 만큼 크고, 땅 위에서 엄청나게 먼 것으로 여겨집니다. "여호와께서 이와 같이 말씀하시니라. 위에 있는 하늘을 측량할 수 있으며 밑에 있는 땅의 기초를 탐지할 수 있다면 내가 이스라엘 자손을 다 버리리라"(렘 31:37). "하늘이 땅 위에 높음 같이, 그를 경외하는 자에게 그의 인자하심이 크심이로다"(시 103:11). 이처럼 히브리성경 시대에 복수 형태의 히브리어 명사를 사용하게 된 것은, 여러 층을 가진 하늘 때문이 아니라 하늘의 크기 때문인 것으로 판단됩니다. 물론 다양한 층의 하늘을 말하는 후대 전통이 발전하는 데, 복수 명사가 그 여지를 마련해주

---

4   학자들은 이 복수형 명사와 '하늘들의 하늘'(heaven of heavens)이라는 표현의 의미를 두고 활발히 논쟁을 벌이고 있습니다. 일부 학자들의 경우 히브리성경 시대에 다양한 층의 하늘에 대한 믿음이 있었다고 주장하지만, 성경 본문 안에서 그에 대한 증거는 찾아볼 수 없습니다. 이제 대다수 주석가들은 그러한 표현이 하나 이상의 하늘을 가리키는 데 사용된 것이 아니라는 데에 동의합니다. 다음의 자료를 참고하세요. Ulrich E. Simon, *Heaven in the Christian Tradition* (London: Rockliff, 1958), p. 39; Luist J. Stadelmann, *The Hebrew Conception of the World: A Philological and Literary Study* (Rome: Pontifical Biblical Institute, 1970), p. 41.

었다고 볼 수도 있겠습니다(하늘의 층에 대한 더 자세한 논의는 이 책의 4장을 참조하세요).

하나님이 계시는 곳, 하늘

그렇다면 이제 "똑같은 단어가 어째서 창공과, 하나님이 계시는 곳 모두에 사용되었는가?"라는 질문이 생깁니다. 이는 그저 혼란스러움을 느껴야 하는 일인 것일까요? 이 질문에 대한 대답은 상대적으로 간단한데요. 히브리인들이 세계를 이해한 방식에서 그 실마리를 찾을 수 있습니다. 하지만 그들의 방식을 파악하는 데 있어서 어려움이 하나 있는데요. 그것은 바로 오늘날 우리는 그들과 완전히 다른 방식으로 세계를 보고 있다는 점입니다.

창세기 1장의 우주론

창세기 1장은 히브리인들의 우주론을 이해할 수 있는 뼈대를 제공합니다([도표1] 참조). 창세기 1장에서 우리는 하나님께서 하늘과 땅을 창조하셨다는 이야기를 듣게 됩니다. 이 일은 3번에 걸친 분리 행위로 이루어졌는데요. 곧 어둠에서 빛이 분리되고(창 1:4), 아래의 물에서 위의 물이 분리되며(창 1:7), 땅 위의 물에서 마른 땅(뭍)이 분리되었습니다(창 1:9). 그리고 이 3번의 분리가 만들어낸 공간을 채우는 3번의 중요한 후속 작업이 뒤따르는데요. 해와 달과 별들이 창공에

달리고(창 1:14), 바다에는 물고기들이, 공중에는 새들이 채워집니다
(창 1:20-21). 그리고 마른 땅을 채우는 생물들과 인간이 만들어집니다
(창 1:24-26). 이렇게 채워짐은 곧 분리와 연결됩니다.[5]

[도표1] 히브리인들의 우주론 (태초에 … 하늘과 땅)

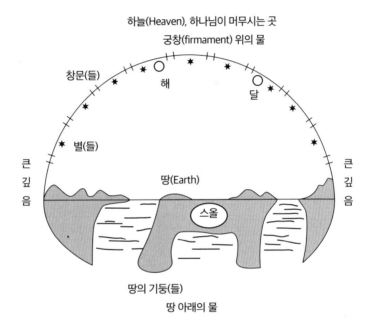

하늘(Heaven), 하나님이 머무시는 곳
궁창(firmament) 위의 물

창문(들)

해

달

별(들)

큰 깊 음

땅(Earth)

스올

큰 깊 음

땅의 기둥(들)

땅 아래의 물

여기서 특히 중요한 대목은 위에 있는 물과 아래에 있는 물의 분
리를 묘사하는 부분입니다. 이때 NRSV는 분리의 방편을 가리켜
'물 가운데 있는 둥근 지붕(dome)'이라고 표현합니다(창 1:6, 개역개정은
'궁창'으로 번역했습니다 - 역주). 이것을 가리키는 본래 히브리어 단어는 라

5   더 자세한 논의는 다음의 자료를 참고하세요. Claus Westermann, *Genesis
     1–11: A Continental Commentary* (London: SPCK, 1985), pp. 85-7.

키아(*raqia*)인데, 문자적으로는 '길게 펼쳐진 면' 혹은 두들겨 편 광활한 공간을 의미합니다.[6] 이것을 오늘날의 독자들이 이해할 수 있는 (영어)단어로 번역하는 일은 거의 불가능합니다. 이 단어가 라틴어로는 **피르마멘툼**(*firmamentum*)으로 옮겨졌고, 13세기 어간에 이 라틴어 단어로부터 영어 단어(firmament)가 나왔습니다. 그 후 이 영어 단어를 킹제임스성경(King James Bible)의 번역가들이 사용하였고, 그것이 계속 이어져, 20세기 전까지 거의 모든 영어 번역본들이 폭넓게 (그 영어 단어를) 사용하였습니다. 문제는 이 영어 단어가 그저 라틴어 단어에서 영어로 전환된 수준이기 때문에 오늘날의 독자들에게는 별다른 의미를 전달하지 못한다는 것입니다. 상황이 이렇기 때문에 어쩌면 본래 히브리어 단어인 라키아를 고집하는 것이 더 나을 수도 있습니다. 보다 일반적으로 사용되는 '넓게 퍼진 공간'(expanse) 혹은 '둥근 지붕'(dome)과 같은 단어들은, 본래 히브리어 단어(라키아)가 가졌던 의미—두들겨 펴서 얇아진 모습을 연상시켰던 본래 단어의 의미—를 온전히 전달하지 못합니다.

라키아는 그 위에 흐르는 혼돈의 물로부터 세계를 보호하는 역할을 했기 때문에, 고대 히브리인들의 세계관에 있어서 꼭 필요한 부분이었습니다. 『새 유대 백과사전』(New Jewish Encyclopedia)은 히브리인들이 가진 세계의 모습에 대한 관점을 다소 시적으로 설명하고

---

6 H. F. W. Gesenius, *A Hebrew and English Lexicon of the Old Testament: With an Appendix containing the Biblical Aramaic,* trans. E. Robinson, 2nd edn (Oxford: Oxford University Press, 1963), p. 956.

있습니다.

히브리인들의 경우 땅을 생각할 때, 물 위에 떠있는 반구 모양의 언덕 혹은 평지를 떠올렸습니다. 그리고 그 땅 위에 두껍고 둥근 천장(vault)이 아치형으로 하늘에 늘어져 있다고 생각했습니다. 이 둥근 천장에 광명체들과 별들이 매달려 있으며, 그 높이가 그다지 높지 않아서 새들도 올라가 그곳을 날아다닐 수 있다고 생각했습니다.[7]

라키아는 땅 위에 있는 혼돈의 물이 땅에 범람하는 것을 막는 일종의 방수층 역할을 했습니다.

이를 통해 창세기 6-9장에 나오는 홍수의 의미가 단순히 악한 인간들을 멸망시키는 것 그 이상임을 알 수 있습니다. 그것은 곧 창조를 해체하는(de-creation) 행위였으며, 또한 하나님께서 창조의 시작점으로 되돌아가셔서 다시 시작하기를 원하셨음을 의미합니다. 홍수가 일어났을 때, 하나님께서 행하신 위의 물과 아래 물의 분리가 사라졌고, 혼돈의 물이 다시 흘러 들어와 가득 차게 되었습니다. 고대 히브리인들이 어떻게 이런 방식으로 세계를 이해하게 되었는지 추론해보는 것은 어렵지 않습니다. 홍수를 직접 본 사람이라면 누구나 마치 홍수의 물이 우리가 알던 세계를 휩쓸어가는 것처럼 느껴진다고 말할테니까요.

---

7   Hirsch Emil, 'Cosmogony', in David Bridger (ed.), *The New Jewish Encyclopedia* (New York: Behrman House, 1962), p. 282.

현대 과학을 통해 푸른 하늘이 위의 물을 막아준다고 보는 세계관이 뒤엎어졌음에도 불구하고, 이 세계관의 잔영이 '하늘이 열렸다'와 같은 표현 속에 여전히 남아있습니다. 히브리인들의 우주론에 따르면, 비는 하늘의 창문들이 열려서 막혔던 물이 다시 쏟아져 나와 땅에 떨어질 때 내리는 것이었습니다.[8]

하지만 창세기 1장―물론 시편과 예언서(선지서)에서도 나타나지만―에 표현된 세계관이 히브리성경 안에 있는 유일한 세계관은 아니라는 점에 주의해야 합니다. 일례로 창세기 2장은 대안적인 세계관을 제시하기도 합니다. 땅이 물로 인해 위협받는 것이 아니라, 오히려 물이 번영을 위해 활용되고 그 덕에 땅이 비옥하게 된다는 관점을 내비칩니다. 실제로 창세기 2장을 보면 땅에 물이 공급되고(창 2:6), 에덴 동산에서 흘러나온 시냇물이 동산과 그 너머의 땅 모두에 흐르고 있습니다(창 2:10). 이러한 세계관이 지배적인 입장은 아니었지만 그럼에도 동일하게 중요한 부분이며, 실제로 히브리성경 곳곳에서 발견됩니다.

하늘(heaven)을 나타내는 단어들

이제 **라키아**가 하늘(히브리어 단어 **샤마임**[shamayim])과 어떻게 연결되는지에 대한 의문이 남습니다. **라키아**는 히브리성경 안에서 그 대응

---

8   또한 시편 78:23-24을 참고하세요. "그러나 그가 위의 창공(skies)에 명령하시고 하늘(heaven)의 문들을 여셨습니다. 그들에게 만나를 비 같이 내려 먹이시고, 하늘의 양식을 주셨습니다"(시 78:23-24).

어 샤마임보다 훨씬 적은 빈도수를 보이며, 대체로 땅 위의 둥근 지붕을 묘사할 때 사용되곤 합니다. 라키아는 특히 성경의 두 가지 책에서 가장 자주 사용되는데요. 바로 창세기 1장과, 에스겔 1장, 10장입니다. 창세기 1장에서 이 단어는 9회나 등장하며 앞서 말한 것처럼, 세계가 어떻게 만들어졌는지를 설명할 때 사용됩니다. 에스겔에서는 창조 질서와 관련해서가 아닌, 하나님의 병거(chariot) 모양과 관련해서 5회 사용됩니다(겔 1:22, 23, 25, 26; 10:1).

에스겔에서 사용된 용례는 라키아에 관한 중요한 사실을 깨닫는 데 도움이 됩니다. 라키아는 날개 달린 생물들의 머리 위에 펼쳐져 있으며, 동시에 하나님의 보좌가 놓이는 발판이 됩니다. 따라서 에스겔에 나오는 병거는 곧 세계 전체의 모습을 형상화한 것으로 보입니다. 하나님의 보좌가 병거의 라키아에 놓여있는 것처럼, 피조 세계의 라키아에도 놓여있는 것입니다. 이로써 라키아가 단지 물을 막는 방벽의 역할을 할 뿐만 아니라, 또한 하나님의 보좌가 놓이는 장소의 역할도 한다는 점을 분명하게 알 수 있습니다. 이것은 출애굽기 24장에서 더 자세히 묘사되는데요. 이 본문에서 모세와 아론, 나답과 아비후, 이스라엘 장로 70명은 시내 산 꼭대기에서 하나님을 보게 됩니다. 그때에 하나님의 발 아래에는 "청옥(sapphire)을 깔아놓은 것 같았고, 그 맑기가 하늘과 꼭 같은 것이 있었습니다"(출 24:10). 여기서 우리는 또다시 하나님 아래에, 심지어 그분이 하늘에 계시지 않을 때조차도, 라키아와 같은 것이 있다는 개념을 보게 됩니다. 이것은 차후 하나님의 보좌를 고찰하는 데 있어서 하나의 중요한

노선이 됩니다. 이를테면, 요한계시록 4:6("보좌 앞에 수정[crystal]과 같은 유리 바다가 있고")이나, 후대에 하나님의 보좌의 본질을 더 깊고 정교하게 파헤치는 본문들 가운데서 재차 언급됩니다.[9]

이러한 모습은 욥기 22:14에서도 엿보입니다. 욥기의 본문에서 하나님은 하늘의 둥근 지붕 혹은 둥근 천장 위를 걷는 분으로 묘사되는데요.[10] 이는 우리에게 땅의 지붕으로 보이는 것이, 하나님 기준으로는 하늘의 바닥임을 말해주며, "어떻게 단어 **샤마임**이 창공과 하나님이 계시는 곳 모두에 사용될 수 있는가?"라는 의문에 답을 줍니다. 똑같은 단어가 사용될 수 있었던 것은 사실상 같은 장소를 가리키기 때문인 것입니다. 그저 우리는 아래에서 (올려다)보고, 하나님께서는 위에서 (내려다)보시는 것뿐입니다. 하늘은 땅 바로 위에 있으며, 하늘의 바닥은 곧 땅의 지붕 역할을 합니다. 그 결과 '하늘'이라는 단어는 우리가 볼 수 있는 창공(sky)과, 창공 위에 있는 하나님이 거하시는 곳 전체(즉, 하늘[heaven])를 쉽고 정확하게 묘사할 수 있게 된 것입니다.

딱히 설명이 되지 않은 부분이 있다면, 깊은 물이 **라키아**와 하늘

---

9 이를테면, 에녹1서 14:9-10을 참조하세요. 하늘에서 에녹이 들어가게 되는 집의 바닥과 벽은 수정으로 되어 있습니다. 아람어 타르굼 위-요나단 (*Targum Pseudo-Jonathan*) 출애굽기 24:10을 보면, 에스겔 1:26 관점에서 출애굽기 24:10을 해석하고 있습니다.

10 약간 혼란스럽게도, 여기에 (라키아와 같이) 대개 '둥근 지붕'이나 '둥근 천장'으로 번역되는 3번째 히브리어 단어가 나타납니다(**후그**[*hug*]). 따라서 후그와 라키아는 서로 밀접한 연관이 있는 것으로 보이며, 두 단어 모두 땅의 꼭대기와 하늘의 바닥을 가리키는 것 같습니다.

사이에 흐르는 것인지, 아니면 하늘의 꼭대기에 흐르는 것인지에 관한 부분입니다. (라키아의 창문들을 통해 떨어지는) 비에 대한 우주론적 설명은, 하늘이 깊은 물 위에 존재함을 시사하는 것처럼 보이기도 하는데요. 그렇지만 이것은 자세히 다뤄지지 않을뿐더러, 딱히 성경 저자들이 고민했던 문제도 아니었던 것 같습니다.

위로 올라가기, 아래로 내려가기

이제 21세기를 사는 우리들에게 하늘과 관련하여 가장 어렵게 느껴지는 의문 중 하나를 살펴보려고 합니다. 하늘에 대한 성경—히브리성경과 신약성경 모두—의 이해는 히브리 우주론과 함께 움직이는데요. 그 결과 땅을 향해 오는 신적 존재 혹은 천사와 같은 존재에 대한 묘사나, 하늘을 향해 가는 인간에 대한 묘사에는 모두 어떤 방향이 나타납니다. 즉, 하늘의 존재들은 땅으로 '내려'오고 인간들은 하늘로 '올라'갑니다. 이와 같이 하늘을 방향적인 관점에서 바라보는 기본 원리가 성경 안에서 자주 나타납니다. 예를 들어, 야곱의 사다리 이야기에서도 이를 볼 수 있는데요. "그가 꿈을 꾸었다. 사닥다리가 땅 위에 서 있는데 그 꼭대기가 하늘에 닿아 있고 또 하나님의 천사들이 그 위에서 오르락내리락하고 있었다"(창 28:12). 요한복음에서 천사들과 인자(그 사람의 아들)의 상관 관계가 드러나는 구절에서도 이 원리를 볼 수 있습니다. "예수께서 그에게 말씀하셨으니다. '내가 진실로 진실로 너희에게 이르노니, 하늘이 열리고 하나님의 천사들이 인자 위에 오르락내리락하는 것을 보게 될 것이다'"(요 1:51). 또한 누가복음 24:51과 사도행전 1:9에 기록된 (예수님께서 하늘로 올라가시는) 승천 이야기도 빼놓을 수 없습니다. 이 모든 이야기들은 땅 위에 위치한 하늘이라는 방향적인 관점, 우주론적인 관점에 토대를 두고 있습니다. 이러한 관점은 성경의 사고방식—창세기부터 요한계시록까지 거의 모든 성경책들을 관통하는 사고방식—에 있어서 아주 중요한 부분입니다.

현대의 우주론이 고대의 성경적 관점을 완전히 뒤엎었음에도 불구하고, 고대에 사용된 방향의 언어가 여전히 남아있습니다. 이를테면, 흔히 사람들은 하나님을 '하늘(sky)에 계신 흰 수염의 노인'으로 묘사하곤 하는데요. 그러면서 하늘(나라)에 관해 말할 때는 위쪽을 가리키고, 반대로 지옥(hell)에 관해 말할 때는 아래쪽을 가리킵니다. 지금도 자주 부르는 위대한 찬송가들 역시 하늘나라가 우리 위에 있다고 가정합니다. 예를 들어, '내려오소서 사랑의 주여'(Come down O Love divine)와 '그가 구름을 타고 내려오신다'(Lo he comes with clouds descending, 새찬송가 174장에 해당합니다 - 역주)는 모두 우리 위에 하늘나라가 있는 세계를 상정하고 있습니다.

여기서 우리는 일종의 딜레마에 빠지게 되는데요. 바로 우리가 물려받은 예술과 언어의 상당 부분이, 오늘날 우리의 세계관은 더 이상 받아들이지 않는 내용을 전제로 한다는 것입니다. 실제로 오늘날 우리에게 가장 문제가 되는 부분이 이 옛 우주론적 유산과 관련이 있습니다. 이러한 문제에 반응하는 흔한 방식 중 하나는 이야기 자체를 꺼내지 않는 것인데요. 사실 우리가 땅과 함께 존재하는 실체(reality)로서의 하늘나라에 관해 말하는 것을 꺼리게 된 것도 어쩌면 우주론적인 측면 때문일 수 있습니다. 땅 위에 존재하는 하늘나라를 우주론적으로 이야기할 수 있는 여지가 사라졌기 때문에, 그것을 신학적으로 말할 수 있는 여지 또한 사라진 것이죠.

이로써 하늘나라에 관한 언어가 공간적인 실재에서 영적인 실재로 옮겨지게 되었습니다. 이제 하늘나라는 더 이상 물리적인 영역이 아닌, 영적인 영역에만 존재한다는 인식이 퍼지게 된 것입니다. 하지만 이는 히브리성경의 관점과는 너무나도 다른 관점입니다. 히브리성경은 하늘(나라)과 땅이 동일한 방식으로 존재한다고 이야기합니다. 울리히 사이먼(Ulrich Simon)이 말한 것처럼, "성경은 하늘나라와 땅을 하나의 세계로 봅니다. 땅이 공간적이라면 하늘나라도 마찬가지입니다. 땅에 거주가 가능하다면 하늘나라도 마찬가지고요."[11] 우리의 우주론이 달라지면, 하늘나라의 중요성도 달라지기 마련입니다. 오늘날에는 하늘나라가 일상생활과 그다지 연결되지 못한 채 내면화됨에 따라, 오직 영적인 차원에서만 다루어지고 있는데요. 영적인 차원이 아무리 중요하다고 해도, 이는 우리의 세계 위에 존재하는 실체를 믿는 믿음―하늘나라가 우리의 세계만큼이나 공간적이고 또한 실제적이라는 믿음―과는 전혀 다른 맥락입니다.

물론 현재 우리의 우주론을 감안해 본다면, 우리가 감당할 수 있

---

11   Simon, *Heaven in the Christian Tradition*, p. 126.

는 내용은 그 정도가 전부일 수도 있습니다. 하지만 하늘나라에 대한 성경의 전통이 우리로 하여금 재차 고민하게 만들고 또 "성경의 전통에 대한 우리의 반응이 충분했는가?"를 되묻게 합니다. 내면화되고 영적인 하늘나라의 개념을 가진 우리는, 과연 하늘나라—즉, 땅과 나란히 창조되어 존재하는 하늘(나라)—의 실재를 믿는 성경의 입장에 충분한 관심을 쏟고 있는 걸까요? 우리가 가진 현대의 우주론을 인정하면서도 성경의 전통에 부합하는 하늘나라의 신학을 표현하고자 한다면, 그것은 과연 어떤 모습일까요? 시도해 볼 만한 방법 중 하나는 우리의 감각으로 분명하게 알 수 있는 3차원을 넘어, 그 이상의 차원과 관련된 언어를 사용하는 것입니다. 우리의 시야, 아니 이해조차 넘어서는—그러면서도 우리의 세계만큼이나 '실제적인'—실체를 묘사하기 위해서 말이죠. 이 작업이 이전 세대에서는 어려웠지만, 이제 흥미롭게도 **매트릭스**(The Matrix)와 같은 영화나 **스타 트렉**(Star Trek), **닥터 후**(Doctor Who)와 같은 텔레비전 프로그램들이 앞선 질문들을 다룰 수 있는 언어를 제공하고 있습니다.

성경의 저자들은 가장 탁월한 시적 상상력을 활용하여, 보이진 않지만 그럼에도 그들이 사는 세계와 나란히 존재하는 영역을 묘사했습니다. 우리에게 주어진 과제는 그들과 같이 시적이고 상상력이 넘치는 언어를 찾는 것입니다. 즉, 우리의 세계관에 부합하면서도 동시에 하나님—초월적이면서도 인간들과 가까이 계셔서 그들의 소리를 들으시는 하나님, 사랑으로 창조하신 하늘과 땅에 관여하시는 하나님—을 향한 우리의 믿음까지도 동일한 권위를 실어 전달할 수 있는 언어를 찾는 것이 곧 우리에게 주어진 과제입니다.

하늘과 땅

지금까지 우리는 성경의 관점을 통해 하늘과 땅이 긴밀하게 연결되어 있다는 것을 살펴봤습니다. '하늘(heaven)과 땅' 또는 '하늘들(heavens)과 땅'과 같은 표현들이 성경에 자주 나타난다는 것은 곧 하늘과 땅이 떼려야 뗄 수 없는 관계임을 분명하게 말해주는 것입니다. 실제로 하나님으로 인해 태초에 하늘과 땅이 함께 창조되었고(창 1:1), 이후로도 계속해서 나란히 존재하고 있습니다. 또한 하늘과 땅은 종말에 함께 재창조될 것입니다. (요한계시록의 말씀처럼요.) "나는 새 하늘과 새 땅을 보았습니다. 처음 하늘과 처음 땅이 사라지고 바다도 없어졌습니다"(계 21:1). 그리고 이 요한계시록 21장에 기록된 하늘과 땅의 재창조에 관한 이야기는 하늘과 관련된 또 다른 문제와 연결되는데요.

즉, 하늘은 자주 영원(성)과 긴밀하게 연결됩니다. 흔히 하늘은 시간에서 벗어나 있으며 또 하나님의 영원성과도 연결된다고 말합니다. 하지만 성경 저자들이 그린 그림은 이보다 훨씬 더 복잡합니다. 사이먼의 말을 한 번 더 빌리자면 다음과 같습니다. "히브리인들의 의견이, '아래' 세계는 일시적이고 '위의' 세계는 영속적이라는 결론으로 분명하게 모아진 것은 아닙니다. 하늘과 땅의 하나 됨도 그러한 구분이 부당함을 꼬집는 것처럼 보이고요. 하늘과 땅은 함께 창조되었을 뿐만 아니라 또한 함께 구속되는 것이니까요."[12]

창세기 1:1과 요한계시록 21:1은 하늘과 땅이 함께 시작되었으며 또한 함께 재창조될 것을 분명하게 밝히고 있습니다. 마찬가지로 복음서 저자들 역시 하늘과 땅이 사라지게 될 것을 한 차례 이상 언급하고 있습니다(마 5:18; 24:35; 막 13:31; 눅 16:17; 21:33). 따라서 하늘은 영속적이거나 영원하다고 볼 수 없습니다. 하늘은 땅과 마찬가지로 종말에 사라지게 될 것입니다. 이러한 이야기를 할 때 흔히 일어나는 반응은, 지금 말하는 하늘은 하나님이 계시는 곳이 아닌 창공(sky)을 의미하며, 바로 그 창공이 없어지고 새롭게 창조될 것이라는 주장입니다. 그러나 제가 이번 장을 통해 내비친 것처럼, 사실 성경을 자세히 들여다보면 그런 식으로 구분하기가 어렵습니다. 하늘은 창공과 하나님이 계시는 곳 모두를 이르는 데 사용되고 있습니다.

그러므로 하늘 그 자체는 영원하지 않다고 할 수 있습니다. 성경에서 '영원하다'는 표현은 3가지와 연결됩니다.

- 하나님과 연결됩니다. "영원부터 영원까지 주는 하나님이십니다"
(시 90:2)

- 하나님의 성품과 연결됩니다. "여호와께 감사하라 그는 선하시며
그의 인자하심은 영원함이로다." (대상 16:34)

---

12 Simon, *Heaven in the Christian Tradition*, p. 48.

- 하나님의 말씀과 연결됩니다. "풀은 마르고 꽃은 시드나 우리 하
나님의 말씀은 영원히 서리라." (사 40:8)

하나님은 영속적이고 영원하시나 하늘은 그렇지 않습니다. 하늘
은 사라질 것이고 새로운 하늘로 대체될 것입니다. 이러한 사실은
우리가 말하는 영원(eternity)이라는 것이 어떤 의미인지 다시 생각하
게 만듭니다. 우리가 영원이라고 말할 때 그 의미가 (시간 안에서) 영원
히 지속되는(everlasting) 무언가를 가리키는 것이라면, 그렇다면 하늘
은 영원하지 않습니다. 하늘은 결국 사라질 것이기 때문입니다. 하
지만 만일 우리가 영원이라고 말할 때 그 의미가 시간 밖에 있음을
가리키는 것이라면, 그렇다면 하늘은 영원하다(eternal)고 할 수 있습
니다. 시편 90:4은 하나님께 시간은 우리에게처럼 가지 않음을 분
명하게 말하고 있습니다. "주의 목전에는 천 년이 지나간 어제 같으
며 밤의 한 순간 같을 뿐임이니이다"(시 90:4). 이는 하나님이 계시는
곳도 마찬가지입니다.

하늘에 대한 이러한 관점은 또한 인간을 향한 하나님의 사랑에
관하여 아주 중요한 점을 밝혀줍니다. 하나님께서 하늘을 창조하셨
고 또 재창조하실 것이라면, 하나님은 하늘이 아닌 다른 곳에 거하
실 수 있어야 합니다. 그렇다면 하늘이 만들어진 한 가지 목적—유
일한 목적은 아니지만—은 바로, 하나님께서 인간과 함께 거하시려
고 땅과 긴밀하게 연결된 곳을 마련하신 데에 있다고 할 수 있습니
다. 심지어 그 하늘조차 너무 멀어서 하나님은 인간의 육신(flesh)으

로 이 땅에 오신 것이고요. 요컨대 하늘 그리고 땅의 창조가 우리에게 상기시켜주는 것은 곧 창조에 담긴 하나님의 열망이 그러한 (목적으로 만들어진) 영역에서 인간과 함께 하시는 데에 있다는 점입니다.

그렇다면 하늘(나라)에 대해 고민하고 생각하는 작업은 하늘과 땅이 서로 긴밀하게 연결되어 있다는 인식에서 시작해야 할 것입니다. 하늘과 땅은 함께 창조되었고 또 함께 구속될 것입니다. 흔히 우리에게서 멀게 느껴진다는 이유로 하늘나라가 멀리 있다고 생각하기 쉽습니다. 하지만 성경의 전통은 하늘이 땅과 함께 창조되었으며, 또 하늘이 비록 땅으로부터 감춰져 있으나 실은 땅과 아주 가까이에 있음을 분명히 말하고 있습니다. 이는 우리가 가진 하늘나라에 관한 생각에 영향을 미치게 되며 또한 반드시 영향을 미쳐야 합니다. 하늘나라가 그저 우리가 죽은 뒤에 가는 목적지로 여겨져서는 안 됩니다. 하늘나라는 지금 우리의 삶에서 빠뜨릴 수 없는 부분입니다. 땅에서의 일은 하늘(나라)에서의 일과 아주 긴밀하게 연결되어 있습니다. 즉, 하늘(나라)과 땅은 서로 긴밀하게 얽혀있습니다. 태초 이후 계속 그래왔습니다.

2장 그룹들의 날개 위에
/왕이신 하나님

"여호와는 왕이시니, 만백성이 떨 것이요!

여호와께서는 그룹들 위에 좌정하시니, 땅이 흔들릴 것이로다!

시온에 계시는 여호와는 위대하시며 만백성 위에 높이 계시도다."

(시 99:1-2)

2장 그룹들의 날개 위에
/왕이신 하나님

왕이신 하나님

물론 하늘과 땅의 긴밀한 관계는, 하나님은 초월적인 분이시며 인간의 이해를 훌쩍 뛰어넘으신다는 정반대의 진리와도 균형을 이루어야 합니다. 때때로 그리스도인들이 믿는 내용은 역설(paradox) 속에서만 표현될 수 있는 것처럼 보이는데요. 지금 이 문제도 그러한 경우 중 하나인 것 같습니다. 하늘은 땅과 밀접하게 연결되어 있으면서도 땅 너머에 훨씬 멀리 있습니다. 하나님은 그분의 백성과 함께 계시지만 심지어 하늘조차 그분을 수용할 수 없습니다.[1] 하늘이 땅과 함께 창조된 것을 살펴보면, 하늘이 땅에서 얼마나 가까운 지를 알 수 있지만, 이때 반드시 초월성 곧 하나님의 영광과 위엄도 함께 볼 수 있어야 합니다. 이처럼 우리가 하나님이 누구이신지를 제

---

1   솔로몬이 성전을 봉헌하면서 드린 기도를 참조하세요(왕상 8:27).

대로 알기 위해서는 2가지―친밀함(가까움) 그리고 초월성, 다시 말해 사랑 그리고 영광―가 모두 필요합니다.

성경의 저자들이 하나님의 초월성을 전달하기 위해서 사용했던 주된 방식 중 하나가 바로, 성경 안에서 가장 중요하게 또 가장 광범위하게 나타나는 은유들(metaphors)입니다. 그 은유들 중 하나가 하나님의 왕 되심(kingship)인데요. 성경을 보면 때로는 하늘을 걷고 계신 하나님에 대한 언급이 나타나기도 하지만, 단연코 하늘에 계신 하나님에 대한 가장 일반적인 언급은 그룹들의 날개 위, 보좌에 앉아 계신 하나님입니다(그룹들은 보좌 주위에 있는 하늘의 존재들을 가리키며, 이 책의 4장에서 더 자세히 다룰 것입니다).

하나님의 보좌의 이미지는 (천사들이 둘러싼 보좌에 앉으신) 하나님을 시각적으로 묘사할 수 있는 일종의 틀을 제공할 뿐만 아니라, 또한 하나님이 누구이신지에 대한 본질적인 내용을 전달합니다. 보좌에 대한 언급들은 자연스럽게 하나님의 위엄과 권세를 드러내고, 세상을 다스리고 심판하시는 그분의 능력을 나타냅니다. 이렇게 하나님을 이스라엘의 왕으로 묘사하는 것은 오랫동안 히브리성경 안에서 중요한 요소로 인식되었지만, 오늘날 사람들에게는 다소 불편한 이미지일 수도 있습니다. 이는 우리에게 낯설게 느껴지는 세계, 곧 계층이 구분되며 군주제가 보편적이었던 세계를 상정하고 있기 때문입니다. 한 마디로 우리가 가진 좀 더 민주적인 체제와는 동떨어진 낯선 세계라고 할 수 있습니다. 그러니 잘해야 우리와는 무관하다는 느낌이고, 최악의 경우 불쾌함이 드는 상황인 것입니다.

은유와 성경

일단 성경의 묘사가 무엇을 가리키고, 또 무엇을 성취하려고 하는 것인지를 파악하는 것이 중요합니다. 하나님을 왕으로 묘사하는 것은 은유(metaphor)입니다. 하나님에 관하여 우리가 사용하는 다른 많은 표현들과 마찬가지로, 이 은유는 인간의 경험에서 비롯된 것이며 하나님이 누구이신지에 관한 중요한 내용을 전달합니다. 고대의 세계 안에서, 세계를 다스리고 정의를 세우는 강력한 존재를 묘사하고자 할 때, 왕과 관련된 표현만큼 좋은 것은 없었습니다.

이는 이 책의 1장에서 우리가 고민한 문제로 되돌아가게 하는데요. 1장에서 우리는 현대의 우주론이 우리가 하늘(나라)을 가리키며 사용하는 언어에 대해 문제를 제기한다는 것과, 그 문제에 대한 흔한 해결 방식으로 하늘나라를 물리적인 영역이 아닌 영적인 영역으로 간주하게 되었다는 것을 살펴봤습니다. 물론 이러한 방식이 유일하게 시도된 해결 방식은 아니었습니다. 또 다른 해결 방식으로는, 하늘(나라)이 땅과 같은 의미에서 "실재"(real)하는 것이 아니라 은유, 곧 하나님의 본성에 관하여 더 많은 것을 말해주는 은유라는 주장이 있습니다. 이를테면, 우리에게 영감을 주는 러셀(Russell)의 책, 『하늘나라의 역사』(A History of Heaven)에는 다음과 같은 구절이 있습니다. "따라서 하늘나라는 은유를 통해서 가장 잘 이해될 수 있습니다. 하늘나라에 관한 언어만이 은유인 것이 아닙니다. 하늘나라 그 자체도 은유들의 은유라고 할 수 있습니다. 이 은유는 더욱더 많은 의미를 가능하게 합니다. 하늘나라는 말 그대로 무질서한 의미의 초원이라고 할 수 있습니다."[2]

　여기서 러셀이 말하고자 하는 것은 곧 하늘나라와, 하늘나라에 대한 언어가 시사하는 점이 상당히 많다는 것입니다. 그 언어가 수많은 의미를 만들어 낸다는 것이지요. 확실히 이 부분에서 그가 말한 것은 옳습니다. 하늘나라에 관한 언어가 가진 특징 중 하나는— 그것이 성경적이든 아니든—하나님뿐만 아니라 우리 자신을 더 깊이 이해할 수 있는 의미의 새 지평을 연다는 것입니다. 이 언어는 곧 하나님의 신비를 말로 풀어내려고 애쓴 결과입니다. 그렇기에 우리 자신을 넘어 새로운 경이에 다다르도록 이끌어 줍니다.

　여기서 드는 한 가지 의문점은 우리가 '은유(적)'라고 말할 때 그 의미가 '한낱 은유'에 불과하다는 의미인 것인지, 즉 함축적인 의미가 있긴 하지만 정말로 '실재'하는 것은 아니라는 의미인지에 대한 부분입니다. 은유의 본질에 관한 이러한 의문점은 상당히 크고 복잡한 주제이기에 여기서 제대로 다루는 것은 불가능한 일입니다. 그럼에도 이후 논의를 위한 토대를 쌓기 위하여 몇 가지 소견을 나누는 것은 의미가 있을 듯 합니다.[3] 먼저 은유는 은유가 적용되는 대상을 더 깊이 이해할 수 있게 도와주는 역할을 합니다. 또한 은유는 우리의 지평을 넓혀주고 그 대상을 이전과 다르게 생각하도록 이끌어 줍니다. 이를테면, 성경은 하나님에 대한 은유로 반석(창 49:24), 요

2　Jeffrey Burton Russell, *A History of Heaven: The Singing Silence* (Princeton, NJ: Princeton University Press, 1997), p. 9.

3　성경에 있는 은유들을 철저히 연구한 자료는 다음과 같습니다. P. Van Hecke, *Metaphor in the Hebrew Bible* (Leuven: Peeters, 2005).

새(삼하 22:2), 심지어 새끼를 지키는 어미 곰(호 13:8) 등의 표현을 사용합니다.

당연히 이러한 은유들은 하나님이 정말로 반석, 요새, 어미 곰이라고 말하려는 것이 아닙니다. 우리로 하여금 하나님 그리고 반석, 요새, 어미 곰 사이의 연결점을 고민하게 만들어서, 은유가 아니었으면 지나쳤을 내용, 즉 하나님에 관하여 새로운 내용을 발견하게 하려는 것입니다. 브루그만(Brueggemann)이 (다른 영역에서) 은유의 사용에 대해 이야기한 것처럼, 은유는 "'실체'(reality)에 대한 일대일 대응도 아닐뿐더러 그러한 대응을 요구하지도 않습니다 … 오히려 은유는 그 실체에 대한 의외의, 유쾌한, 잘 들어맞지 않는 대응으로 전개됩니다. 은유의 목적은 은유가 아니었으면 지나쳐서 경험하지 못했을 실체의 차원들을 밝히고 불러일으키는 데에 있습니다."[4] 따라서 (이를테면, 하나님의 왕 되심과 같이) 우리에게 친숙해서 나름 잘 들어맞는 것 같은 은유들조차 한계가 있음을 염두에 두어야 합니다. 특히 하나님은 인간의 왕과 같지 않은 왕이시며, 땅의 통치자 같지 않은 통치자이심을 기억해야 합니다.

하늘(나라)에 관한 언어는 복합적입니다. 한편으로 성경의 많은 저자들의 경우 땅에서 하늘로 직접 올라갈 수 있다는 점에서 하늘이 '실재한다'고 믿었던 것 같습니다. 또 한편으로 그들은 하늘이 어떤 모습인지 더 자세히 설명하려는 노력의 일환으로, '왕이신 하나

---

4   Walter Brueggemann, *Cadences of Home: Preaching Among Exiles* (Louisville, KY: Westminster John Knox, 1997), p. 1.

님'과 같은 은유의 확장을 시도하기도 했습니다. 다시 말해, 성경의 몇몇 저자들의 경우 하늘나라를 마치 실제적이고 물리적인 영역인 것처럼 말했고 이로 인해 문제가 더욱더 복잡해졌습니다. "내가 하늘에 올라갈지라도 거기 계시며, 스올(Sheol)에 내 자리를 펼지라도 거기 계시니이다"(시 139:8). 반대로, 성경의 어떤 저자들은 하나님의 본성을 묘사하기 위하여 더욱 시적이고 암시적인 언어를 사용하기도 했습니다. "하늘은 나의 보좌요 땅은 나의 발판이니"(사 66:1). 이와 함께 하나님의 왕 되심의 은유가 성경 곳곳에 아주 정교하게 뿌리 박혀있기 때문에, 하나님의 하늘의 궁정(heavenly court)—이는 왕실 궁정(royal court)의 이미지로부터 나온 것으로 보입니다—에 대한 표현들은 여러 면에서 '실재'로 보이는 천사들과 하나님의 보좌에 대한 믿음을 일으켰습니다.

이러한 상황이 우리에게 말해주는 것은 곧 은유로부터 실재를 떼어내는 일은 사실상 거의 불가능하다는 점입니다. 성경의 저자들은 묘사가 안 되는 대상을 묘사하는 데 있어서 인간의 언어—그리고 경험—를 사용했습니다. 그렇다면 하늘나라는 실재하는 것일까요? 예, 물론입니다. 성경의 저자들이 사용한 언어가, 땅보다 더 실재함이 확실한 하나님을 전달하는 일에 사용된 언어라는 점에서 그러합니다. 하늘나라는 실재할까요? 아니요, 그렇지 않습니다. 그것은 인간의 경험에서 나온 언어이며, 인간이라는 (유한한) 그릇에 무한한 것을 담으려고 하는 시도이기 때문입니다. 이 책 전체에서 저는 하늘나라를 실재로 암시하기도 하고 또 은유로 말하기도 하며, 그 사이를 다닐 것입니다. 이렇게 하기로 한 이유가 그저 그것이 성경의 저자들이 말한 방법이기 때문만은 아닙니다. 제 생각에 우리가 할 수 있는 것은 이 방법이 전부입니다. 우리는 하나님과 하늘나라를 묘사하기 위하여 인간의 언어를 사용합니다. 그 외에 딱히 다른 방법이 없기 때문입니다. 그렇지만 이것이 하나님과 하늘나라가 실재하지 않는다는 의미는 아닙니다. 그저 하나님과 하늘나라에 대한 우리의 묘사가 인간의 경험에 물들어 있음을 의미하는 것이죠.

하나님의 보좌와 지성소(Holy of Holies)

이후의 유대 전통을 보면 하나님의 보좌에 대한 묘사가 더 정교해지고 복잡해집니다. 하지만 그 이전 문헌들의 저자들은 하나님의 보좌에 대해 전반적으로 모호하게 묘사하는 것에 만족한 것 같습니다. 흥미롭게도 하나님의 보좌에 관한 가장 초기의 묘사들은 하나님께서 하늘에서 앉으시는 자리가 아닌, 땅에 있는 그분의 보좌를 가리키고 있습니다. 먼저는 성막 안에서, 이후에는 성전 안에서 나타나는데요. 실제로 히브리성경 내 상당수 전통들은 언약궤(Ark of the Covenant)를 땅에 있는 하나님의 보좌로 간주합니다.[5] 예를 들어, 출애

---

5   히브리성경의 가장 초기 본문들 속에 "하나님께서 앉아 계시다"는 개념이 들어있다고 볼 수도 있습니다. Brettler는 출애굽기 15:17(홍해를 건넌 이후의 노래이며, 히브리성경에서 가장 오래된 노래들 중 하나로 간주됩니다)을 두고, "오 주여, 이곳은 주께서 주의 처소로 만드신 곳입니다"(NRSV)라

굽기 25:8-22에서 우리는 다음과 같은 내용을 보게 됩니다.

> 내가 그들 가운데 머물 수 있도록, 그들에게 내가 머물 성소를 지으
> 라고 하여라. … 순금으로 속죄소(시은좌)를 만들되, 길이는 두 규빗
> 반, 너비는 한 규빗 반이 되게 하라. 금으로 그룹 둘을 만들되, 두들겨
> 서 속죄소 양쪽 끝에 자리 잡게 하여라. 그룹 하나는 이쪽 끝에, 또
> 다른 그룹 하나는 저쪽 끝에 자리 잡게 하되, 속죄소와 그 양끝에 있
> 는 그룹들이 한 덩이가 되게 하여라. 그룹들은 날개를 위로 펴서 그
> 날개로 속죄소를 덮으며, 그 얼굴을 마주보게 하여라. 곧 그룹들의
> 얼굴들은 속죄소를 향하게 하여라. … 거기서 내가 너와 만나고, 속
> 죄소 위, 곧 언약궤 위에 있는 두 그룹 사이에서, 이스라엘 자손을 향
> 한 나의 모든 명령을 너에게 일러줄 것이다. (출 25:8-22)

출애굽기의 말씀은 속죄소(시은좌) 위, 그룹들 사이에 계신 하나님
을 그리고 있는데요. 이러한 묘사는 자주 사용되는 또 다른 표현 곧
'그룹들 위에 계신 하나님'이라는 표현과 얼핏 상충하는 것처럼 보
이기도 합니다(삼상 4:4; 삼하 6:2; 왕하 19:15; 대상 13:6; 시 80:1; 99:1; 사 37:16). 이
는 언약궤를 구성하는 전체 구조, 즉 속죄소와 그룹들이 시간이 지
남에 따라 사람들의 생각 속에서 결합되어, 그룹들의 날개가 하나

고 번역하기보다, "주께서 앉으실 곳"이라고 번역하는 것이 더 낫다고 주장
합니다. Marc Zvi Brettler, *God is King* (Sheffield: Sheffield Academic Press,
1989), p. 82.

님 보좌의 받침대로 여겨진 것으로 추정됩니다.

이제 우리는 하늘과 성전을 연결하는 전통에 주목하게 됩니다. 하나님은 하늘에 거하실 뿐만 아니라 땅에 오셔서 성전에, 즉 그분의 백성들 가운데 거하신다고 여겨졌습니다. 하나님의 초월성에 대해 고찰하기 시작한 이번 장에서, 땅에서의 (하나님의) 임재에 관한 논의에 시간을 할애하는 것이 어색하게 보일 수도 있지만, 이러한 논의는 하늘과 땅의 상호 연결성에 한 번 더 집중하게 만들어 준다는 점에서 의미가 있습니다. 흔히 하나님의 초월성은 하나님이 멀리 계시다는 의미, 즉 하늘에 계신다는 의미라고 가정하기 쉽고, 반대로 하나님이 땅에 계시다고 하면 하나님이 초월적이지 않다고 가정하기 쉬운데요. 그러나 성전에 관한 전통은 하나님은 땅에서도 초월적일 수 있음을 말하고 있습니다. 다시 말해, 하나님의 초월성은 하나님이 계신 곳이 아니라, 하나님이 누구이신지와 연결되는 것입니다. 하나님이 초월적인 것은 그분이 인간의 상상을 초월하시며 위엄으로 가득하시기 때문입니다. 영광으로 가득 찬 성전에서의 (하나님의) 임재는 그분의 초월성을 더욱 드러냅니다.

쉐키나(*shekinah*)?

하나님의 임재라는 개념을 설명하는 일에 자주 사용되는 히브리어 단어가 바로 쉐키나입니다. 보통 단독으로 사용되거나 혹은 영광이라는 단어와 함께 사용되는데요(쉐키나—영광). 대중적으로 폭넓게 사용되는 이 단어는, 당신의 백성들 가운데 머물기 위해 오신 하나님의 위엄 있고 영광스러운 임재 개념을 요약하는 단어입니다. 하지만 쉐키나라는 단어를 사용하는 데 있어서 문제가 한 가지 있는데요. 그것은 바로 그 단어가 실제로는 성경 어느 곳에서도 나타나지 않는다는 점입니다. 쉐키나는 명사이며 히브리어 동사 **샤칸**(*shakan*)에서 유래했는데, 이 동사는 '자리잡다, 거주하다, 머물다'라는 의미를 가지고 있습니다. 동사 **샤칸**은 히브리성경 전반에 걸쳐 다양한 문맥 가운데 나타나지만, 정작 명사 **쉐키나**의 경우에는 전혀 나타나지 않습니다.

사실 **쉐키나**라는 용어는 주후 2세기 이후가 되어서야 널리 사용되기 시작한 것으로 보입니다. 대부분의 경우 하나님의 속성이나 의인화를 나타내는 데 사용되었습니다.[6] 쉐키나가 자주 사용된 곳 중 하나가 타르굼(Targum, 탈굼)인데요(히브리어로 된 [구약]성경을 아람어로 번역한 책을 가리키며, 본문이 불분명하게 느껴지는 부분을 설명하기 위한 해설이 추가되어 있습니다). 예를 들어, **타르굼 옹켈로스**(Targum Onkelos) 출애굽기 25:8—"내가 그들 가운데 머물 수 있도록, 그들에게 내가 머물 성소를 지으라고 하여라"—에 대한 해설을 보면 다음과 같습니다. "그들은 내 앞에서 내가 머물 성소를 지어야 하며, 나는 나의 **쉐키나**가 그들 가운데 머물도록 할 것이다".[7] 이러한 해설에서 한 가지 흥미로운 점은,

---

6 랍비 문헌 속 쉐키나에 관한 유용한 논의를 살펴보려면 다음의 자료를 참고하세요. Mehrdad Fatehi, *The Spirit's Relation to the Risen Lord in Paul: An Examination of Its Christological Implications* (Tübingen: Mohr Siebeck, 2000), pp. 149-57.

7 Alexander Sperber, Israel Drazin, Abraham Berliner (trans.), *Targum Onkelos*

의도적이든 아니든 쉐키나 단어의 사용이 하나님을 그분의 백성으로부터 더욱 멀리 떨어뜨려 놓는 결과를 낳는다는 것입니다. 출애굽기에서 하나님은, 당신께서 직접 그 백성 가운데 머물 것이라고 말씀하셨지만, 타르굼에서 하나님의 백성과 함께 머무는 것은 정작 하나님의 쉐키나입니다.

히브리성경에 쉐키나라는 단어가 없다는 사실은, 그리스도인들 사이에서 그 단어가 자주 또 대중적으로 사용된다는 것을 감안하면 꽤나 놀라운 일입니다. 쉐키나는 하나님의 백성 가운데 머무는 하나님의 임재 신학에 있어서 상당히 자주 사용되기 때문에, 그 단어가 성경에 나오지 않는다는 사실을 받아들이고 이해하는 것은 어려운 일이 될 수 있습니다. 하지만 이것을 해당 단어 없이 개념으로 존재하는 경우라고 이해하면 됩니다. 쉐키나라는 개념은 다양한 논의의 배경이 되는데요. "그 말씀은 육신이 되어 우리 가운데 사셨다[문자적으로는 그의 장막을 치다 혹은 머물다]"(요 1:14)와 같은 구절에서처럼 성육신에 대한 논의뿐만 아니라, 성령(Holy Spirit)에 대한 논의의 배경이 되기도 합니다. 여기서 특히 흥미로운 점은, 이처럼 기독교 신학 안에서 이루어진 개념 차원에서의 연결들이 정작 기독교 문헌이 아닌 랍비 문헌에 있는 단어를 통해 이루어졌다는 사실입니다.

---

to Exodus: An English translation of the text with analysis and commentary (based on the A. Sperber and A. Berliner editions) (New York: KTAV, 1990), pp. 242-5. 타르굼 옹켈로스(*Targum Onkelos*)의 경우 주후 5세기 이전에는 기록 형식에 도달하지 못했지만, 그럼에도 이전의 구술 전승을 기반으로 하고 있는 것 같습니다.

랍비들은 자신들이 존재한다고 믿는 개념을 표현하기 위해서, **쉐키나**라는 단어로 히브리성경에 대한 해설을 만들었습니다.[8] 우리가 이 단어를 폭넓게 사용하고 있다는 것은 곧 그 단어를 통해 표현되는 개념이 히브리성경 곳곳에 있다—비록 **쉐키나** 단어는 히브리성경에 없지만—는 생각에 동의함을 나타내는 것입니다.

지성소(The Holy of Holies)

[도표2] 솔로몬의 성전

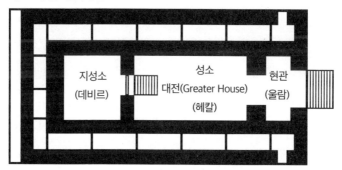

쉐키나라는 단어 이면에 있는 개념—하나님께서 장막이나 성전에서, 그분의 백성 가운데 머무신다는 개념—은 히브리성경 안에서 핵심적인 주제 중 하나입니다. 출애굽기는 하나님께서 그분의 백성 가운데 머무시기 위하여 성막에 오셨다는 점과(출 40:33-38), 하나님께서 내려오셨을 때 그분의 영광이 그곳을 가득 채운 까닭에, 모세가

---

8   이에 대한 유용한 논의로는 다음의 자료를 참고하세요. Fatehi, *The Spirit's Relation to the Risen Lord*, 전체적으로 유용하나 특히 제8장(The Spirit and God in Rabbinic Literature and the Targums)을 참고하세요.

들어갈 수조차 없었다는 점을 분명하게 밝히고 있습니다. 언약궤는 지성소 또는 **데비르**(*debir*) 즉, 성전의 가장 안쪽 공간에 있습니다([도표 2] 참조). 데비르 너머에 **헤칼**(*hekhal*, 문자적으로 '궁전' 혹은 '성소'[Holy Place]를 의미)이 있고, 헤칼 너머에 **울람**(*ulam*, '현관/돌출 현관')이 있습니다.

지성소는 너무나도 거룩한 곳이었기 때문에, 일년에 단 한 번, 대제사장이 대속죄일(Day of Atonement)에만 들어갈 수 있었고, 그러한 출입마저도 속죄소에 계신 하나님을 보지 않으려고 향의 연기 속에서 이루어졌습니다.

> 아론은 자기를 위한 속죄제(sin offering)의 수소를 드리되, 자기와 집안을 위하여 속죄하고, 자기를 위한 속죄제 수소를 잡아야 할 것이다. 그는 여호와 앞 제단에 피어 있는 숯(불)을 향로에 가득히 담고, 또 곱게 간 향기로운 향을 두 손에 채워 휘장 안으로 가지고 들어가서, 여호와 앞에서 분향하여 향연(기)으로 언약궤 위 속죄소를 가리게 할 것이니, 그렇지 않으면 그가 죽게 될 것이다. (레 16:11-13)

여기서 나타나는 다소 혼란스러운 원칙 중 하나는, '과연 인간이 하나님을 보고 살 수 있(었)는지'에 관한 부분입니다. 문제는 그 부분에 관하여 성경 안에 다양한 흐름이 존재한다는 것입니다. 이미 모세의 전승 자체에도 최소 2가지 원칙이 공존합니다. 이를테면, 어떤 본문은 하나님을 보고 살 수 없다고 분명히 말하고 있습니다. "여호와께서 말씀하셨습니다. '그러나 네가 내 얼굴을 볼 수 없을 것이다.

그 누구도 나를 보고 살 수 없기 때문이다'"(출 33:20). 하지만 또 어떤 본문은 하나님의 임재 곧 하나님께서 스스로를 드러내신 곳에 모세가 자주 출입했다고 말하고 있습니다(출 34:29-35). 하나님의 임재 앞에 서기 전에 겉옷(외투)으로 자신의 얼굴을 감싼 엘리야 같은 이들이 있었는가 하면(왕상 19:13), 위에 언급된 레위기 16:11-13과 같이 하나님을 마주보는 사람은 죽게 될 것이라고 생각한 이들도 있었습니다. 여기서 초기에는 하나님을 마주 볼 수 있다고 믿었지만 시간이 지남에 따라 볼 수 없다고 믿게 된 것이라고 추정하는 방식은 편리하긴 하지만 옳지 않습니다! 밝혀진 증거와도 맞지 않고요.

모세의 이야기에는 2가지 (전승의) 원칙이 모두 담겨 있습니다. 엘리야는 하나님의 임재 앞에 섰지만, 그의 얼굴을 가렸습니다. 이사야는 하나님의 옷자락을 보았지만(사 6:1), 그럼에도 하나님의 임재 앞에서 두려워 했는데, 이는 그가 '부정한 입술'을 가진 사람이었기 때문입니다(사 6:5). 에스겔의 경우 딱히 뚜렷한 공포심을 표현하진 않았지만 하나님의 보좌 앞에서 그의 얼굴을 땅에 대고 엎드렸습니다(겔 1:28). 즉, 어떤 사람들이 말하는 것처럼 하나님—혹은 하나님의 얼굴—을 보고 살 수 없다고 단정지을 수는 없습니다.[9] 또한 우리는 단순히 초기부터 후대까지의 궤적, 즉 하나님을 볼 수 있다는 전승에서 볼 수 없다는 전승까지의 궤적을 그릴 수도 없습니다. 히브리 성경 안에는 말 그대로 다양한 전승들이 뒤섞여 있습니다. 그렇지

---

9   참고, Gary W. Light, *Isaiah* (Louisville, KY: Westminster John Knox, 2003), p. 27.

만 하나님을 마주하는 위험성을 경고하는 전승이 시간이 지남에 따라 강조되면서, 보좌에 앉으신 하나님을 보려는 사람들은―현대적인 표현을 빌리자면―위험을 무릅써야 하는 것으로 인식되기 시작했습니다. 일부 후대 자료들의 경우, 하나님의 임재 앞에 설 자격이 없는 사람들이 그 앞에 서려고 애쓰는 상황을 가리켜 극도로 위험하다는 것을 지적하기도 합니다.[10]

하나님의 얼굴을 보는 것과 관련하여 성경 안에 다양한 흐름이 있음에도 불구하고, 지성소의 경우는 가장 신비한 장소로, 하나님의 임재와 관련된 장소로 계속해서 남아 있었습니다. 오직 대제사장만이 지성소에 들어갈 수 있었고 그마저도 일 년에 단 한 번, 대속죄일에만 들어갈 수 있었는데요. 그 출입의 목적은 속죄 제물의 피를 속죄소 위와 속죄소 앞에 뿌리는 것이었습니다(레 15-16장). 우리에게는 이러한 행위가 잘 이해되지 않고 또 이상하게 보이기도 하지만, 사실 이것은 그저 간단한 의식(ritual)의 일환이었습니다. 이러한 행위의 목적은 하나님께서 계속해서 그분의 백성 가운데 머무실 수 있도록, 그 백성의 죄로 오염된 성전을 깨끗하게 하는 데 있었습니다.

이는 하나님의 보좌가 위엄(권세)의 보좌이면서 동시에 자비의 보좌임을 말해줍니다. 에스콜라(Eskola)는 다음과 같이 말했습니다.

---

10 참고, 헤칼롯 주타르티(*Hekhalot Zutarti*), "랍비 아키바가 말했다. '그때에 내가 높은 곳으로 올랐다. … 그리고 내가 휘장에 다가갔을 때, 파멸의 천사들이 나를 파멸시키려고 왔다.'" 이는 다음의 책에서도 인용되었습니다. Paula Gooder, *Only the Third Heaven?: 2 Corinthians 12.1–10 and Heavenly Ascent* (London: Continuum, 2006), pp. 199-201.

보좌는 매개의 은유입니다. 보좌는 하늘의 거룩성과 땅의 죄성이 만나는 중요한 지점에 위치해 있습니다. 왕이신 하나님은 그분의 보좌에 앉아 계십니다. 그리고 대제사장은 이스라엘의 대표자로서 출입합니다. 보좌는 권세를 나타내는 은유이면서 동시에 자비를 나타내는 은유입니다. … 따라서 다가오는 인간들을 죽이는 신성하고 거룩한 장소가 실제로는 자비의 자리가 됩니다.[11]

하나님의 보좌는 곧 권세를 지닌 왕을 통해 드러나는 하나님의 본성과, 자비로운 심판자의 모습을 통해 드러나는 하나님의 본성이 온전히 뒤얽힌 모습을 상징하는 것이라 할 수 있습니다(이 주제는 신약 성경까지 이어집니다. 이를테면, 자비를 얻기 위하여 하나님의 보좌에 나아가는 모습을 이야기하는 히브리서 4:16과 같은 본문에서 찾아볼 수 있습니다). 여기서 우리는 또다시 하나님과 하나님의 백성 사이에 존재하는 친밀함이라는 흐름을 발견하게 됩니다. 요컨대 하나님의 보좌—하나님의 위엄과 권세를 나타내는 은유로서의 장소—에는 자비와 위엄이 온전히 뒤얽혀 있으며, 또한 그곳에는 당신의 백성과 가까워지려는 하나님의 열망이 내포되어 있습니다.

지성소 안 언약궤 위에 머무시는 하나님에 관한 이야기들은 실재(reality)와 은유 사이를 오락가락하고 있습니다. 언약궤는 하늘의

---

11 Timo Eskola, *Messiah and the Throne: Jewish Merkabah Mysticism and Early Christian Exaltation Discourse* (Tübingen: Mohr Siebeck, 2001), pp. 57-8. 강조 표시는 원자료에서 가져온 것입니다.

보좌를 땅에서 표현한 것이었는데요. 이 언약궤는 지성소 안에 존재했기 때문에 당연히 실재했다고 말할 수 있습니다. 물론 하나님께서 땅에 내려오실 때 머무시는 장소로 묘사되기도 했지만요. 또한 정의와 공의에 기초한 보좌에 대한 묘사는, 하나님의 공의와 정의를 나타내는 은유—어쩌면 환유(metonymy)—가 되기도 했습니다. 하나님의 보좌는 분명히 존재한다고 여겨졌지만, 동시에 보좌 그 자체를 넘어 하나님의 본성을 더 넓고 깊은 의미로 전달하는 일에 사용되기도 했습니다.

하늘의 문

많은 사람들이 "어떤 장소는 다른 장소들보다 더 거룩하게 느껴진다" 내지는 "어떤 장소는 다른 장소들보다 하나님의 임재가 더 잘 느껴진다"는 생각에 익숙합니다. 켈트족의 전통에서는 그러한 장소를 일컬어 '희미한(thin) 장소'라고 부르는데요. 이는 곧 하늘과 땅의 경계선이 다른 곳들보다 더 희미하게 느껴진다는 의미입니다. 이와 비슷한 개념이 성경 안에서도 발견되는데요. 창세기 28:17에서 야곱은 돌 하나를 베개로 삼아 잠이 들었고, 꿈에 하나님의 천사들이 오르락내리락하는 모습을 보았습니다. 잠에서 깬 야곱은 다음과 같이 감탄했습니다. "이 얼마나 경이로운 곳인가! 이곳은 다름 아닌 하나님의 집이요, 하늘의 문이구나"(창 28:17). 야곱의 발언은 앞서 말한 '희미한 장소'라는 개념과 아주 흡사해 보입니다. 창세기에 기록된 야곱의 발언은, 하늘에 직접 이어질 수 있는 특정한 장소들이 땅에 존재했다는 것을 확증해줍니다.

요한복음은 이 전통을 아주 놀라운 방식으로 활용하는데요. 예수님께서 나다나엘과 대화를 나누는 장면입니다. "진실로 진실로 너희에게 이르노니, 너희가 하늘이 열리고 하나님의 천사들이 인자(그 사람의 아들) 위에 오르락내리락하는 것을 보게 될 것이다"(요 1:51). 이것은 분명 창세기 28:17을 언급한 것이지만 동시에 중요한 곡절(twist)이 담겨져 있습니다. 이제 하늘의 문은 장소가 아니라, 사람이 된 것입니다. 다시 말해 예수, 곧 인자를 통하여 하늘에 직접 닿을 수 있는 길이 마련된 것입니다. 이러한 개념은 요한복음 안에서 계속해서 반복됩니다. 일례로 요한복음 안에서 예수님은 성부(하나님)에게 가는 길이자, 양의 문으로 묘사되고 있습니다.

성전이 실제로 하늘의 문이라고 불린 적은 없지만, 하늘로 직접 이어지는 아주 특별한 장소로 여겨졌던 것은 분명합니다. 하나님께서 그분의 백성들 가운데 머물기 위하여 지성소(혹은 데비르)에 내려오실 수 있었기—또한 내려오셨기—때문에, 성전은 곧 하늘과 땅의 경계선이 흐려져 거의 융합이 되는 장소였습니다. 마가렛 바커(Margaret Barker)는 여기서 한 발 더 나아가 성전은 단지 하늘의 문에 그치는 것이 아니라, 창조 세계 전체를 담은 소우주(microcosm, 축소판)라고 주장했습니다. 바커에 따르면, 하늘이 라키아에 의해 땅으로부터 분리되는 것처럼, 지성소는 성전의 휘장으로 인해 나머지로부터 분리되는 것이었습니다.

따라서 바커는 성전(의 예배)을, 하늘의 실재가 땅에 존재하게 하는 장소로 보았습니다. 바커는 다음과 같이 주장합니다. "성전의 의식들(rituals)은 곧 창조 의식이었습니다. 그 의식들은 신성한 하늘의 실체를 땅에 복원하고 유지하며 모사하는 일이었습니다."[12] 만일 그녀의 말이 옳다면, 성전은 하늘로 가는 통로 그 이상의 것이 됩니다. 즉, 하늘과 땅이 만나는 장소가 되는 것입니다. 종말에 하늘과 땅이 만나게 되는 것처럼요. 성전(의 예배) 안에서 하늘은 땅 위에 임재하고, 땅은 하늘에 붙잡히게 되는 것입니다.[13]

그렇다면 성전이 없는 세상은 어떻게 되는 것일까요? 이 질문에 대해서는 요한복음으로 대답이 가능할 것 같습니다. 이를테면, 요한복음 1:51에서 이루어진 창세기 28:17에 대한 재해석을 통해서 대답이 가능합니다. 요한복음 1:51은 장소가 아닌 사람 즉, 예수님을 하늘로 가는 통로로 그렸습니다. 이것이 시사하는 바는 곧 성전을 통해 하나님께서 땅에 머무실 수 있었고 인간이 하늘과 연결될 수 있었던 것과 같이, 이제 그 일이 그리스도 안에서, 즉 그리스도를 향한

---

12 Margaret Barker, *The Revelation of Jesus Christ* (Edinburgh: T. & T. Clark, 2000), p. 20. Barker는 성경을 이해하는 데 있어서 성전이 갖는 중요성을 특별히 강조합니다. 그녀가 연구한 내용은 다음과 같습니다. *The Great High Priest: The Temple Roots of Christian Liturgy* (London: T. & T. Clark, 2003); *Temple Theology* (London: SPCK, 2004); *The Gate of Heaven: The History and Symbolism of the Temple in Jerusalem* (Sheffield: Sheffield Phoenix Press, 2008); *Temple Themes in Christian Worship* (London: T. & T. Clark, 2008); *Creation: A Biblical Vision for the Environment* (T. & T. Clark, 2009).

13 비슷한 견해를 보려면 다음의 자료를 참고하세요. Eskola, *Messiah and the Throne*, p. 53.

예배 안에서 이루어질 수 있게 되었다는 것입니다. 그러므로 하나님의 임재가 다른 장소들보다 더 강력하게 느껴지는 장소들이 있을 수도 있지만, 원칙적으로는 (정확히 말하면) 모든 장소가 곧 '희미한 장소'가 될 수 있습니다. 예수님의 임재로 인해 변화된 모든 장소들이 곧 하늘로 가는 통로가 될 수 있는 것입니다. 요컨대, 예수님으로 인해 변화된 모든 장소가 하나님께서 인간들 사이에 머무실 수 있는 장소가 되며—모든 초월적인 위엄 가운데서도—또한 인간이 하나님의 보좌 앞에서 예배 드릴 수 있는 장소가 되는 것입니다.

3장 불 병거들
/하나님의 보좌 - 병거

"또 그들의 머리 위에 있는 궁창 위에는 청옥과 같은 보석으로 만든

보좌의 형상이 있었고, 그 보좌의 형상 위에는

사람의 모습과 비슷한 형상이 앉아있었다."

(겔 1:26)

3장 불 병거들
/하나님의 보좌 – 병거

하나님의 보좌-병거

보좌에 앉으신 하나님의 이미지는 시각적으로 강렬한 이미지입니다. 그 이미지는 곧 "그것이 어떤 모습일까?"라는 질문을 던지게 만듭니다. 그리고 이에 대한 응답을 시작할 곳으로, 하나님과 관련된 3가지 환상—이사야, 에스겔, 다니엘이 전한 환상—을 꼽을 수 있습니다. 각 선지자들은 하나님의 보좌의 본질을 보고 그것을 묘사했습니다.

이사야가 본 하나님의 환상

이사야의 보좌 환상은 우리를 다시 성전으로 데려갑니다(사 6:1-13). 성전 안에서 환상이 일어난 위치는, '이사야가 제사장이었는지 아닌지, 한 발 더 나아가 대속죄일을 맞아 지성소에 들어간 대제사장이었는지 아닌지'에 관한 의문을 불러 일으킵니다. 이러한 생각은 이사야가 왕과 가까운 사이였고 또 왕을 만나는 것이 가능했다는 점을 통해 뒷받침될 수도 있습니다(참조, 사 7장). 하지만 이것이 이사 야서 그 어느 곳에서도 명시적으로 드러나진 않습니다. 한편, 이 환상에 사용된 언어는 하늘과 땅의 경계선이 흐려짐을 암시하고 있습니다. 이사야는 "높이 들린" 하나님과, 그분의 옷자락(문자적으로는 자락 부분)이 성전에 가득 차 있는 것을 보았는데요. 이러한 묘사는 하나님이 얼마나 크신 분인지를 보여주기 위해 고안된 것입니다. 곧 하나님은 너무나도 크신 분이어서, 그분의 옷자락조차 성전을 가득 채울 정도라는 것이죠. 이 시적인 묘사는 환상 속에서 이사야가 느낀 놀라움을 말로 옮긴 것입니다. 그리고 성전뿐만 아니라 이사야의 존재 전체 또한 하나님의 임재로 가득 차게 되었습니다. 이사야서의 본문은 R. S. 토마스(Thomas)의 시, '갑자기'(Suddenly)를 연상시키는데요. 이 시에서 토마스는 하나님과의 만남에 대해 이야기하는데, 그는 단지 눈으로만 하나님을 보는 것이 아니라 또한 그의 존재 전체로 하나님을 마주합니다. 그리고 토마스의 마음은 (넘치는) 성배와 같이 바다로 넘치게 됩니다. 이사야가 묘사하는 하나님과의 만남이 바로 이러한 만남이었습니다. 하나님의 임재의 광대함이 이사야가 보고 느끼는 모든 영역을 가득 채운 것입니다.

언급된 이사야 본문은 하나님의 광대함뿐만 아니라, 하늘과 땅 사이의 융합에 대해서도 강한 인상을 남깁니다. 하나님은 동시적으로 하늘의 성전과 땅의 성전 모두에 계신 것처럼 보입니다. 이후 이사야 66장에서 이러한 개념이 재차 언급되는 것처럼 보이는데요. 이를테면, 이사야 66:1에서 하늘은 하나님의 보좌로, 땅은 하나님의 발판으로 언급됩니다. 그렇다면 하늘과 땅은 함께 창조되었다는 차원을 통해서 결합될 뿐만 아니라, 하늘에서 땅까지 펼쳐진 보좌, 그 보좌에 앉으신 하나님을 통해서도 결합된다고 할 수 있습니다.

이사야는 하나님의 보좌에 대해서, 그 보좌가 어떤 모습인지에 대해서는 자세히 설명하지 않습니다. 우리가 수집할 수 있는 정보는 하나님의 보좌가 '높이 들려' 있고 아마도 그룹들 위에 있다는 것 (하지만 이것도 분명하게 명시되지는 않습니다), 그리고 최소 두 스랍들(seraphim)이 하나님을 모시고 서서 그분을 향한 찬양을 불렀다는 것입니다. 스랍들은 각기 6날개를 가지고 있는데, 6날개는 2날개씩 3쌍을 이루어 기능합니다. 2날개는 그들의 얼굴을 가리고, 2날개는 그들의 발을 가리며, 나머지 2날개는 나는 역할을 합니다. 스랍들이 부르는 노래가 또한 중요한데요. 스랍들의 노래는 우리가 수행한 하늘에 대한 연구를 통해 밝혀진 역설(paradox)을 표현하고 있습니다. 즉, 그 노래는 하나님은 거룩하시며 따로 구분되어 계시다는 것—"거룩하시다, 거룩하시다, 거룩하시다, 만군의 여호와여"(사 6:3상)—과, 그러면서도 하나님의 영광은 땅을 뒤덮고 있다는 것—"온 땅에 그분의 영광이 가득하도다"(사 6:3하)—을 함께 표현하고 있습니다. 이처럼 하나님은 땅으로부터 떨어져 계시면서도 동시에 땅과 연결되어 계십니다. 물론 이는 하나님이 거하시는 하늘 역시 마찬가지입니다. 그리고 이것이 바로 이사야 환상 전체의 핵심인 것으로 판단됩니다. 실제로 이후에 이사야는 듣지도 깨닫지도 못할 백성에게 하나님의 대변인으로서 파송되며, 하나님과 그분의 백성 사이의 관계를 보여주는 살아있는 상징으로서 부르심을 받습니다. 하지만 안타깝게도 스랍들이 하나님의 거룩하심과, 하나님의 영광이 하늘과 땅을 가득 채우고 있음을 선포하는데도, 정작 (땅에 있는) 하나님의 백성은 하나님을 알아보지 못하는 상황이 펼쳐집니다.

에스겔의 보좌-병거(throne − chariot) 환상

하나님의 보좌에 대해 기록한 또 다른 환상은 바로 에스겔의 병거 환상입니다(겔 1장). 에스겔이 보여주는 다소 과한 이미지와 복잡스러운 환상은 오늘날 많은 사람들에게서 자연스레 외면을 받고 있지만, 사실 이 본문은 후대 문헌들에 가장 큰 영향을 끼친 본문 중 하나입니다. 실제로 요한계시록 4-5장과 같은 신약성경 본문뿐만 아니라, 유대 묵시 문헌과 같은 성경 외부 자료들도, 하나님의 보좌와 그 모습을 묘사할 때 에스겔의 환상을 활용하고 있습니다.[1] 이 에스겔 본문의 인기가 어찌나 대단했던지, 심지어 랍비들은 위험하다고 느낄 정도였습니다(아마도 주후 2세기 즈음에 그랬던 것으로 보이는데요. 더 이른 시기에 그런 것일 수도 있습니다). 그들은 에스겔의 본문을 읽거나,[2] 해석

---

1   에스겔 1장이 후대 문헌에 끼친 영향력에 관한 논의는 다음의 자료를 참고하세요. Christopher Rowland, *The Open Heaven: A Study of Apocalyptic in Judaism and Early Christianity* (London: SPCK, 1982), pp. 218ff.

2   미쉬나 메길라(*Megillah*) 4.10.

하는 일을 금지시키기도 했습니다.[3]

에스겔 1장을 보면, 이사야 6장에서 하나님의 보좌를 가리킬 때 사용한 단어(키쎄[kisseh])와 동일한 단어가 사용된 것을 알 수 있습니다. 하지만 에스겔이 보고 묘사한 것은 보좌이면서 또한 병거이기도 합니다. 에스겔은 네 생물들을 보았는데(이들은 에스겔 10장에서 그룹들로 규정됩니다), 각 생물들 옆에는 바퀴(wheel)가 있습니다. 각 생물들은 날개를 갖고 있는데, 그들에게 달린 날개는 덮개(canopy)처럼 다른 생물들의 날개와 서로 닿아 있습니다. 생물들의 머리 위에는 라키아 혹은 궁창(firmament)이 있고, 라키아 위에 놓인 것이 바로 하나님의 보좌입니다. 보좌는 간단히 묘사되는 반면—"청옥(sapphire)처럼 보이는 보석으로 만든"(겔 1:26)—병거는 상당히 자세하게 묘사됩니다. 에스겔서 안에서 병거를 뜻하는 히브리어 단어, **메르카바**(merkabah)가 사용되진 않습니다. 하지만 얼마 안 가 그 단어는 하나님의 보좌 혹은 보좌-병거와 연결되기 시작합니다(참조, 대상 28:18). 우리는 에스겔이 목격한 보좌에 앉은 이가 누구인지(혹은 무엇인지)가 불분명하다는 점에도 주의를 기울여야 합니다. 이 본문은 사실 좀 지나치게 모호합니다. 에스겔은 보좌에서 "여호와의 영광의 형상의 모양"(겔 1:28)을 보게 되는데요. 이때 에스겔이 실제로 하나님을 본 것인지 아닌지에 대해서, 본문은 그저 가능성만 남겨둡니다.

에스겔의 환상을 살펴보는 가운데, 하나님의 보좌-병거가 어떤

---

3   미쉬나 메길라(*Megillah*) 2.1. 이에 대한 논의는 다음의 자료를 참고하세요. Rowland, *The Open Heaven*, pp. 275-81.

모습인지, 병거 환상들은 무엇인지에 대해서 다양한 추측들이 오고 갔습니다. 이러한 추측들은 후대에 이르러 상당히 정교해지기 시작했고 이후 학자들은 '메르카바 신비주의'(Merkabah mysticism)라는 이름으로 그와 관련된 자료들을 모으기 시작했습니다.[4] 위대한 유대(교) 학자 게르숌 숄렘(Gershom Scholem)은 메르카바 신비주의는 훨씬 더 잘 알려진 카발라(Kabbalah) 이전 시기에, 곧 유대 신비주의(Jewish mysticism)가 발전하는 과정 가운데 있었던, 중요한 한 단계였음을 주장한 바 있습니다.[5] 이후 학자들은 숄렘의 주장을 발전시켜 메르카바 신비주의의 (시기적) 위치가, 유대 묵시 문학에서 카발라까지 이어지는 발전 과정의 중간 정도에 해당한다고 주장했습니다.[6] 이러한 신비

---

4   이 전통과 연관된 주요 문헌은 다음과 같습니다. 헤칼롯 주타르티(*Hekhalot Zutarti*), 헤칼롯 라바티(*Hekhalot Rabbati*), 마아쎄 메르카바(*Ma'aseh Merkabah*), 세페르 헤칼롯(*Sepher Hekhalot*). 마지막 문헌은 에녹3서(*3 Enoch*)로 불리기도 합니다 안타깝게도 모두가 영어로 번역되어 있는 것은 아닙니다. 가장 접근이 용이한 자료는 세페르 헤칼롯/에녹3서입니다. Philip Alexander, '3 (Hebrew Apocalypse of) Enoch: A New Translation and Introduction', in J. Charlesworth (ed.), *The Old Testament Pseudepigrapha: Apocalyptic Literature and Testaments*, vol. 1 (New Haven, CT: Yale University Press, 1983), pp. 223-316. 헤칼롯 라바티의 핵심적인 부분은 다음의 자료에서 찾아볼 수 있습니다. Philip S. Alexander, *Textual Sources for the Study of Judaism* (Manchester: Manchester University Press, 1984), Morton Smith가 예전에 번역한 헤칼롯 라바티의 전반부는 온라인에서 볼 수 있습니다. <http://www.digital-brilliance.com/kab/karr/HekRab/HekRab.pdf>

5   Gershom Scholem, *Major Trends in Jewish Mysticism* (New York: Schocken Books, 1955); *Jewish Gnosticism, Merkabah Mysticism, and Talmudic Tradition* (New York: Jewish Theological Seminary of America, 1960).

6   Ithamar Gruenwald, *Apocalyptic and Merkavah Mysticism*, AGJU (Leiden:

주의의 연대에 관해서, 또 그것의 주요 초점에 관해서, 그리고 어떤 텍스트가 메르카바 전통에 포함될 수 있는지에 관해서 광범위한 논의가 이루어졌습니다. 이제 상당수의 학자들은 메르카바 신비주의의 존재와 중요성을 인정하고 있으며, 초기 기독교에 미친 영향력을 받아들이고 있습니다.[7]

이 학자들이 유일하게 강조한 주제는 아니지만 그럼에도 그들이 메르카바 신비주의와 유연하게 연결 짓는 텍스트들의 초점이 맞춰지는 곳이 바로 하나님의 보좌-병거(혹은 메르카바)입니다. 에스겔의 환상에 뒤이어, 하늘로 올라가는 일이 가능하리라는 믿음, 그리고 하늘의 영역에서 병거에 앉아 계신 하나님을 볼 수 있으리라는 믿음이 자라났습니다(다소 혼란스럽게도 이러한 일을 겪는 이들을 가리켜 병거로 내려가는 사람들[descenders]이라고 묘사되기도 했습니다).[8] 앞서 말한 텍스트들 중

Brill, 1980).

7   이 책에서 메르카바 신비주의를 자세히 들여다보기에는 지면의 한계가 있습니다. 이 분야에서 가장 영향력 있는 책들은 다음과 같습니다. Scholem, *Major Trends in Jewish Mysticism*; Scholem, *Jewish Gnosticism, Merkabah Mysticism, and Talmudic Tradition*; Gruenwald, *Apocalyptic and Merkavah Mysticism*; Alan F. Segal, *Paul the Convert: The Apostolate and Apostasy of Saul the Pharisee* (New Haven, CT: Yale University Press, 1992); Martha Himmelfarb, *Ascent to Heaven in Jewish and Christian Apocalypses* (New York: Oxford University Press, 1993); Jarl E. Fossum, *The Image of the Invisible God: Essays on the Influence of Jewish Mysticism on Early Christology* (Fribourg: Universitätsverlag, 1995); Rachel Elior, *The Three Temples: On the Emergence of Jewish Mysticism* (Portland, OR: Littman Library of Jewish Civilization, 2005).

8   James R. Davila, *Descenders to the Chariot: The People behind the Hekhalot*

일부는 다양한 층을 가진 하늘을 통과하다가 마침내 보좌-병거에 계신 하나님을 보는 것으로 완성되는 여행을 묘사하고 있습니다. 이와 같은 텍스트들 사이에서 에스겔의 보좌-병거 환상은, 이미 일어난 일을 보여줄 뿐만 아니라, 추후에 하나님의 보좌에 오르게 될 사람들(ascenders)에게 일어날 수 있는 일을 보여주는 일종의 상징과 같은 환상이라고 할 수 있습니다.

에스겔의 환상이 갖는 중요성은 이것이 전부가 아닙니다. 에스겔의 보좌-병거 환상은 또한 하나님과 성전의 관계에 대한 이해를 변화시킨다는 점에서 중요합니다. 에스겔의 예언들은 (역사적으로) 분쟁이 심각한 상황 속에서 전해졌는데요. 실제로 에스겔서의 초반부는 주전 6세기 후반, 2차례에 걸쳐 일어난 대규모의 포로 이동(유배) 사이에 해당하는 이야기로 보입니다. 첫 번째 포로 이동은 곧 대략 주전 597년에 바벨론 사람들이 유다의 왕과 왕의 측근들과 제사장들을 유다에서 멀리 떨어진 바벨론에 포로로 끌고 간 사건입니다. 그로부터 대략 10년 후 두 번째 포로 이동 때에는 유다로부터 더 많은 사람들을 끌고 갔으며 심지어 성전까지도 파괴했습니다. 많은 이들이 에스겔서의 초반부가 2차례에 걸친 대규모의 포로 이동 사이(시기)에 이루어진 일을 다루고 있다고 생각합니다.

여기가 바로 에스겔의 보좌-병거가 중요해지는 지점인데요. 이 책의 2장에서 우리는 성전과 하늘의 연결이 갖는 중요성, 그리고 하나님께서 그분의 백성 가운데 머무시는 장소로서 성전이 갖는 중요

Literature (Leiden: Brill, 2001).

성에 대해 살펴본 바 있습니다. 이는 성전이 파괴된 에스겔 시대에 이르러 잠재적이지만 큰 문제를 야기했는데요. 바로 하나님은 성전에 머무시는데 그 성전이 파괴되었다면, 그렇다면 하나님도 성전과 함께 사라졌다는 의미가 되는 것인가?(라는 문제가 야기된 것입니다). 이때 에스겔의 환상 곧 이동이 가능한 보좌-병거 환상은 특별한 희망의 메시지를 전달합니다.

에스겔 10-11장에서 에스겔은 다시 하나님의 보좌 환상으로 되돌아 가는데요. 거기서 에스겔은 (예루살렘) 성읍의 악 때문에 성전을 떠나시는 하나님의 모습을 생생하게 그려냅니다. 즉, 하나님의 영광이 예루살렘 성읍 동쪽 산에 머물기 전, 병거에 올라 그 성읍과 성전을 떠나는 모습이 그려집니다(겔 11:24). 이러한 장면에서 제시되는 희망의 메시지는 명확합니다. 곧 하나님은 한 장소에 얽매이지 않으시며 움직이실 수 있다는 것입니다. 하나님은 파괴가 되기도 전에 이미 그 오래된 성전을 버리셨습니다. 어쩌면 이러한 희망의 메시지가 어딘지 이상하게 보일 수도 있지만 그럼에도 심오한 뜻이 담겨 있는 것은 분명합니다. 바로 하나님은 성전과 함께 사라지지 않으셨으며 그전에 이미 성전을 버리셨다는 것입니다. 또한 하나님의 백성이 하나님께 돌아오기만 한다면 언제든 하나님 역시 다시 돌아올 준비가 되어 있으시다는 것입니다. 실제로 에스겔서 후반부를 보면, 에스겔에게 성전이 재건되는 청사진이 주어집니다. 에스겔은 장래에 새롭게 지어진 성전으로 돌아오시는 하나님에 대한 환상을 후반부에 기록하고 있습니다(겔 43:1-9).

에스겔이 전한 희망의 메시지는 절망의 시기에 갇힌 하나님의 백성이 앞으로 나아갈 수 있는 길을 열어주었으며 또한 하나님의 임재에 관한 신학에도 지대한 영향을 미쳤습니다. 성전은 포로기 이후 재건되었지만, 전처럼 하나님이 성전과 긴밀하게 연결되진 않았습니다. 재건된 성전은 여전히 이스라엘의 삶과 예배의 중심에 남아있었고 또 그 중요성도 줄어들진 않았지만, 포로기 이후와 제2성전기 시대의 문헌들은 분명 하늘의 성전에 좌정하신 하나님을 더 자주 언급합니다. 상대적으로 땅의 성전에 좌정하신 것은 덜 언급하고요. 이로써 하나님의 보좌에 관한 사람들의 생각에 영향을 미친 미묘하면서도 중대한 변화가 일어났음을 알 수 있습니다.

다니엘의 하나님의 보좌 환상

이사야와 에스겔의 하나님의 보좌 환상과는 달리—두 환상은 모두 선지자들이 깨어있을 때 나타난 것으로 보입니다—다니엘의 환상은 "그의 머리 속으로 환상을 받고 그 꿈에"(단 7:1) 나타난 환상입니다. 그렇지만 그 외에는 두 환상과 상당히 흡사합니다. 물론 다니엘의 환상에는 하나님의 보좌에 관한 내용뿐만 아니라, 땅에서 일어나는 사건들—더 구체적으로 말하자면 바다—에 관한 내용도 담겨 있습니다. 다니엘 7:2-8에서 다니엘은 큰 바다 짐승(괴물) 넷이 바다에서 나와 혼돈을 일으키는 것을 보게 되는데요. 존 콜린스(John Collins)는 이 바다 짐승들과, 시편에서 하나님이 싸워 무찌르는 짐승들을 연결합니다.[9] 이것을 보여주는 구절이 시편 74:14입니다. 이 구절은 혼돈의 물과 관련된 신화 속 바다 짐승, 리워야단(Leviathan)을 무찌르는 하나님을 이야기하고 있습니다.[10]

이러한 연결은 중요한 의미를 갖습니다. 다니엘서의 바다 짐승들은 저자가 살던 시대와 세계 속에 벌어진 정치적인 혼돈을 상징하는데요. 하나님의 보좌와 나란히 등장하는 이 짐승들의 이미지는, 신화 속 바다 짐승들을 무찌르는 하나님이 또한—혼돈의 모습과 형태를 막론하고—모든 혼돈을 무너뜨릴 수 있는 하나님이심을, 다니엘서의 독자들에게—또한 오늘날 우리에게—상기시키는 역할을 합니다. 즉, 거스를 수 없는 짐승들과 같은 정치(적) 권세들이, 다니엘서를 보는 이들의 눈에는 전능하게 보일 수도 있지만, 그래봐야 보좌에 앉으신 하나님에 비하면 아무것도 아니라는 것입니다.

다니엘은 바다 짐승들이 나오는 환상 이후 옛적부터 항상 계신 이(Ancient One)가 좌정하는 장면을 보게 되는데요. "내가 보니 보좌들이 놓이고, 옛적부터 항상 계신 이가 그의 보좌에 앉으셨는데, 그의 옷은 눈과 같이 희고, 그의 머리카락은 순모(pure wool)와 같으며, 그의

---

9   John J. Collins, *Daniel* (Grand Rapids, MI: Eerdmans, 1984), pp. 79-80.

10   오랫동안 학자들은 이러한 유형의 표현들이 주변 문화—신에게 패배한 바다 짐승들의 몸이 쪼개져 땅과 하늘(sky)이 되는 창조 신화를 가진 문화—에서 파생된 것이면서도, 동시에 그 문화와 확연히 대조된다고 주장해왔습니다. 다음의 자료는 상당히 오래된 자료이긴 하지만, 이 주제를 잘 다루었습니다. John Day, *God's Conflict with the Dragon and the Sea: Echoes of a Canaanite Myth in the Old Testament* (Cambridge: Cambridge University Press, 1985).

보좌는 이글거리는 불꽃이고, 보좌의 바퀴들은 타오르는 불이며"(단 7:9). 이 보좌가 어디에 있는지는 분명하지 않습니다. 한편으로 다니엘은 분명 바다에서 나오는 바다 짐승들을 볼 수 있었고 또 "보좌들이 놓인" 것도 볼 수 있었는데, 이러한 표현은 보좌들이 이전에는 그곳에 없었고 심판이 일어나기 전에 그 자리에 놓였다는 것을 암시합니다. 또 한편으로, (유명한 구절인) 다니엘 7:13―"내가 또 밤 환상 중에 보니, 인간[혹은 인자] 같은 이가 하늘 구름을 타고 와서 옛적부터 항상 계신 이에게 나아가 그 앞으로 인도되매"―을 보면, 인자(사람의 아들)가 "구름을 타고 와서"라는 표현이 눈에 띄는데, 이는 (보좌가) 하늘의 위치에 도달했음을 암시하는 것일 수 있습니다.[11] 현재 논의와는 관련이 없기는 하지만 이와 같이 보좌의 위치를 결정하는 일은, 이후 복음서에서 아주 중요한 주제가 되는 인자와 관련하여 상당한 함의를 갖습니다. N. T. 라이트(Wright)는 인자(사람의 아들)와 같은 이가 구름을 타고 온다는 표현은, 곧 그가 땅으로부터 하늘을 향해 가는 것을 가리킨다고 주장합니다. 전통적으로 가정되었던 하늘로부터 땅을 향해 가는 것이 아니라요.[12] 라이트는 인자와 같은 이가

---

11 이에 대한 논의는 다음의 자료를 참조하세요. Benjamin E. Reynolds, *The Apocalyptic Son of Man in the Gospel of John*, WUNT 2 (Tübingen: Mohr Siebeck, 2008), p. 30. Reynolds는 John Goldingay와 같은 학자들의 의견에 반대하면서, 보좌가 하늘에 위치한다는 입장을 내세웁니다. John Goldingay, *Daniel*, WBC 30 (Nashville, TN: Nelson, 1989), p. 167. Goldingay는 보좌가 땅에 있다고 주장합니다.

12 N. T. Wright, *Jesus and the Victory of God: Christian Origins and the Question of God*, vol. 2 (London: SPCK, 1996), p. 361.

억압받는 이스라엘의 대표자이며, 하늘에서 옛적부터 항상 계신 이로부터 권세와 영광과 나라(통치권)를 받음으로써, 옳다고 인정을 받은 것이라고 이야기합니다. (물론 만약 보좌가 땅에 있는 것이라면, 인자와 같은 이가 구름을 타고 어디에서 온 것인지, 또 어디로 갔는지에 대한 의문이 다시금 발생하게 됩니다.)

다니엘서의 저자의 경우 이사야와 같이—하지만 에스겔과는 다르게—보좌의 외형에 대해서는 별 관심이 없고, 오히려 보좌를 둘러싸고 벌어지는 일에 더 많은 관심을 보입니다. 여기서 드러나는 핵심적인 주제가 바로 심판인데요. (이 책의 4장에서 더 자세히 다루겠지만) '측근들'(court, 궁중 신하들)로 둘러싸인 옛적부터 항상 계신 이는 세계를 심판하는 자리에 앉아있으며, 인자와 같은 이의 편에서—은연중에 바다에서 나온 짐승들을 향해서는 적대하며—통치합니다. 또한 왕이자 심판자인 옛적부터 항상 계신 이는 그 자신이 보좌에서 통치하는 것처럼, 인자와 같은 이에게도 통치할 권한을 줍니다. 한편, 보좌-병거 자체에 관해 알려진 유일한 세부 사항은, 보좌-병거가 그 바퀴들과 마찬가지로 불타고 있었다는 점인데요. 이는 다니엘 7장이 (위에서 언급했던) 에스겔의 보좌-병거 환상을 가장 먼저 활용한 본문들 중 하나임을 말해줍니다(참조, 겔 1:4, 16-21).[13]

---

13 Norman W. Porteous, *Daniel: A Commentary* (Louisville, KY: Westminster John Knox, 1965), p. 108.

예수님의 즉위

왕이자 심판자로서의 하나님에 관한 이야기는 다소 낯설고 생소하기 때문에, 그것은 신약성경이 아닌 히브리성경의 특징이므로 오늘날 우리와는 그다지 관련이 없다고 생각하고 싶어질 수도 있습니다. 하지만 (왕이자 심판자로서의 하나님과 연관된) 보좌에 대한 이야기는 신약성경까지 이어지므로, 수많은 신약성경 본문을 이해함에 있어서 반드시 필요한 내용이라고 할 수 있습니다.

보좌와 신약성경

신약 시대에 이르면 보좌에 계신 하나님에 대한 표현들은 거의 예외 없이 성전에 좌정하신 하나님이 아닌, 하늘에 계신 하나님을 가리킵니다. 물론 신약성경 안에서 하나님의 보좌를 가리키는 명확한 표현 자체를 찾아보기 힘들다는 점은 상당히 흥미로운 부분입니다.[14] 또 그러한 표현들이 나타난다고 하더라도 상당히 모호하고요. 신약성경은 하나님의 보좌에 관한 직접적인 언급을 피하고 에둘러 표현하는 말을 발전시켰습니다. 신약성경 안에서 반복적으로 나타나는 표현 중 하나가 하나님의 우편(오른쪽)에 앉으신 예수님인데요. 이는 하나님께서 하나님의 보좌에 앉아 계시다는 것을 암시합니다 (마 26:64; 막 14:62; 16:19; 눅 22:69; 행 2:33; 5:31; 7:56; 롬 8:34; 엡 1:20; 골 3:1; 히 1:3;

---

14   물론 이에 대한 예외도 있습니다. 요한계시록 4-5장에는 하나님의 보좌에 대한 정교하고 광범위한 묘사가 나타납니다.

8:1; 10:12; 12:2; 벧전 3:22). 이 모든 본문들 가운데, 오직 히브리서 8:1만이 "하늘(heavens)에서 지엄하신 분(Majesty)의 보좌 우편에" 대제사장이신 예수님이 앉아 계시다고 명시하고 있습니다. 이러한 표현이 신약 시대에 워낙 잘 알려져 있었기 때문에, "하나님의 우편"은 곧 "하나님의 보좌 우편에 앉아 마땅히 (그에게) 주어져야 할 명예와 권세와 권위를 받다"라는 말을 가리키는 것처럼 보일 정도였습니다.

복음서(들) 안에 기록된 보좌에 대한 또 다른 언급으로는, 인자(그 사람의 아들)의 보좌를 가리키는 내용이 있습니다. 예를 들어, "인자가 그의 영광 가운데 모든 천사와 함께 올 때에, 그는 자기의 영광의 보좌에 앉을 것이다"(마 25:31; 19:28)와 같은 말씀이 있습니다. 이는 하늘 보좌에 앉으신 예수님에 관한 전승을 나타내며, 또한 창조 세계 전체(whole created order)가 보좌에 앉으신 예수님을 자각하고 그분이 누구인지를 깨닫게 될 시기에 대한 기대를 나타냅니다.

복음서 저자들을 통해 보좌 전승에 새로운 곡절(twist)이 덧입혀지게 되는데요. 즉, 땅에서 이루어지는 예수님의 즉위가 성전이 아니라 십자가에서 이루어지게 된 것입니다. 이것은 요한복음에서 가장 명확하게 표현됩니다. 물론 다른 복음서들 안에서도 암시적으로 표현되고 있으며, 예수님과 제자들의 대화 즉 누가 그의 우편에 혹은 좌편에 앉을 것인지에 대한 대화에서도 엿볼 수 있습니다(마 20:21-23; 막 10:37-40). 십자가에서 이루어지는 예수님의 즉위는 하나님의 보좌를 완전히 다른 방식으로 보게 만드는데요. 세상의 왕이자 심판자이신 예수님은 십자가에서의 즉위를 통하여 자신의 공의(righteousness)를 나타내셨습니다. 하나님의 보좌의 기초가 되는 공의와 정의는 철저히 즉위와 연결되어 왔습니다(시 89:14; 97:2). 그러나 예수 님으로 인하여 공의와 정의는 이제 영광과 권세가 아닌 고통과 죽 음을 통해 표현되고 있습니다. 왕이신 예수님은 십자가에서의 즉위 를 통하여, 그가 누구인지, 그의 왕국(나라)—위엄과 영광으로 드러날 뿐만 아니라 사랑과 겸손으로도 드러나는 왕권(kingship)과 왕국(king-dom)—이 어떠한 모습인지를 보여주셨습니다.

즉위의 중요성에 대한 추가적인 증거가 필요하다면, 요한계시 록 4-5장을 살펴봐야 합니다. 요한계시록 4-5장은 신약성경 안에서 보좌에 관하여 가장 많이 언급하는 본문입니다. 음성으로 인하여 하늘로 부르심을 받고 하나님의 보좌 앞에 서게 되는 모습이 (요한을 통해) 묘사되는데요.[15] 묘사의 초점은 보좌 위에 앉으신 이와 그 보좌 를 둘러싸고 있는 대상에 놓여 있으며, 정작 보좌 자체는 자세히 설 명되지 않습니다. 이를테면, 보좌에 앉으신 이는 "모습이 벽옥(jasper) 과 홍보석(carnelian)과 같고" 그 보좌의 둘레에는 "녹보석(emerald)과 같 이 보이는 무지개"가 있다고 그려집니다(계 4:3). 이 3가지 돌이 오늘 날 보석과 정확히 일치하지는 않을 수 있지만—물론 대다수 사람들 은 고대 녹보석이 초록빛이었다는 데에 동의합니다—어쨌든 중요 한 점은 보석들이 눈이 부실 정도로 다채롭게 빛을 굴절시킨다는

---

15   요한계시록은 환상과 관련하여 또 다른 범주를 보여줍니다. 이사야와 에스 겔은 깨어있을 때 환상을 받았고 다니엘은 꿈에서 환상을 받았지만, 요한의 경우 '영으로' 환상을 받았습니다.

사실에 있습니다. 하나님의 임재는 자주 번개(출 19:16)나 밝은 빛(마 17:2; 막 9:2)과 연결되었기 때문에, 하나님의 임재가 '빛난다'는 생각은 꽤 흔한 생각이었습니다. 문제는 "녹보석과 같이 보이는 무지개"입니다. 어떤 이들은 '무지개'를 '후광'(halo)이나 '초록빛 고리'로 번역하는 것이 더 낫다고 말하고, 또 어떤 이들은 이것이 홍수 이후의 노아 언약을 반향하기 때문에 '무지개'를 유지하는 것이 더 낫다고 말합니다.[16] 그렇지만 보석들에 대한 언급과 마찬가지로 무지개 역시 에스겔 1장에서 가져온 표현일 가능성이 높습니다. 에스겔 1:28을 보면 보좌의 광채(빛남)가 무지개와 연결되고 있습니다. "사방 광채(빛남)의 모양은 비 오는 날 구름에 있는 무지개 같으니"(겔 1:28). 그리고 무지개의 초록빛의 경우엔, (저자의 생각 속에서) 무지개는 색깔이 아니라 모양에 의해 결정되며, 색깔은 그저 하나님의 임재가 얼마나 밝게 빛나는 지를 나타낼 뿐임을 가리킵니다.

하나님의 우편에서 즉위하신 예수님

이러한 언급들은 모두 히브리성경에서와 같이 신약성경에서도 보좌가 중요하다는 것을 말해줍니다. 에스콜라(Eskola)가 말했듯이, 신약성경 안에서 "우리는 유대 묵시주의(세계)—신약성경의 저자들이 그리스도를 설명하기 위해 (재)사용한 언어와 상징의 세계—와 같은 상징적인 세계를 발견하게 됩니다".[17] 그리고 이전에는 하나님

---

16   Leon Morris, *Revelation* (Grand Rapids, MI: Eerdmans, 1996), p. 86.

17   Timo Eskola, *Messiah and the Throne: Jewish Merkabah Mysticism and Early*

에게만 사용되었던 즉위의 언어가 이제 예수님을 향한 언어에 차용
되고 적용되는 것을 보게 됩니다.

이것을 보여주는 구체적인 사례가 하나 있습니다. 사도행전 2장
에서 베드로는 오순절(Pentecost) 설교를 통해 하나님께서 예수를 살
리시고 하나님의 우편으로 높이 올리신 것을 이야기하는데요(행
2:32-33). 이 사도행전 본문에는 사실 여러 시편들이 인용이나 암시(al-
lusions, 인유)를 통해 뒤섞여 있습니다. 이를테면, 사도행전 2:34은 시
편 110:1을 인용하고 있습니다. "여호와께서 내 주에게 말씀하시기
를, '내가 네 원수들로 네 발판이 되게 하기까지 너는 내 오른쪽에
앉아 있으라' 하셨습니다"(시 110:1). 또한 사도행전 2:30의 말씀—"그
의 후손 가운데서 한 사람을 그의 보좌에 앉히시겠다고 하나님이
(그에게) 맹세하신 것을 그는 알고 있었습니다"—은 시편 132:11을 암
시하고 있습니다. "여호와께서 다윗에게 확실히 맹세하셨으니 그분
은 그 맹세에서 돌이키지 않으실 것입니다"(시 132:11). 두 시편 모두
다윗이 왕으로 즉위하는 모습을 이야기하는 데 사용되었지만, 동시
에 훗날 다윗과 같은 인물이 나타나 하나님의 백성을 구원하는 미
래를 기대하는 데에도 사용되었습니다. 사도행전 2장에서 베드로는
장래에 나타날 다윗과 같은 인물을 향한 (그러한) 기대를, 예수님이
부활하시고 높이 올림을 받으셔서 하나님의 우편에 앉게 되었다는
개념과 결합시킵니다. 그 결과 예수님께서 다윗과 같은 왕이자 심
판자로 즉위하시는 것은, 사람들의 예상처럼 땅에서 이루어지는 것

Christian Exaltation Discourse (Tübingen: Mohr Siebeck, 2001), p. 159.

이 아니라 하나님 우편에서 즉, 하늘에서 이루어지게 됩니다. 베드로는 예수님을 참된 다윗 계열의 왕으로 선포했는데, 이는 사람들의 상상을 뛰어넘는 일이었습니다. 이는 곧 예수님은 하나님의 대표자로서가 아닌 왕으로서 통치하신다는 것입니다. 다윗과 다윗의 후손들이 왕으로서 통치했던 것처럼 말이지요. 또한 예수님은 하늘에서, 즉 하나님 우편에서 공동 통치자로서 통치하십니다.[18] 이처럼 사도행전 2장은 다윗의 전승을 가져와 그것을 훨씬 더 중요한 내용으로 뒤바꾸고 있습니다.

이 시점에서 떠오르는 한 가지 흥미로운 질문은—물론 확실한 대답은 불가능하지만—예수님께서 하나님 우편에 있는 자신의 보좌에 앉으신 것인지, 아니면 하나님의 보좌를 공유하신 것인지에 대한 부분입니다. 이를 신약성경을 통해서 알기는 어렵습니다. 한편으로 복음서들은 인자(그 사람의 아들)가 자신의 영광의 보좌에 앉을 것을 이야기하는데, 이는 따로 떨어진 별개의 보좌를 암시하는 것일 수 있습니다(마 19:28). 하지만 또 한편으로, 요한계시록 22:1의 경우 생명수의 강이 "하나님과 어린 양의 보좌로부터 흘러 나온다"고 묘사하는데, 이는 단 하나의 보좌를 암시하는 것일 수 있습니다. 히브리서 8:1 역시 흥미로운데요. 이 구절은 예수님이 문자 그대로 "하늘에서 지엄하신 분의 보좌 우편에 앉으셨다"고 이야기합니다. 즉,

---

18   Darrell L. Bock, 'The Use of the Old Testament in Luke-Acts: Christology and Mission', *SBL Seminar Papers* (1990), p. 502. 또한 다음의 논의를 참고하세요. Darrell L. Bock, *Proclamation from Prophecy and Pattern: Lucan Old Testament Christology* (London: Continuum, 1987).

예수님께서 별도의 다른 보좌에 앉으셨는지 혹은 하나님의 옆에서 하나님의 보좌에 앉으셨는지에 관한 의문을 그대로 남겨둔 것입니다. 어떤 의미에서 보면, 보좌가 1개였는지, 2개였는지와 같은 문자적인 질문은 그다지 중요하지 않다고 할 수도 있습니다. 사실 그보다 중요한 것은 부활과 승천 후에, 하나님과 나란히 이루어진 예수님의 즉위라는 은유입니다. 예수님께서는 부활과 승천 후에, 하나님과 공동 통치자로 즉위—자신의 보좌이든 혹은 하나님의 보좌이든—하셨습니다. 이와 같은 즉위(의 이미지)는 정교하고 다층적인 은유로 왕이자 심판자이신 하나님을 떠오르게 하는데, 이는 히브리성경 전체에서 아주 중요한 주제입니다. 그리고 이제 그 즉위가 부활하고 승천하신 예수님께 적용되고 있습니다.

신약성경의 저자들은 예수님께서 하나님의 우편으로 높이 올려지셨음을 언급하는 가운데, 하나님과 관련된 은유를 예수님께 적용합니다. 하나님의 우편에서, 즉 하늘에서의 즉위에 사용된 언어는 가장 초기의 그리스도인들이 예수님을 어떻게 생각했는지를 보여주는 확실한 표현입니다. 이것만으로는 초기 그리스도인들이 예수님을 신으로 생각했는지에 관한 논의에 답을 할 순 없지만, 그럼에도 해당 논쟁에 중요한 기여를 한다는 것은 분명합니다. 마태복음 28:18이 분명하게 밝히고 있듯이—"하늘과 땅의 모든 권세를 내게 주셨으니"(마 28:18)—예수님의 권세는 그저 땅의 권세가 아니라, 땅 그리고 하늘의 권세이며 그곳에서 예수님은 하나님과 함께 창조 세계 전체를 통치하십니다. 즉, 부활과 승천을 거쳐 하나님의 우편으로 높이 오르신 예수님은 이제 하나님과 함께 만물의 왕이자 심판자로서 통치하십니다. 그리고 인자가 그의 영광 중에 다시 오실 때에, 땅에 있는 모두가 그 통치를 보게 될 것입니다.

하나님의 우편에 계신 예수님에 대한 표현들은 신약성경 전체에서 쉴 새 없이 쏟아져 나오기 때문에, 결코 무시할 수 없는 부분입니다. '하나님의 우편에 앉는다'는 표현은, 오직 그룹들 위에 좌정하신 하나님의 왕 되심이라는 배경을 통해서만 제대로 이해할 수 있습니다. 이 상징적인 왕권의 세계와 하나님의 보좌-병거는, 부활하시고 승천하셔서 이제 하늘에서 하나님의 옆에 앉아 계시는 예수님과 연결됨으로써 더욱 강력한 효과를 발휘합니다. 곧 본래부터 왕이신 예수님은 십자가에서의 즉위를 통해 왕으로서의 모습을 온전히 드러내셨습니다. 그리고 그 예수님은 이제는 하나님—위엄과 공의가 한이 없으시며, 사랑과 자비가 끝이 없으신 하나님—과 함께 통치하십니다.

4장 하나님의 임재 가운데
/그룹들과 스랍들과 하늘의 생물들

"그러자 미가야가 말했습니다. 그러므로 여호와의 말씀을 들으세요.

내가 보니 여호와께서 그분의 보좌에 앉으시고, 그분의 좌우 옆에는

하늘의 모든 무리가 서 있었습니다."

(왕상 22:19)

4장 하나님의 임재 가운데
/그룹들과 스랍들과 하늘의 생물들

천사들: 서론

이번 장과 다음 장에서는 하나님의 보좌에서부터, 그 보좌를 둘러싼 존재들로 조금씩 초점을 옮겨보려고 합니다. 얼마 전 누군가 저에게 "교회는 천사들을 믿나요?"라고 물어본 일이 있었습니다. 사실 이 질문은 꽤나 대답하기 까다로운 질문이고, 답을 한다고 해도 계속해서 "그 부분은 당신이 어떤 의미에서 말한 것인지에 달려 있습니다"라고 대꾸해야 하는 질문입니다. 짧게 대답하자면 "이론 상으로는 예, 그렇습니다. 하지만 실제적으로는 아닙니다" 정도로 말할 수 있을 것입니다. 교회 건축물—특히 역사적인 교회 건축물—을 보면, 천사들에 대한 묘사가 스테인드 글라스 창문과 그림, 조각 작품 등에 두루 나타납니다. 또 우리는 성경 안에서 천사에 관해 읽기도 하고, 찬송가—이를테면, '천사들도 탄복하는 그 위엄을 어떻게 노래해야 할까요'(How shall I sing that majesty which angels do admire), '하나님의 빛의 보좌에서 찬양하는 천사의 목소리'(Angel voices ever singing round thy throne of light), '주님 앞에 떨며 서서'(Let all mortal flesh keep silence, 새찬송가 99장에 해당합니다 - 역주)—를 통해 천사를 노래하기도 하지만, 정작 천사 그 자체에 대해서는 잘 이야기하지 않습니다.

하지만 교회 밖으로 걸음을 옮겨보면 상황이 급격히 달라집니다. 실제로 성서공회(Bible Society)와 크리스천리서치(Christian Research)가 실시한 최근의 설문 조사에 따르면, 영국(Britain)에 있는 사람들 중 31%가 천사(의 존재)를 믿었으며, 29%는 수호천사가 자신을 지켜준다고 믿었습니다.[1] 또한 서점의 영성 구간에 가보면 천사에 토대를 둔 이야기 책과 자기계발서로 가득 차 있는 것을 볼 수 있습니다. 이를테면, 『천사들의 목소리를 듣는 법』(How to Hear Your Angels)이나, 『천사가 나를 자유롭게 한다: 사후 세계에 관한 놀라운 이야기들』(An Angel Set Me Free: And Other Incredible True Stories of the Afterlife)과 같은 제목의 책들이 있습니다.[2] 천사를 향하여 이러한 믿음을 가진 이들은, 자신의 삶 가운데서 신의 손길을 느낄 수 있는—유일한 통로까지는 아니라 하더라도—주요한 통로로서 천사를 떠올립니다. 흔히 사람들은 천사를 죽은 사람(이 되는 것)으로 생각하며, 그 존재를 (열린 마음으로) 받아들인다면 자신들의 삶을 이끌어준다고 생각합니다. 이처럼

---

1   참고, <http://www.inspiremagazine.org.uk/>, 2011년 2월 2일 접속.

2   Dorothy Chitty, *An Angel Set Me Free: And Other Incredible True Stories of the Afterlife* (London: Harper Element, 2009); Doreen Virtue, *How To Hear Your Angels* (London: Hay House UK, 2007).

교회 밖에서는 천사에 대한 관심이 여전히 뚜렷하게 남아있지만, 정작 교회 안에서는 상대적으로 관심이 덜한 편입니다. 아니 더 정확하게 말하자면, 천사에 대해 공개적으로 논의하는 경우가 상당히 드뭅니다. 각각의 그리스도인들은 천사에 대해 관심이 많고 또 사적으로는 천사에 관해 말하는 것을 좋아하는데도 말이죠.

우리가 성경의 전통을 따르고자 한다면 천사에 관하여 다시 생각해야 합니다. 히브리성경이든 신약성경이든 천사에 관한 이야기를 제대로 다루지 않고서는 성경을 깊이 읽어내기가 어렵습니다. 물론 성경에 기록된 천사는 대중적으로 그려지는 천사와는 상당한 차이가 있습니다. 성경의 천사는 대중의 영성 속에 드러나는 사후 세계의 천사와는 다르고, 또한 예술 작품 속에서 표현되는 것처럼 흰 옷을 입은, 금발의 날개 달린 인간(의 모습)과도 다릅니다. 당연히 라파엘로(Raphael)의 그림 **시스틴 마돈나**(Sistine Madonna) 속에 등장하는 통통한 아기 천사들과도 거리가 멀고요. 성경에 기록된 천사는 이와 같이 대중의 상상 속에서 그려지는 천사와는 다릅니다. 하지만 중요도 면에서는 별반 다르지 않습니다.

히브리성경 안에는 주로 두 유형의 천사들이 나타나는데요.[3] 하나는 밤낮으로 하나님을 경배하는 하늘의 존재들입니다. 이들은 날개로 하나님의 보좌를 받치는 그룹들과 같이 때때로 특정한 역할을

---

3   Andrew Chester, *Messiah and Exaltation: Jewish Messianic and Visionary Traditions and New Testament Christology* (Tübingen: Mohr Siebeck, 2007), p. 54. Chester는 2가지의 개념적인 배경에서 이들을 설명합니다.

담당합니다. 또 하나는 좀 더 친숙한 유형인데요. 바로 하나님의 메시지를 땅에 전달하는 '하나님의 전령들'(messengers, 흔히 사자 혹은 전달자로 번역되기도 합니다 - 역주)입니다. 엄밀히 말하면, 두 유형 중 한쪽만을 천사(angel)라고 부르는 것이 적절할 수 있습니다. 영어 단어 '엔젤'(angel)은 전령을 뜻하는 그리스어 단어 앙겔로스(aggelos, 그리스어에서 gg는 'ng'로 발음됩니다)에서 유래했습니다. 앙겔로스는 (그것과) 대응하는 히브리어 단어(말아크[mal'ak])와 같이 신의 전령과 인간의 전령, 모두를 가리킬 수 있습니다.

이것을 보여주는 가장 좋은 사례가 열왕기상 19장입니다. 열왕기상 19장에서 말아크 단어를 통한 언어유희가 영어 번역에서는 사라졌는데요. 엘리야가 바알의 선지자들을 물리치고 큰 승리를 거둔 후에, 이세벨은 엘리야에게 전령(말아크)을 보내 다음과 같이 말했습니다. "내가 내일 이맘때까지 너의 생명을 그들 중 하나의 생명과 같이 만들지 못하면, 신들이 나에게 더한 일도 내림이 마땅하다"(왕상 19:2). 여기서 '그들'은 엘리야의 손에 죽임을 당한 바알 선지자들을 가리킵니다. 이로써 엘리야는 극도로 위험한 상황에 처하게 되었고 결국 생명의 위협을 느껴 광야로 도망치게 됩니다. 그리고 오랜 이동 후 로뎀 나무 아래서 탈진한 채로 앉게 되는데요. 이후 엘리야는 잠이 들게 되는데, 이때 말아크가 그를 깨웁니다. 하지만 이 전령은 엘리야를 죽이려고 하는 것이 아니라 먹이려고 합니다. 곧 그 전령은 이세벨의 전령이 아니라 하나님의 전령임이 명확하게 밝혀집니다. 문제는 영어 번역들이 혼동을 줄이기 위해서, 전자를 '전령'(messenger)으로, 후자를 '천사'(angel)로 번역해버렸고 그 결과 본래 내재되어 있던 언어유희가 사라져버렸습니다. 그리스어 단어, **앙겔로스** 역시 동일합니다. 이 단어 역시 하나님으로부터 온 전령과, 인간으로부터 온 전령 모두를 가리킬 수 있습니다.

열왕기상 19장이 보여주는 것은 천사가 곧 (누군가의) 전령이라는 것입니다. 즉, '천사'를 정의하는 핵심적인 요소는 인간으로부터든, 신으로부터든 메시지를 가져와 전달하는 데에 있습니다. 하나님 앞에 서면서도 전령으로서 활동하지 않는 하늘의 존재들은 엄밀히 말하면 '천사'의 정의에 맞지 않습니다. 오히려 메시지를 전달하기 위해 보냄을 받은 인간이 더 잘 들어맞습니다. 그러나 우리가 사용하는 영어 단어 '천사'는 시간이 지남에 따라 그 의미가 확장되어 전령이든 아니든 상관없이, 하늘의 모든 존재들을 가리키는 용어가 되었습니다. 혼동을 피하기 위해서 (어쩔 수 없이) 저 또한 천사(angel)라는 단어를, 하늘의 모든 존재들을 가리키는 데 사용하겠지만, 그럼에도 다음 장에서 좀 더 확실히 '전령'의 정의에 대해 살펴볼 것입니다.

하늘 궁정(The heavenly court)

잘 알려진 유형의 천사들, 하늘의 존재들로 시작하는 것이 좋을 듯 싶습니다. 이전 장에서 우리는 하나님의 보좌 환상을 기록한 3개의 주요 본문―이사야 6장, 에스겔 1장, 다니엘 7장―을 살펴봤는데요. 이 본문들을 보면 하나님은 그분의 보좌에서 다른 존재들에게 둘러싸여 계십니다. 구체적으로 말해서, 이사야 6장에는 최소 두 스랍들(seraphim)이 나오고, 에스겔 1장에는 네 생물들이 나오며, 다니엘 7장에는 '궁정'(court)이 등장합니다. 또 다른 본문들에서도 하나님과 동행하는 이들을 볼 수 있는데요. 가장 중요한—그런데 자주 간과되는—본문 중 하나가 이믈라의 아들, 미가야의 환상이 나오는 열왕기상 22:1-37입니다.

이믈라의 아들 미가야

먼저 열왕기상 22장의 배경에 대해 말하자면, 이스라엘의 왕 아합과 유다의 왕 여호사밧이 힘을 합쳐 시리아(아람)와 특별한 전쟁을 벌이는 상황입니다. 이는 일전에 시리아인들에게 빼앗긴 성읍을 되찾기 위해서였습니다. 여호사밧은 전쟁터로 가기 전에 전쟁에서 이길 수 있을지 없을지를 "여호와께 묻고" 싶었습니다(왕상 22:8). 두 왕은 400명의 선지자들을 불러 모았는데, 그 선지자들은 모두 전쟁에서 이길 것이라고 예언했습니다. 본문에서는 그 이유를 알 수 없지만 어쩐 일인지 여호사밧은 또 다른 선지자가 있는지 물었고, 이에 아합은 마지못해 미가야를 언급합니다. (아합이 망설인 까닭은) "그가 아합에게 길한 것은 예언한 적이 없고 흉한 것만 예언했기 때문입니다"(왕상 22:8). 그런데 처음에는 미가야 역시 길한 내용을 예언했습니다. 하지만 (진실을 말하라는) 압박을 받자, 결국 미가야는 전쟁이 재앙이 되어 아합이 죽게 될 것이라고 말합니다(실제로 아합은 죽게 됩니다).

그리고 다소 별난 이 본문의 흐름 한 가운데에서 하나님 보좌 환상이 나타납니다.

그러자 미가야가 말했습니다. "그러므로 여호와의 말씀을 들으세요. 내가 보니, 여호와께서 그분의 보좌에 앉으시고, 그의 좌우 옆에는 하늘의 모든 무리가 서 있었습니다. 그리고 여호와께서 말씀하셨습니다. '누가 아합을 꾀어 내어서, 그가 길르앗 라못에 올라가 죽게 하겠느냐?' 그러자 하나는 이렇게 하겠다 말하고 또 하나는 저렇게 하겠다 말하는데, 그 후 한 영(spirit)이 나와 여호와 앞에 서서 말했습니다. '제가 그를 꾀어 내겠습니다.' 그러자 여호와께서는 '그를 어떻게 꾀어 내겠느냐?'라고 물으셨고, 그는 '제가 나가서 거짓말 하는 영이 되어 모든 선지자들의 입에 있겠습니다'라고 대답했습니다. 그때 여호와께서 말씀하셨습니다. '너는 그를 꾀어 내겠고 또 성공할 것이다. 가서 그렇게 하여라.'" (왕상 22:19-22)

이 단락이 중요한 이유는 먼저, 하나님의 보좌에 관한 환상을 담은 가장 이른 시기의 기록이라는 데 있습니다. 또한 놀랍게도 신의 궁정(divine court)에 관한 환상을 담고 있다는 점에도 중요합니다. 미가야는 하나님께서 그분의 보좌에 앉으신 것을 묘사하면서도, 정작 보좌(가 어떤 모습인지)에 관해서는 아무런 언급도 하지 않았습니다. 흔히 하나님과 하나님의 보좌는 하늘에 있다고 여겨지지만, 사실 '하늘의 무리'가 하나님을 둘러싸고 있다는 사실 외에는 그것을 가리키는 내용을 본문에서 찾아볼 수 없습니다. 하나님의 보좌 환상은 상당히 드물게 나타나지만, 그럼에도 미가야가 들은 대화의 분량은 결코 적다고 할 수 없습니다. 미가야와 환상은 다른 400명의 선지자들이 거짓 예언을 하게 된 배경을 설명하는데요. 거짓 선지자들이 거짓으로 예언하게 된 것은 그들의 잘못이 아니라, 하나님께서 영(spirit)을 보내어 의도적으로 아합이 싸우도록 유도하셨기 때문입니다.[4] 이 단락에서 흥미로운 부분은 하나님의 궁정(court)에 초점을 맞추어 하늘의 모습을 보여준다는 것입니다. 그곳에서 하나님은 아합이 싸우도록 '꾀어 내어' 그가 죽임을 당하게 할 영(spirit)을 찾으셨습니다.

이 이야기 속에서 중요한 아이러니가 계속해서 나타나는데요. 아합이 마지못해 미가야에게 예언을 요구하지만, 사실 미가야는 언제나 아합에게 흉한 일만 예언해왔습니다. 그런데 이번에는 어쩐 일인지 미가야가 와서 아합에게 길한 일을 예언했습니다. 하지만 아합은 믿지 않았습니다. 결국 미가야가 정확한 예언을 다시 말하자, 아합은 변장을 통해 죽음을 피하려고 합니다. 하지만 결국 바로 그 변장이 그를 죽음에 이르게 합니다.

미가야의 환상은 불편하지만 중요한 문제를 직시하게 만드는데

---

4   이 영의 정체는 분명하지 않습니다. 히브리어는 '(특정한) 영'(the spirit)이라고 콕 집어 말하지만, 이것이 70인역에 오면 '(일반적인) 하나의 영'(a spirit)이 됩니다. DeVries는 여기서의 영을 23절에 나오는 거짓말하는 영―처음에 선지자들을 예언하게 만든 예언하는 영―과 연결시킵니다. Simon John DeVries, *Prophet Against Prophet* (Grand Rapids, MI: Eerdmans, 1978), p. 45.

요. 곧 얼핏 보기에 아합이 죽음에 이르도록 하나님께서 그 무대를 만드신 것처럼 보인다는 문제, 그리고 미가야가 보고 들은 하늘의 무리는 어떤 존재이며, 어떤 이유로 하나님께서는 그들과 상의를 하신 것인지에 관한 문제입니다. 이전 두 장에서 우리는 히브리성경과 신약성경에서 하나님의 왕 되심의 은유가 가진 정교하고 다층적인 측면을 살펴봤는데요.[5] 하나님의 궁정 역시도 이 은유에 속하는 요소입니다. 보좌와 궁전(palace)이 왕권의 자연스러운 일부이듯이, 왕의 궁정 또한 왕권의 일부니까요.

지금 하늘의 무리로 묘사되고 있는 하나님의 궁정은 곧 (하나님의) 왕권의 자연스러운 일부이며, 놀랍게도 이는 아합과 여호사밧의 궁정과 대조됩니다. 열왕기상 22:10은 아합과 여호사밧이 왕복을 입고 각기 그들의 보좌에 앉아있는 모습과, 모든 선지자들이 그들 앞에서 예언하는 모습을 보여주는데요. 이때 미가야의 환상은 하나님 역시 보좌에 앉아 계시며, 하나님의 궁정이 그분 앞에 있다는 것을 우리에게 알려줍니다. 이로써 하늘의 왕의 권세와 땅의 왕의 권세가 뚜렷하게 대조됩니다. 그리고 왕이신 하나님의 권세는 땅의 왕들—한 명은 곧 죽게 되지요—이 가진 권세보다 훨씬 더 강력한 것으로 그려집니다. 하지만 여러 가지 측면에서 볼 때, 하늘의 궁정이라는 개념이 특별할 것은 없습니다. 모든 왕들에게는 궁정이 있으므로, 하나님 역시 궁정을 가지신 것 뿐이죠.

---

5   이 은유를 가장 폭넓게 다룬 책은 다음과 같습니다. Marc Zvi Brettler, *God is King* (Sheffield: Sheffield Academic Press, 1989).

욥과 천상 회의(heavenly council)

미가야의 환상만이 (하나님의) 신적 회의를 언급하는 것은 아닙니다. 그러한 회의는 성경 안에서 여러 차례 나타납니다. 예를 들어, 다니엘 7:9-10을 보면, 옛적부터 항상 계신 이를 섬기는 자들이 천천이요, 그를 모시고 서 있는 자들이 만만이며, 또한 심판의 자리에는 측근들(court, 궁중 신하들)이 있습니다. 이것은 시편 82:1의 말씀과 비슷한데요. 시편 82:1 안에서도 하나님은 신적 회의에 참석하셔서 신들 가운데서 재판을 행하십니다(시 89:7과 렘 23:18 또한 흥미롭습니다). 이와 같은 본문들 가운데서, 미가야의 환상과 가장 가까운 본문은 바로 욥기의 첫 장입니다.

욥기 1:6-12은 하나님의 아들들(sons of God)이 하나님께 나아오는 모습을 묘사하고 있습니다. 그들 가운데에는 '사탄'(the satan)도 있는데, 그는 "욥의 경우 그저 복을 받았기 때문에 충성하는 것이 아니냐?"며 하나님께 반문합니다. 그러자 하나님은 '사탄'의 말이 맞는지 아닌지를 알아보기 위한 시험의 일환으로, 욥의 몸은 제외하고서 그로부터 모든 것을 가져갈 수 있는 권한을 넘겨 주십니다. 이 이야기는 미가야의 이야기만큼이나 어렵습니다. 어찌되었든 여기에서도 하나님은 그분 앞에 있는 무리와 상의를 하십니다. 그렇지만 이번에는 그들이 하늘의 무리(host of heaven)가 아니라 하나님의 아들들이라고 불립니다. 이후 또다시 하나님은 그 무리 중 하나—(미가야의 환상에서처럼) 영(spirit)이 아니라 '사탄'입니다—가 인간에게 위해를 가하는 것을 허락하십니다. 당연히 이 하나님의 아들들과 '사탄'의 정체에 관하여 많은 논의가 벌어졌는데요.

대다수 학자들은 이 하나님의 아들들을 천사들(angels)이나 천상의(celestial) 존재들로 이해해야 한다는 데에 동의합니다.[6] 또한 많은 학자들의 경우 신적 회의 혹은 궁정(court)에 대한 언급들이, 실은 이스라엘 신앙 속에 유입된 가나안 종교의 흔적이라고 주장합니다.[7] 다시 말해, 가나안 종교는 '엘'(El) 신(God)이 신들(Gods)의 회의(특히 바알을 포함)를 주재한다고 생각했으며, 이 신앙 체계를 이스라엘이 하나님을 향한 신앙에 도입했다는 것입니다. 따라서 '신적 회의/하늘 궁정/하나님의 아들들'은 곧 이스라엘 종교 안에 남아있는 가나안 전통의 흔적이라는 주장이 펼쳐졌습니다.[8]

흔히 그렇듯이, 우리가 강조점을 어디에 두는지에 따라 이 문제는 달라질 수 있습니다. 상당히 많은 학자들에게 있어서 가나안 전통의 흔적은, "천사들이 본래 가나안 종교에서는 신들(Gods)이었다"는 생각으로 이어집니다.[9] 하지만 제 생각에 이러한 주장은 지나치

---

6   참고, John E. Hartley, *The Book of Job* (Grand Rapids, MI: Eerdmans, 1997), p. 71.

7   이에 대한 예외적인 학자로는 Wright가 있습니다. 그는 가나안 종교에서 유입된 부분이 있다고 보기보다는, 이스라엘의 종교 자체가 가나안 종교였다고 주장합니다. 참고, J. Edward Wright, *The Early History of Heaven* (Oxford: Oxford University Press, 2002), p. 63.

8   Frank Moore Cross, *Canaanite Myth and Hebrew Epic: Essays in the History of the Religion of Israel* (Cambridge, MA: Harvard University Press, 1973), pp. 1-75.

9   R. M. M. Tuschling, *Angels and Orthodoxy: A Study in Their Development in Syria and Palestine from the Qumran Texts to Ephrem the Syrian* (Tübingen:

게 다신교(진영)에 강조점을 두고 있습니다. 문제가 되는 부분은 "다른 고대 근동 종교들의 전통이 존재한다고 해서 곧바로 이스라엘이 그 종교들의 흔적을 갖고 있다거나 암묵적으로 수용했다고 말할 수 있는가?", 혹은 "그러한 전통이 존재한다는 것은 곧 이스라엘이 그 전통을 의도적으로 전복시켰음을 말하는 것은 아닌가?"라는 부분입니다. '신적 회의/하늘 궁정/하나님의 아들들'의 모티프가 히브리성경 안에 표현되어 있다는 점은 분명하지만, 제 눈에는 그것들이 고대 근동의 다신(many Gods) 전통을 전복시킨 것으로 보입니다. 즉, 이것은 무리들과 함께하는 단일 신(one God)의 모델이지, 어느 순간 그 권세가 확연히 무너져 내릴 수 있는 주신(a chief God), 그리고 그 주신과 함께 있는 다신의 모델이 아닙니다. 그 무리들은 신에게 조언과 도움을 제공하긴 하지만 그 이상의 의미는 없습니다.

그럼에도 불구하고 주변 종교들의 다신론(polytheism)을 감안하면, 하위적인(개념의) 천상 회의가 예배자들의 마음 속에서 점차 온전한 신들의 모임으로 '승격'될 수 있는 위험은 언제나 존재했습니다. 이에 대해 앤드류 체스터(Andrew Chester)는 다음과 같이 지적한 바 있습니다.

한 가지 … 아주 분명하게 짚고 넘어가야 할 점은 천사라는 범주가 계속해서 일으킬 수 있는 양면적이며 잠재적으로 위험한 암시들입니다. 성경의 자료에서도 볼 수 있는 것처럼, 천사론(angelology)과 관

Mohr Siebeck, 2007), p. 14.

련된 염려와 문제는 분명히 존재합니다. 이를테면, 천사들은 성경의 저자들이 다신론의 위험성에 대처하고, 하나님의 임재와 활동을 매개할 수 있는 주요한 방식으로서 제시되었는데요. 바로 이러한 점 때문에, 하나님과 천사들 사이에 명확한 구별점을 찾는 것이 아주 어려운 일이 될 수도 있습니다.[10]

천사들에 관한 믿음은 이스라엘 백성과 그 후손들이 일신론에 확고히 머물 수 있게 해주었지만, 동시에 천사들에 관한 범주는 언제나 이스라엘 주변국들이 견지하는 다신론에 가깝게 바뀔 수 있는 잠재적인 위험성을 갖고 있었습니다.

욥과 '사탄'(the satan, 정관사가 붙어서 칭호[title, 직함]를 가리키는 경우에는 사탄 앞뒤에 작은따옴표를 사용했습니다 - 역주)

욥의 이야기를 보면 하나님의 아들들로부터 '사탄'이 나타납니다. '사탄'은 하나님에게 아이디어 하나를 제시하고 그것을 실행할 수 있는 권한을 얻게 되는데요. 이후의 전통은 이 부분을 마귀(devil)나 악과 연결시키지만, 욥기 안에서 '사탄'을 그런 식으로 이해해서는 안 됩니다. 이후의 성경 본문들, 이를테면 "사탄(Satan)이 일어나 이스라엘을 대적하고 다윗을 충동하여 이스라엘을 계수하게 했습니다"(대상 21:1)와 같은 본문을 보면 사탄이 이름처럼 나오는데요.[11]

---

10   Chester, *Messiah and Exaltation*, p. 54.
11   역대기상하의 연대는 대개 주전 4-3세기 경으로 추정됩니다. 다소 연대를 파

하지만 욥기에서는 '사탄'(the satan)이라는 단어가 정관사와 함께 사용되어 이름이 아니라 칭호(title, 직함)를 가리킵니다. 또한 히브리어 단어 사탄은 문자적으로 '법률상 반대하다'라는 의미이므로, '사탄'은 고발자라는 번역이 가장 잘 어울립니다.

저명한 철학자 나프탈리 허츠 투르-시나이(Naftali Herz Tur-Sinai)는 '사탄'이 헤로도토스(Herodotus)가 언급한 스파이들 즉, 왕의 눈과 귀가 되었던 왕실의 스파이에 비교될 수 있다는 매력적인 견해를 제시한 바 있습니다. 그 스파이들의 역할은 이리저리 떠돌며 보고 들은 내용을 왕에게 보고하는 것이었습니다.[12] 또한 이것이 스가랴 3:1-3에 나오는 (정관사가 붙은) '사탄'의 역할이었던 것으로 보입니다. 이 스가랴 본문을 보면 '사탄'이 보좌 옆에 서서 대제사장 여호수아를 고발하는데, 정작 그 자신이 여호와나 여호와의 천사에게서 책망을 받는 장면이 나옵니다. 이와 같이 욥기와 스가랴 안에서 '사탄'의 역할은 의문을 제기하고 고발하는 것입니다. 그렇지만 행동에 나설 수 있는 권한은 오직 하나님만이 주실 수 있었습니다(욥기에서는 주셨고, 스가랴에서는 주시지 않았습니다). 투르-시나이의 이론이 맞다면, (히브리성경의) 왕실 은유는 아주 적절하다고 할 수 있습니다. 그렇게 되면 '사탄'은 나머지 하늘의 존재들과 같이 궁중 관료(court official)가 되는

악하기 어려운 욥기의 경우 대략 주전 7세기 경의 기록으로 추정됩니다.

12 Naftali H. Tur-Sinai, *The Book of Job: A New Commentary* (Jerusalem: Kiryath Sepher, 1967), pp. 38-45. 이 문제를 Pope가 재차 다룹니다. Pope는 이와 비슷한 관행이 앗시리아(Assyria)에서도 있었다고 주장합니다. 참고, M. Pope, *Job* (New Haven, CT: Yale University Press, 2007), p. 10.

것입니다. 즉, 사탄은 고발—성립이 되는 것도 있고 되지 않는 것도 있지만—이라는 특정한 역할을 맡은 궁중 관료가 되는 것입니다.

이와 같은 '사탄'에 대한 초기의 언급들은 하나의 온전한 신학—'마귀' 신학(theology of the devil)—이라 부를 수 있을 정도에는 미치지 못합니다. (초기에 언급되는) '사탄'은 하늘 궁정의 일원으로서, 여기저기 두루 다니며 시험을 주는 존재입니다. 또한 그 역할은 증거를 수집하고 의문을 제기하는 것이었습니다. 그런데 시간이 지나면서 점차 그 역할이 다양해지기 시작했습니다. 무엇보다 타락과 멸망을 일으키려고 의문을 제기하는 역할이 더욱 자주 언급되기 시작했습니다. 예를 들어, 희년서를 보면, '벨리알(Beliar)의 영'—이 시기에 사탄[Satan]에게 사용된 이름들 중 하나—이 하나님 앞에서 이스라엘 백성을 고발하고 그들을 꾀어내어 멸망시키려고 합니다.[13] 요컨대 제2성전기에 이르러 천사들에 대한 이해가 더 정교해졌듯이, 사탄과 사탄의 수하들(angels)에 대한 이해도 더욱 정교해졌습니다.

'사탄'을 둘러싸고 주로 3가지의 특징이 발견되는데요. 첫째, 하나님을 대적하고 하나님의 백성을 고발한다는 것입니다(욥 1:6-12, 슥

---

13 제2성전기에는 하나님을 대적하며 악을 지휘하는 존재를 향해 다양한 이름—마스테마(Mastemah), 벨리알(Beliar), 사마엘(Sammael) 등—이 붙여졌습니다. '마귀'(devil) 혹은 그리스어로 디아볼로스(diabolos)는 그저 사탄(Satan)을 그리스어로 번역한 것입니다. '루시퍼'(Lucifer)라는 이름은 라틴어이며, 이사야 14:12에 나오는 '새벽별'(계명성)을 라틴어로 번역한 것입니다. 이 본문은 하나님의 별들보다 자신의 보좌를 더 높은 곳에 두려고 했던 존재를 이야기하고 있습니다.

3:1-3). 둘째, 하나님을 대적하는 악의 세력을 소집하고 이끈다는 것입니다(사실 첫 번째 특징과 그리 큰 차이가 있는 것 같진 않습니다. 참고, 계 12:6-7). 셋째, 하늘에서 쫓겨난 전직 천사였다는 것입니다(사 14:12; 계 12:9). 물론 이러한 특징들이 모두 한자리에 나타나지는 않습니다. 그러고 나서 신약 시대에 이르면 마귀(devil)라는 존재가 다양한 방식으로 악을 상징하게 되는데요. 그럼에도 마귀 역시 의문을 제기하는 역할에서 벗어나지 않습니다. 이를테면, 예수님께서 시험을 받는 이야기들 모두가 마귀가 의문을 제기하는 것 ― '사탄'에 관한 보다 이른 시기의 본문들과 유사한 방식으로 ― 에 기반을 두고 있습니다.[14]

하늘 궁정의 핵심 요소는 보좌에 앉은 분이 판결을 내리고 통치를 하실 때 그 주위에 모인 구성원들이 돕는다는 것입니다. 의도적이든 아니든 이러한 묘사는 하나님께서 그들의 의견을 들으신다는 것을 함축하고 있습니다. 미가야의 환상에서 우리는 하나님의 궁정이 어떤 일을 수행하길 꺼리는 장면을 보게 되는데요. 열왕기상 22:20을 보면, 하나님께서 자원하여 아합을 꾀어낼 이를 찾으시는 상황에서, 한 영(spirit)이 나서기 전까지 "하나는 이렇게 하겠다 말하

<hr>

14 마귀에 대한 생각이 발전하는 과정을 보고 싶다면 다음의 자료를 참고하세요. G. J. Riley's helpful article 'Devil' in Karel van der Toorn, Pieter W. van der Horst and Bob Becking (eds), *Dictionary of Deities and Demons in the Bible* (Leiden: Brill, 1998), pp. 244-9. 전쟁 신화 개념에서 이러한 흐름이 발전했을 가능성을 자세히 연구한 책은 다음과 같습니다. Neil Forsyth, *The Old Enemy: Satan and the Combat Myth* (Princeton, NJ: Princeton University Press, 1989).

고, 또 하나는 저렇게 하겠다 말하며" 의견을 나누는 장면이 나옵니다. 또 어떤 이야기에서는 하늘 궁정이 심판을 돕기도 하고(다니엘), 또 그들이 땅에서 본 것을 하나님께 보고하기도 합니다(욥기). 모든 측면에서 하늘 궁정의 역할은 땅의 궁정과 유사해 보입니다. 즉, 그들은 의견을 제시하거나 판결(심판)을 돕습니다. 또 때로는 미가야의 환상에서처럼 협력을 꺼리기도 합니다.

하늘의 존재들

하늘의 존재들: 그룹들

하늘의 궁정 말고도 또 다른 하늘의 존재들이 있습니다. 구체적으로 3가지 유형의 존재들이 히브리성경 안에—신약성경에서는 굉장히 드물게—나타나는데요. 바로 그룹들(cherubim)과 스랍들(seraphim)과 생물들(히브리어로 하요트[Hayyot])입니다. 성경에서 가장 자주 등장하는 하늘의 존재는 그룹들입니다. 그룹들의 경우 대체로 (그들이) 하나님의 보좌를 받치고 있다는 내용으로 묘사됩니다. 또 시편 18:10은 에스겔 10장과 같이 그룹(cherub)을 타고 다니시는 하나님을 묘사하는데요. "그분은 그룹을 타고 날아다니셨습니다. 그분은 바람 날개를 타고 신속히 오셨습니다"(시 18:10). 이에 대한 상징으로, 금으로 덮인 높이 약 5미터 정도의 거대한 그룹들의 조각이 성전의 지성소(데비르) 안에 놓이게 되었습니다(왕상 6:23).

이러한 상황에서 유독 눈에 띄는 본문은 창세기 3:24입니다. 이 구절은 하나님께서 에덴의 입구에 빙빙 도는 불 칼과 함께 그룹들을 세워두셨다고 말하고 있는데요. 참고인 내용이지만, 2가지 이유에서 그룹들이 그 칼을 들고 있지 않았던 것 같습니다. 첫 번째 이유는, 그룹은 둘 이상이었던 반면에(사용된 명사가 복수형), 칼은 오직 하나뿐이었기 때문입니다. 두 번째 이유는, 그룹들에게 손이 있다는 표현을 (다른 곳에서) 거의 찾아볼 수 없기 때문입니다. 한편, 창세기 3:24을 해석할 수 있는 방법이 한 가지 있는데요. 바로 이 그룹들을 고대 근동의 전통—신들(gods)을 보호하거나, 인간을 위하여 신들과의 중재에 나서는 신의 수호자(들)에 관한 전통—과 연결하여 보는 것입니다. 고대 근동의 여러 지역 안에는 다양한 종류의 합성 피조물들이 있었는데요. 때로는 사람의 머리를 가진 황소, 또 때로는 날개가 달리고 사람의 머리를 가진 사자가 등장했습니다. 이러한 종류에 속한 가장 유명한 피조물로는 이집트의 스핑크스가 있습니다.[15] 이들이 가장 흔하게 묘사되는 모습은 곧 거대한 동상이 출입구 양쪽에 배치된 모습입니다. 이는 내부에 있는 이들을 보호하는 것을 상징합니다. 또 때로 이들은 **카리부**(karibu, 그 기원이 그룹[cherub]에 가까운 단어입니다)라고 불리기도 했습니다. 성경 저자들의 생각 속에서 그룹들이 어떤 식으로든 이 거대한 수호자들과 연결이 되었다면, 어

---

15   참고, Raphael Patai, *The Jewish Mind* (New York: Hatherleigh Press, 1977), p. 54; David Joel Halperin, *The Faces of the Chariot: Early Jewish Responses to Ezekiel's Vision*, TSAJ 16 (Tübingen: Mohr Siebeck, 1988), p. 41.

째서 그룹들이 에덴 동산 밖에 배치되어 동산을 지키는 일을 맡게 되었는지가 설명됩니다.

하지만 널리 인정되는 이러한 연결에는 한 가지 문제점이 있는데요. 그 문제점이 에스겔 1장과 10장에서 발견됩니다. 에스겔 1장을 보면, 생물들(하요트)이 등장하고 그들의 날개 위에는 보좌가 놓여 있습니다. 이 생물들은 상당히 자세히 묘사되는데요. 그들의 모습은 사람의 형상과 같고, 각기 4개의 얼굴과 4개의 날개와 4개의 손이 있으며, 곧은 다리와 송아지의 발굽을 가졌습니다. 그리고 4개의 얼굴은 각기 사람과 사자와 소와 독수리입니다. 그리고 에스겔 10장에 기록된 환상을 보면, 에스겔이 이들을 가리켜 그룹들이라고 부르는 것처럼 보이는데, 그 묘사가 조금 다릅니다. 즉, 병거의 바퀴(들)에 훨씬 더 많은 초점을 두고 있고(겔 10:9-10), 또한 그룹들의 얼굴들 가운데 하나가—소에서 그룹으로—바뀌었습니다(겔 10:14).[16] 물론 핵심은 에스겔서가 기존의 경향—사람의 머리를 가진 짐승—을 뒤집어 짐승의 머리를 가진 사람(의 형상)을 묘사한 것처럼 보인다는 데에 있습니다. 그럼에도 이것은 성경의 저자들이 그룹들을 어떻게 생각했는지에 관하여 우리가 지나치게 확신을 가지고 말해서는 안 된다는 것을 시사합니다.[17] 다른 많은 주제들 가운데서도 볼 수 있었듯

---

16 이것은 Eichrodt가 정확히 지적한 것처럼, 수수께끼와 같으며, 여전히 해결되지 않은 채로 남아있습니다. Walther Eichrodt, *Ezekiel: A Commentary* (Philadelphia: Westminster John Knox, 1970), p. 117.

17 주목해볼 만한 것은 Halperin의 경우 에스겔 1장과 10장을 가리켜 동일 인물이 쓴 것이 아니라고 주장한다는 점입니다. 그는 에스겔 10장의 경우, 생

이, 성경의 저자들은 묘사가 안 되는 무언가를 표현하려고 노력했습니다. 이것을 감안한다면, 세부 항목들이 다소 일치하지 않더라도 그리 놀랄 필요는 없을 것입니다.

하늘의 존재들: 스랍들

스랍들(seraphim)의 경우 이사야 6장에서만 단 한 차례 등장하기 때문에, 훨씬 더 정보가 부족합니다. 스랍들은 6개의 날개(2개씩 3쌍을 이루어 배치되어 있고, 각 쌍은 함께 작동합니다)를 가졌으며 하나님을 찬양하는 모습 정도로 묘사될 뿐입니다. 이론적으로 그룹들이 날개 달린 소나 사자에 비견될 수 있는 것처럼, 스랍들은 날개 달린 뱀에 비견될 수 있습니다. 고대 이집트인들의 경우 우라에우스(uraeus) 뱀들에 관한 전통을 가지고 있었는데요. 때로는 날개가 달린 모습으로 등장하기도 했던 그들의 직무는 신들(gods)을 지키고 보호하는 것이었습니다.[18] 여기서 한 가지 의문이 들 수 있는데요. 만일 스랍들이 그들과

물들을 이해하려고 애쓰다가 에스겔 1장의 그룹들을 발견하고 그것들을 좋은 구실로 삼아 풀어내려고 한 사람을 통해 기록된 것이라고 주장합니다. Halperin, *The Faces of the Chariot*, p. 43.

18 Matthijs J. de Jong, *Isaiah among the Ancient Near Eastern Prophets: A Comparative Study of the Earliest Stages of the Isaiah Tradition and the Neo-Assyrian Prophecies,* Supplement (Leiden: Brill, 2007). 이러한 연결은 Oesterley를 통해 이루어졌습니다. 그는 민수기 21:6에 주목했습니다. 이 구절은 사람들을 물어버리는 '불 뱀들'(그는 이 단어가 히브리어로 '스랍들 [seraphim] 뱀들'임을 지적합니다)을 언급합니다. 이러한 연유로 Oesterley는 스랍들이 본래는 악하게 여겨졌으나, 후대에 이르러서 하늘에 있는 천사들이 되었다고 주장합니다. 참고, W. O. E. Oesterley, *Immortality and the*

같은 경우라면, "스랍들이 가린 '발(들)'은 무엇을 말하는 것일까?"라는 의문입니다.[19] 이 표현에 대한 일반적인 해석은 '발(들)'이 음부(loins)에 대한 완곡 어법이라는 것입니다(참고, 삿 3:24).[20] 그렇다면 스랍들은 하나님 앞에서 그들의 얼굴과 알몸을 가린 것이 됩니다. 하지만 이러한 해석이 날개 달린 뱀들에게조차 유효한지에 대해서는 논란의 여지가 있습니다.

여기에서 하나 더 살펴볼 만한 점은 보좌 앞 생물들에 대한 요한계시록의 묘사가 (다른 전통들과 마찬가지로) 그룹들과 스랍들을 합쳐 놓은 것처럼 보인다는 것입니다. 이들은 이사야서에 기록된 스랍들과 같이 6개의 날개를 가졌으나, (이사야 6장에서처럼) 보좌 위로 날지도 않고, (에스겔 1장과 10장에서처럼) 보좌를 받치고 있지도 않습니다. 또한 요한계시록의 생물들은 동물들의 얼굴(사자, 소, 사람, 독수리)을 가졌으나, 한 생물이 4개의 얼굴을 가진 것이 아니라, 단 1개의 얼굴을 가지고 있습니다. 그런데 또 어떤 구절에서는 이사야 6장과 유사한 표

Unseen World: A Study in Old Testament Religion (London: SPCK, 1921), p. 36.

19 Hugh of St Victor는 (이것이) 그들의 발을 가린 것이 아니라, 하나님의 발을 가린 것으로 이해했습니다. Steven Chase, *Angelic Spirituality: Medieval Perspectives on the Way of Angels* (New York: Paulist Press, 2003), pp. 128-9.

20 사사기 3:24의 완곡 어법은 설명이 필요할 것 같습니다. 대부분의 현대 영어 번역들은 이 부분을 '그가 용변을 보고 있다'로 옮기기 때문입니다. 하지만 히브리어 문장을 문자적으로 읽으면, '그가 그의 발을 가리고 있다'가 됩니다. John Sawyer, *Isaiah*, vol. 1 (Louisville, KY: Westminster John Knox, 1999), p. 68.

현으로 하나님을 찬송하기도 합니다.[21] 이러한 특징은 그룹들, 스랍들, 생물들에 관한 성경의 전통이 고정적이지 않고 유동적이며, 흔히 예술 속에서 그려지는 그룹들 혹은 천사들의 모습과는 거리가 멀다는 것을 보여줍니다.

성경의 전통은 후대에 쓰여진 문헌들 속에서 발전해 나갔는데, 이를테면 세페르 헤칼롯(Sepher Hekhalot, 에녹3서로도 알려져 있습니다. 학자들이 추정하는 기록 연대는 주후 3-9세기 사이입니다)은 20개의 다른 유형(집단)의 천사들을 언급할 정도였습니다. 이러한 유형의 천사들 중 일부는 에스겔의 환상에 관한 논의의 결과로 특정된 것이며, 또 일부는 다른 (본문의) 내용을 통해 발전된 것입니다. (대략 주후 1세기에 기록된, 에녹1서 61:10에서 처음으로 언급된) 오파님(ophanim)은 에스겔서에서 바퀴를 가리키는 데 사용된 히브리어 단어에서 유래했는데, 후대 문헌들 속에서는 하나의 고유한 천사 계급이 됩니다. 하늘에 있는 천사들과 그들의 역할에 대한 상상은 신약 시대에 들어 급격히 활발해졌습니다. 비록 그 대부분이 신약성경 안에 담기지는 않았지만, 이는 분명 하늘의 영역과 천사들에 대한 끊임없는 관심—심지어 오늘날까지 이어지는 관심—을 증명하는 것이라 할 수 있습니다.[22]

---

21 참고, Brian K. Blount, *Revelation: A Commentary* (Louisville, KY: Westminster John Knox, 2009), p. 93.

22 천사들의 계급이 발전하는 과정이나, 그것이 초기 유대 문헌의 주해(해설)와 연결되는 지점에 대한 논의는 다음의 자료를 참고하세요. Blount, *Revelation: A Commentary*, pp. 31-69.

하늘의 무리(The heavenly host)

하늘의 존재들을 다루면서 우리가 아직 살펴보지 않은 대상이 있는데요. 바로 하늘의 무리입니다. 대부분의 사람들에게 누가복음의 탄생 이야기에 나오는 하늘의 무리(군대)는 꽤나 친숙한 단어입니다. 이 이야기 속에서 '하늘 군대의 천사 무리'는 하나님을 찬양하고 있습니다. "지극히 높은 곳에서는 하나님께 영광이요, 땅에서는 하나님이 기뻐하신 사람들 중에 평화로다"(눅 2:14). 이들은 또한 히브리 성경 곳곳에서 등장합니다. 이 무리가 흥미로운 이유는 우리를 다시 창공(sky)과 하늘(heaven)이 중첩되는 곳으로 이끌기 때문입니다(이 책 1장의 논의를 참고하세요).

때로 '하늘의 무리'라는 표현은 별을 묘사하는 데에도 사용됩니다. "또 하늘을 향하여 눈을 들어 해와 달과 별들 곧 모든 하늘의 무리를 보고 미혹되어 그것들을 경배하고 섬겨서는 안 됩니다"(신 4:19). 또 어느 때에는 그 표현이 누가복음 2:14이나 열왕기상 22:19에서와 같이 천사들을 가리키기도 합니다. 열왕기상 22:19을 보면, 하나님의 보좌에 관한 미가야의 환상 속에, 하나님을 둘러싼 하늘의 무리가 등장합니다. 이러한 용례들이 혼동을 일으킬 수도 있지만, 별과 천사가 실은 동일한 대상임을 보여주는 몇 가지 증거들을 통해 해소될 수 있습니다. 이를테면, 사사기 5:20을 보면 별들이 하늘에서 시스라와 싸운다고 말합니다. 또 다른 예로 다니엘 8:10을 들 수 있습니다. 이 구절은 작은 뿔이 '하늘의 무리(군대)'에 미칠 만큼 커져서, 그 군대와 별들 중 몇몇을 떨어뜨리고 짓밟았다고 이야기합니다.[23] 그리고 욥기 38:6-7을 보면, 노래하는 새벽별들이, 기뻐 소리치는 하늘의 모든 존재들과 평행하고 있습니다.

여기서 또다시 엿볼 수 있는 한 가지 특징은 천사들에 관해 이야기하면서 시적인 언어를 사용한다는 것입니다. 이 책의 1장에서 살펴본 우주론(cosmology) 그리고 우주기원론(cosmogony)에 어울리는 시적인 언어 말이지요. 성경의 저자들이 하늘이 땅 바로 위에 있고, 그 사이가 **라키아**로 분리됨을 믿은 것이 사실이라면, 그 믿음으로부터 '하늘'의 반짝거림을 천사로 해석하는 데까지 이르는 것을 딱히 비약이라고 할 수 없을 것입니다. 이러한 개념은 대중적이며 신화적인 언어에도 강하게 남아있습니다. 그리고 바로 그 언어 안에 별로 표현되는 천사와, 인간처럼 보이는 천사가 결합되어 있습니다(다음 장에서 자세히 다루겠지만, 이는 천사 전령에게서 더 흔하게 나타나는 묘사입니다). 예를 들어, C. S. 루이스(Lewis)의 **새벽 출정호의 항해**(The Voyage of the Dawn Treader)를 보면 항해자들이 인간처럼 보이는 별을 만나게 되는데요. 땅으로 내려온 이 별은 미래에 하늘로 되돌아 갈 것이라고 이야기합니다. 닐 게이먼(Neil Gaiman)이 쓴 현대 동화이자, 2007년에 영화화가 되기도 했던 **스타더스트**(Stardust)라는 작품에도 이와 동일한 전통이 담겨 있습니다. 여기서도 별은 인간의 모습으로 땅에 떨어지고 또 결국 하늘로 되돌아가게 됩니다. 또한 1946년 개봉한 영화, 멋진

---

23 이에 대한 더 자세한 논의를 보려면 다음의 자료를 참고하세요. John Joseph Collins, *Seers, Sibyls, and Sages in Hellenistic-Roman Judaism* (Leiden: Brill, 2001), pp. 91-7.

인생(It's a Wonderful Life)에서도 천사 클래런스(Clarence)가 요셉과의 대화 가운데 별로 그려지고 있습니다.

그런데 하늘의 무리는 그저 별들만을 가리킬 뿐만 아니라, 또한 하나님께 속한 하늘의 군대를 나타내기도 합니다. 이는 시스라와의 싸움을 언급하는 사사기 5:20을 통해서도 분명히 알 수 있습니다. 이 이름없는 무리는 하나님을 섬길 뿐만 아니라 또한 하나님을 위하여 싸우는 군대 역할도 하고 있습니다. 그럼에도 정확하게 하늘의 군대라고 불리지는 않는데요. 하나님께 속한 하늘의 군대를 가장 명확하게 언급하는 본문은 여호수아 5:13-15입니다. 여기서 여호수아는 하늘에서 자신의 위치에 필적하는 존재, 즉 여호와의 군대 대장을 만나게 됩니다.

우리가 천사에 관해 생각할 때 곧바로 하늘의 존재들을 떠올리진 않지만, 성경을 보면 분명 하늘의 존재들이 천사에 관하여 중요한 흐름을 만들어내고 있음을 알 수 있습니다. 하늘의 존재들과 관련된 다양한 전통들은 하늘에 하나님만 계시는 것이 아님을 우리에게 상기시켜줍니다. 하늘 궁정, 경배하는 천사들, 하늘의 무리에 대한 전통들은 모두 하나님의 왕 되심이라는 복합적인 은유로부터 발전했을 가능성이 높습니다. 이는 인간의 왕에게 신하들과 왕실 회의와 군대가 있듯이, 하나님에게도 그러한 대상들이 있다는 것을 말해줍니다.

이러한 전통은 강렬하고 또 중요합니다. 하늘에 계신 하나님 역시 천사 무리에게 둘러싸여 계시며, 또 그들에게 임무를 주기도 하시고 그들의 의견을 듣기도 하십니다. 하늘의 존재들과 관련된 전통들은, 하늘(의 개념)을 땅과 같은 영역으로 그려내기도 하고 또 땅과 다른 영역으로 그려내기도 합니다. 전자의 경우가 그려내는 모습 중 하나는, 땅과 마찬가지로 하늘 역시 특정한 역할을 맡은 존재들—하나님을 섬기는 존재들, 경배하는 존재들, 하나님께서 왕이자 심판자로서 일하실 때 옆에서 돕는 존재들—로 가득 차 있는 모습입니다.

여기서 우리는 다시 한 번 은유 자체의 문제로 되돌아가게 되는데요. 하늘의 존재들과 관련된 전통들은 하나님의 왕 되심이라는 은유와 분명 잘 어울립니다. 땅의 왕들과 마찬가지로 하나님께서는 보좌에 앉아 계시고, 하늘 궁정은 그분을 섬기고 있습니다. 그렇다면 그 존재들은 단지 은유의 연장선 차원에 속하는 것일까요? 아니면 그들도 그 자체로 실재하기 때문에 등장하게 된 것일까요? 이 책에서 다룬 많은 전통들과 마찬가지로, 이러한 질문에 대해서 우리는 우리 나름의 대답을 찾아내야 합니다. 제 생각은 이렇습니다. 만일 하늘(나라)을 어떤 식으로든 '실재하는' 영역으로 간주할 수 있다면, 그곳이 하늘의 존재들로 채워져 있을 가능성은 충분하다는 것입니다. 물론 '짐승의 머리와 날개를 가진 존재들'과 같은 표현은, 우리가 받아들일 만한 표현이 아닐 수도 있습니다. 하지만 이러한 표현은, 말로 형용할 수 없는 대상을 포착하려고 애쓸 때마다 발생하는 신비와 경외심을 유지한 채로, 하나님의 영역을 그려낸다는 이점이 있습니다.

5장 하늘에서 땅으로
/천사 전령들

"여섯째 달에 천사 가브리엘이 하나님의 보내심을 받아

갈릴리 나사렛이란 동네에 가서 다윗의 자손

요셉이라 하는 사람과 약혼한 처녀에게 이르렀습니다."

(눅 1:26-27)

5장 하늘에서 땅으로
/천사 전령들

천사들의 등장

엄밀히 따지면 이번 장의 부제는 동의어 반복(중복)이라고 할 수 있습니다. 이것을 지적할 필요를 느꼈다는 점에서 보면 제가 꽤나 깐깐한 사람인지도 모르겠습니다. 이전 장에서 살펴봤듯이, 천사(angel)라는 단어는 사실 전령(messenger)을 의미합니다. 그렇다면 천사 전령은 곧 '전령과 같은 전령'이 되어버리는데요. 그럼에도 저는 이러한 천사들을 이전 장에서 논의한 하늘의 존재들과 구별하여 이곳에서 따로 다루기로 결정했습니다. 우리가 천사들에 관해 생각할 때 곧바로 하늘의 존재들을 떠올리지 않는다면, 아마도 그 대신 인간의 형체로 땅에 온 천사들을 떠올리고 있을 가능성이 높습니다. 수세기에 걸쳐서 (천사들을 다룬) 예술 작품들에 영향을 받은 대중들이, 천사들을 그리는 이미지는 곧 금발에, 날개를 가지고 있으며, 길고 하얀 옷을 입은 사람의 모습일 것입니다. 심각하리만큼 정형화된 이러한 특징들이 과연 성경의 전통에서 온 것인지, 아니면 대중의 전통에서 비롯된 것인지를 묻는 것 자체가 꽤나 흥미로운 문제 제기가 아닐 수 없습니다.

인간의 형체를 가진 천사들

기본적으로 천사들이 인간의 형체로 땅에 온다는 전통은 분명 성경적입니다. 그렇다 보니 천사가 언제나 천사로서 나타나는 것은 아니라는 전통이—상대적으로 드물긴 하지만—발생했습니다. 이는 사실 수많은 고대 문헌들 가운데 나타나는 공통된 주제이기도 합니다. 상당수 그리스 신화는 "저 낯선 사람(나그네)이 혹시 변장한 신은 아닐까?"라는 생각을 품고 환대를 제공하는 모습을 토대로 진행됩니다.

이러한 전통은 창세기 18장에 기록된 이야기, 즉 여호와께서 마므레에 있는 아브라함에게 찾아오신 이야기까지 거슬러 올라갈 수 있습니다. 이 이야기 안에서 아브라함과 사라에게 세 사람이 찾아오는데요. 그 세 사람이 그저 '평범한' 사람들이 아님을 알 수 있는 근거가 하나 있습니다. 바로 창세기 18:1이 "여호와께서 아브라함에게 나타나셨다"고 말하는 부분입니다. 만약에 그 말이 없었다면, 세 사람이 사라에게 이삭이 탄생하게 될 것이라는 소식을 밝히기 전까지 그들은 그저 평범한 사람들로 보였을 것입니다. 이 주제는 히브리서 13:2에서 재차 다뤄지는데, 이 구절은 앞서 말한 창세기 본문을 가리키는 것이 거의 확실합니다. 히브리서의 저자 역시 "낯선 이 (나그네)를 환대하라"(히 13:2상)고 권면하면서 다음과 같이 이야기합니다. "이로써 자기들도 모르는 사이에 천사들을 대접한 이들도 있었습니다"(히 13:2하). 또 다른 예로는 여호수아 5:13-15이 있습니다. 여기서 여호수아는 그가 알지 못하는 누군가를 만나게 되는데, 몇 가지 질문을 던진 후에야 비로소 그가 여호와의 군대 대장임을 알아보게 됩니다.

하지만 자신이 본 대상이 천사임을 완전히 자각하는 경우가 더 보편적이었습니다. 특히 신약성경에서 천사가 나올 때면, 보통 "두려워하지 말라"고 안심시키는 표현이 함께 나타나는데요. 이를테면, "천사가 마리아에게 말했습니다, '두려워하지 말아라. 마리아야, 너는 하나님의 은혜를 입었다'"(눅 1:30)는 구절에서도 그러한 표현을 확인할 수 있습니다. 만일 안심시키는 표현이 없었다면 마리아는 두려움에 사로잡혔을 것입니다. 그녀를 찾아온 것은 누가봐도 천사였기 때문입니다. 여기서 의문이 한 가지 발생하는데요. 과연 천사를 마주한 사람들이 두려움에 휩싸일 정도로, 천사를 확실히 천사로 인식하게 만드는 요소는 무엇이었을까요?

흰 옷

이 의문은 천사들에 관한 대중의 인식으로 다시 우리를 데려갑니다. 놀랍게 느껴질 수도 있지만, 사실 천사들이 흰 옷을 입었다고 보는 전통 역시 성경적입니다. 우리는 복음서들이 기술하는 부활 이야기를 통해 신약성경의 저자들이 생각한 천사들의 모습을 가장 잘 이해할 수 있는데요. 각 복음서들은 (예수님의) 무덤에 나타난 천사들을 간략하게나마—서로 약간의 차이가 있긴 하지만—묘사하고 있습니다. 그중 마태복음과 요한복음만이 무덤에 있는 존재를 확실하게 천사로 규정하는데요. 특히 마태복음을 보면, 무덤을 지키던 자들과 여자들이 보는 앞에서 천사가 하늘에서 내려옵니다. 그리고 그 천사의 모습이 마치 번개와 같았고, 천사의 옷은 눈과 같이 희었다고 묘사합니다(마 28:3). 다른 세 복음서의 경우 다소 덜 극적으로 이야기를 전개하는데요. 마가복음의 경우 흰 옷을 입은 한 청년을(막 16:5), 누가복음은 빛나는 옷을 입은 두 사람을(눅 24:4), 요한복음은 흰 옷을 입은 두 천사를 묘사합니다(요 20:12). 이러한 묘사들이 그다지 눈에 띄지 않을 수도 있지만 실은 굉장히 중요한 의미를 담고 있습니다. 번개나 빛나는 옷, 흰 옷에 대한 언급들은 모두 하나님의 임재와 관련된 것이기 때문입니다(참고, 출 19:16; 단 7:9; 마 17:2). 즉, 천사들의 옷이 희다거나 외형이 빛난다는 특성은 곧 하나님의 임재와—따라서 하늘(나라)과도—직결됩니다.

날개

천사들에 관한 대중의 전통 중에서 가장 지지하기 어려운 내용은 그들이 금발의 머리를 가졌다는 것입니다. 그리고 아마 그 다음으로 의심쩍은 내용을 꼽자면 천사들—전령들—이 날개를 가졌다는 것일텐데요. 사실 그룹들과 스랍들, 생물들을 제외하고는, 천사들이 날개를 가졌다고 확실하게 언급하는 성경 구절을 찾아보기 어렵습니다. 모든 천사들—그룹들과 스랍들뿐 아니라—이 날개를 가졌다는 전통은 사실 랍비 신학에서 발전한 것입니다. 랍비 신학은 날개와 관련된 전통을 모든 천사들과 연결시켰습니다.[1] 유일하게 예외가 될 만한 본문으로는 다니엘 9:21이 있습니다. 이 구절은 저녁 제사를 드릴 때 가브리엘이 "빨리 날아서" 다니엘에게 왔다고 언급하는데요. 다소 함축적이긴 하지만, 이는 가브리엘이 날개를 가졌음을 시사하는 것일 수 있습니다. 또한 "천사들이 날개를 가졌다"고 보는 후대 전통의 시작을 알리는 것일 수도 있겠습니다.

수호 천사들

계속해서 지지되고 있는 또 다른 대중적인 차원의 전통은 바로, 각 사람에게 자신만의 수호천사가 있다는 것입니다. 물론 이것이 그저 후대의 전통일 뿐이라고 치부할 수도 있지만, 성경 안에는 중세 시대까지 이어져 훨씬 더 정교한 개념으로 발전하게 되는 전통의 씨앗들이 심겨져 있기도 합니다.[2] 히브리성경 안에는 수호 천사의 개념을 낳은 2개의 주요 본문이 있는데요. 두 본문 모두 마치 민

---

1   참고, 바빌론 탈무드(Babylonian Talmud) 하기가(*Hagigah*) 16a.
2   참고, Trevor Johnson, 'Guardian Angels and the Society of Jesus', in
     Alexandra Walsham (ed.), *Angels in the Early Modern World* (Cambridge:
     Cambridge University Press, 2006), pp. 191-213.

족(나라)들을 감독하는 듯한 천사를 언급하고 있습니다. 그중 하나가 신명기 32:8입니다. "지극히 높으신 자가 민족들에게 분배하실 때에, 인류를 나누실 때에, 신들(gods)의 수효에 따라 백성들의 경계를 정하셨습니다"(신 32:8, NRSV). 이것이 본래 히브리어로는 "하나님의 아들들의 수효에 따라"로, 70인역(Septuagint, 히브리[구약]성경을 그리스어로 번역한 역본)에는 "하나님의 천사들의 수효에 따라"로 기록되어 있는데요.[3] 어떤 이들은 이 구절을 두고 하나님께서 천사를 각 민족에 배정하여, 해당 민족을 돌보게 하신 것이라고 해석하기도 합니다.

이와 관련된 또 다른 본문은 다니엘 12:1입니다. "그때에 너의 백성을 지키는 위대한 천사장 미가엘이 일어날 것이다"(단 12:1). 많은 이들이 이 구절을 보고 미가엘이 이스라엘 백성을 돌보고 살피는 역할을 맡아 그들과 각별히 연결된 상태를 표현한 것이라 생각합니다. 이러한 맥락에서 시편 91:11 또한 흥미로운 구절입니다. "그가 너를 위하여 그의 천사들에게 명령하셔서 네 모든 길에서 너를 지

---

3 사실 이 본문은 훨씬 더 복잡합니다. 오래된 히브리어 사본들의 경우 '하나님의 아들들'(Sons of God)이라고 기록되어 있지만, 이후 '이스라엘의 아들들'(Sons of Israel)로 바뀌기도 합니다. 참고, Arie van der Kooij, 'The Ending of the Song of Moses: On the Pre-Masoretic Version of Deut 32.43', in Florentino Garcia Martinez (ed.), *Studies in Deuteronomy: In Honour of C. J. Labuschagne on the Occasion of His 65th Birthday* (Leiden: Brill, 1994), pp. 93-100. 이 본문에 대한 번역은 영어 역본들마다 조금씩 다른데요. 이를테면, NIV의 경우 후대 히브리어 사본의 독법을 따르고, ESV는 더 오래된 히브리어 사본을 따릅니다. Living Bible 같이 70인역을 따르는 성경도 있고, NRSV처럼 일종의 중간 지점을 찾은 성경도 있습니다.

키게 하심이라"(시 91:11). 여기서 우리는 '사람들을 지키는 천사'라는 개념을 발견하게 됩니다. 물론 이것은 (오늘날의 생각처럼) 특정한 한 개인을 지키는 천사는 아니었습니다.

비교적 근거가 빈약했던 이러한 흐름은, 후대 유대 전통 속에서 더욱 정교하게 가다듬어졌습니다. 점차 이스라엘의 천사의 운명이 민족의 운명과 긴밀하게 연결되기 시작했는데, 이를테면 유대 미드라쉬, 신명기 라바(Deuteronomy Rabbah) 1.22을 보면 이스라엘이 멸망하면 이스라엘의 천사 역시 멸망하게 된다는 주장이 나타나기도 합니다. 이 후대 시기에는 천사들과 연결되는 사람들(대상들)이 점차 늘어나서, 천사들이 이스라엘 외에도 여러 민족들을 보호하기도 하고 (Yoma 77a의 경우 페르시아의 수호 천사를 보여줍니다), 또 바다와 같은 자연 세계의 일부(Exodus Rabbah 21.5)나, 특정한 사람들을 지키기도 합니다.[4]

이러한 생각의 흐름이 그리스도인들 사이에서도 발생한 것으로 보이는데요. 이를테면, 학자들은 마태복음 18:10 — "너희는 이 작은 자들 중 하나도 업신여기지 않도록 주의해야 한다. 내가 너희에게 말하노니, 하늘에서 그들의 천사들이 하늘에 계신 내 아버지의 얼굴을 늘 보고 있다" — 에 기록된 표현이 수호 천사들을 가리키는 것이라는 주장에 대체로 동의하고 있습니다(물론 이 표현 역시도 사적으로, 즉 각 개인에게 연결된 수호 천사들을 가리키는 것이 아니라, 인간들["작은 자들"]이 모인 그룹

---

4   수호 천사들이 랍비들에게서 어떻게 다루어졌는지에 관한 유용한 논의는 다음의 자료에서 찾아볼 수 있습니다. Ronald H. Isaacs, *Ascending Jacob's Ladder: Jewish Views of Angels, Demons, and Evil Spirits* (Jason Aronson, 1997), pp. 62-3.

을 돌보는 천사들을 가리키는 것으로 보입니다).[5] 이러한 맥락에서 요한계시록에 기록된 일곱 교회의 천사(사자)들 역시 살펴볼 가치가 있습니다. '교회의 천사들'이라는 개념이 '민족의 수호 천사들'이라는 개념과 상당히 유사해 보이기 때문입니다. 요한계시록에서 '인자(그 사람의 아들)와 같은 이'는 요한을 통해 일곱 교회에 편지들을 보내는데요. 그 편지들의 수신자가 바로 앞서 언급한 천사들입니다. 그리고 이것이 초기 교부들의 글에서 재차 인용되면서 점차 수호 천사라는 개념이 대중적으로 퍼지게 됩니다. 사실 초기 교부들 사이에서 논란이 된 부분은 수호 천사의 존재 여부가 아니었습니다. 그들에게서 유일하게 논란이 된 것은, 비-그리스도인들도 그리스도인들처럼 수호 천사를 갖게 되는지에 관한 부분이었습니다.[6]

초기 기독교 안에서 인기를 얻은 다른 많은 개념들과 마찬가지로, 수호 천사에 대한 근거는 충분하지 않을 뿐더러, 찾아보기도 어렵습니다. 그러나 우리가 성경 본문에서 발견한 개념의 씨앗들이 어떻게 그렇게나 빨리 각 개인의 수호 천사, 사적인 수호 천사라는 전통으로 발전할 수 있었는지는 그다지 어렵지 않게 찾아볼 수 있습니다.

---

5   W. D. Davies, Dale C. Allison, *Matthew 8–18: International Critical Commentary* (Edinburgh: T. & T. Clark, 1991), pp. 770-2.

6   참고, Walsham, *Angels in the Early Modern World*, p. 10.

여호와의 천사

성경에서 가장 자주 언급되는 천사는 가브리엘이나 미가엘이 아니라, 특정한 이름 없이 소개되는 '여호와의 천사'입니다. 물론 '여호와의 천사'라는 표현은 후대의 문헌들보다, 창세기와 사사기에서 훨씬 더 자주 나타난다는 점을 기억해야 합니다.[7] 여호와의 천사에 대한 표현들이 가진 문제점 중 하나는, 그 표현들이 일치된 그림을 그리지 않는다는 것입니다. '여호와의 천사'가 어느 때는 (독립적인 존재로) 구별이 되다가도, 또 어느 때는 여호와와 잘 구별되지 않습니다. 이를테면, 그 유명한 떨기나무 장면을 통해서도 이러한 현상을 볼 수 있는데요.

모세가 그의 장인, 미디안 제사장 이드로의 (양) 떼를 치고 있었습니다. 그는 그 떼를 몰고 광야를 지나 하나님의 산 호렙에 이르게 되었습니다. 그곳에서 여호와의 천사가 떨기나무로부터 나오는 불꽃 안에서 그에게 나타났습니다. 그가 보니 떨기나무에 불이 붙었는데도 그 떨기나무가 없어지지 않았습니다. 그러자 모세는 "내가 비켜서 이 놀라운 광경을 보고, 어째서 이 떨기나무가 타지 않는지 봐야하겠다"고 말했습니다. 여호와께서 모세가 그것을 보려고 돌아서 오는

---

7 참고로, 히브리성경에서 '여호와의 천사'는 58회, '하나님의 천사'는 11회 등장합니다. 신약성경에서는 '여호와의 천사'가 11회, '하나님의 천사'가 3회 등장합니다.

것을 보시고, 떨기나무 가운데서 그를 불러 말씀하셨습니다. "모세
야, 모세야!" 모세가 대답했습니다. "예, 제가 여기에 있습니다."

(출 3:1-4)

이 짧은 4개의 절 안에서, "여호와의 천사"(3:2)가 "여호와"(3:4)로
은근슬쩍 넘어가고 있습니다. 그렇다면 모세에게 말한 이는 천사일
까요? 하나님일까요? 아니면 둘은 어떤 식으로든 동일하다고 해야
할까요? 이 본문이 하나님과 천사의 관계를 정확히 밝히려는 학자
들 사이에서 수많은 논의를 불러 일으킨 것은 당연한 수순이었습니
다. 이 관계를 설명하려고 하는 주요 이론이 현재 약 7가지나 됩니
다. 후대 편집자가 별도의 요소를 본문에 추가한 것이라는 주장에
서부터, 천사는 하나님을 상징한다거나 혹은 물리적인 형태를 띤
하나님이라는 주장, 그리고 천사는 하나님의 성품을 의인화한 것이
라는 주장에 이르기까지 다양한 이론들이 나오고 있습니다.[8] 학자
들이 하나님과 천사의 관계를 규정하는 데 어려움을 느낀다는 것은
곧 히브리성경 안에 여호와의 천사에 관한 단일한 개념이 없다는
것을 의미합니다. 실제로 어떤 곳에서는 천사와 하나님이 분명 서
로를 넘나드는 반면에, 또 어떤 곳에서는 천사가 하나님과 명확히
구분되는 존재로 나타납니다. 여호와의 천사가 하나님과 보다 명확

---

8   주요 견해들을 요약한 유용한 자료는 다음과 같습니다. Charles A. Gieschen,
    Angelomorphic Christology: Antecedents and Early Evidence, AGJU (Leiden:
    Brill, 1998), pp. 53-67.

하게 구분되는 사례로는, 발람의 나귀 이야기를 들 수 있습니다. 이 문제의 동물, 나귀는 길에서 칼을 들고 서 있는 여호와의 천사를 만나게 됩니다(민 22:22-41).

이는 마치 성경의 저자들이 메시지를 보낸 분으로부터, 그것을 전달하는 전령을 구분해 내려고 하는 것처럼 보입니다. 하지만 여호와의 천사는 중개자(중간자)이면서도, 결코 그를 보낸 분으로부터 완전히 구분되지는 않습니다. 여기에는 분명한 의도가 있습니다. 즉, 그 모든 이야기들이 정말로 말하려는 것은 결국 "하나님께서 누군가를 향해 말씀하고 계시다"입니다. 메시지에 비하면 중개자는 중요하지 않습니다. 따라서 메시지로부터 혹은 메시지를 보낸 분으로부터 중개자를 구분하는 것은 그렇게 중요한 문제가 아니었습니다. 어느 때가 '천사'가 말하는 경우이고, 또 어느 때가 '하나님'께서 말씀하시는 경우인지 구분하는 일에 관심을 쏟는 것은, 우리가 사는 개인주의 시대—'사람들'을 별개의 정체성으로 구분하는 시대—에나 해당하는 일입니다. 제 생각에 고대의 저자는 천사가 말하는 것이 곧 하나님께서 그 천사를 통해 말씀하시는 것이라고 생각했던 것 같습니다.

대천사들

흔히 천사를 거론하면 곧바로 가브리엘이나, 미가엘, 우리엘, 라파엘과 같은 대천사들을 떠올리기 쉽습니다. 우리가 살펴본 다른 많은 전통들과 마찬가지로, 고유의 이름을 가진 대천사에 관한 전통은 다소 늦은 시기에 나타났습니다. 또 나타났다 하더라도 그 특성이 텍스트마다 상당히 달랐습니다. 대략 주전 3세기 이후로 천사들에 관한 생각이 점차 복잡해지는 것을 발견할 수 있는데요. 말 그대로 천사들의 이름과 계급에 관한 새로운 개념이 쏟아져 나왔습니다. 문제는 어떤 문헌에서는 그러한 개념이 유독 복잡하게 나타난다는 것입니다. 이를테면, 에녹1서와 같은 문헌을 보면, 그 안에 다양한 전통들을 담고 있는데요. 이는 곧 특정 시대의 사람들이 천사에 관하여 어떠한 생각을 갖고 있었는지를 정확히 파악하기가 상당히 어렵다는 것을 의미합니다. 더욱이 문헌들 간에도 상당한 차이가 있었습니다.

천사들에 관한 체계적인 생각을 가리키는 전문적인 용어는 '천사론'(angelology)입니다. 어떤 학자들의 경우 천사론이 주전 3세기 이후부터 유대교 문헌 안에 광범위하게 나타난다고 주장합니다. 문제는 천사론이라는 용어 자체는 '천사에 관한 단일하고 체계적인 견해'를 시사하지만, 정작 그와 같은 단일한 견해를 찾아보기 힘들다는 데 있습니다.[9] 그렇다면 시기적으로 '천사론'이라는 용어를 사용하지 않는 것이 어쩌면 더 현명한 태도일 것입니다. 자칫 그 용어가 실제로 그런 것보다 훨씬 더 체계적인 것 같은 인상을 줄 수 있기 때문입니다.

히브리성경 안에서 천사들은 대개 이름 없이 나타납니다. 하지만 이후 시간이 지남에 따라 천사들에게도 이름이 붙여지기 시작합니다. 이후 후대 문헌에서는 천사들의 이름이 상당히 길고 자세한 명단으로 발전하기도 합니다. 천사들에게 이름을 붙이는 과정에서 드러나는 가장 중요한 특징 중 하나는, 천사들을 하나님으로부터 더욱 분명하게 구분해내려는 태도입니다. 그 결과 천사들이 그저 하나님의 메시지를 전하는 대변자에 그치는 것이 아니라, 점차 독자적인 정체성을 갖기 시작했습니다. 20세기 대부분의 기간 동안, 학자들은 천사들의 인기를 일종의 표시(sign)로 여겼습니다. 즉, 하나님이 점차 초월적이고 멀리 계신 분으로 여겨졌기 때문에 유대교가 '중간적인(매개적인) 존재들'에 점점 더 많은 관심을 쏟게 되었음을 보여주는 지표로서, 천사들의 인기를 해석한 것입니다.[10] 하지만 최근의 학자들은 이러한 해석을 대대적으로 비판하고 있습니다. 저 또한 마찬가지고요. 비판을 가하는 이유는 먼저 천사들을 초월적이고

---

9   Saul M. Olyan, *A Thousand Thousands Served Him: Exegesis and the Naming of Angels in Ancient Judaism*, TSAJ 36 (Tübingen: Mohr Siebeck, 1993), p. 1.

10   이러한 이론은 위대한 학자, Wilhelm Bousset의 연구에 영향을 받은 것입니다. Wilhelm Bousset, *Die Religion des Judentums im späthellenistischen Zeitalter* (Tübingen: Mohr Siebeck, 1926).

멀리 계신 하나님에 대한 중간자(매개자)로 볼 수 있는 증거가 사실상 전무하기 때문입니다. 비판을 가하는 또 다른 이유는 그러한 해석에서 당시 유대교에 대한 경멸적인 태도가 엿보이기 때문입니다. 즉, 그러한 해석이 함축하는 바는 제2성전기 유대교가 하나님에 대한 역동적이고 생기 있는 신앙에서 이탈하여, 점차 냉담하고 미지근한 종교가 되었다는 것이기 때문입니다.[11] 하지만 천사에 대한 관심이 커진 것은 하나님을 멀리 떨어져 계신 초월적인 분으로 여겼기 때문이 아닙니다. 오히려 그 관심이 시사하는 것은, 하나님께서—언제나 그러셨던 것처럼—그분의 백성과 가능한 한 많이 소통하고자 하는 뜻을 가지고 계시다는 것, 그리고 실제로 하나님의 백성과 단단하고 온전하게 연결되어 계시다는 것입니다.[12]

한편, 천사들의 이름에서 나타나는 한 가지 중요한 특징은, 그 이름들이 모두 엘('el)로 끝난다는 점입니다(미가엘, 가브리엘, 라파엘 등). 히브리어 단어 엘은 하나님을 의미하며, 천사들의 이름이 신의 이름과 합쳐진 것은, 하나님과 천사의 긴밀한 관계를 상기시켜주는 역할을

---

11 이러한 입장에 대해 가장 명확하게 반대하는 주장을 보려면 다음의 자료를 참고하세요. Larry W. Hurtado, *One God, One Lord: Early Christian Devotion and Ancient Jewish Monotheism* (London: SCM Press, 1988), pp. 22-39.

12 Margaret Barker가 관찰한 것처럼, 대천사 넷(미가엘, 가브리엘, 라파엘, 우리엘)은 모두 이사야서 안에서 하나님의 속성으로 활용되었습니다. 따라서 그들은 하나님의 본성의 자연스러운 확장이라고도 말할 수도 있습니다. Margaret Barker, 'The Archangel Raphael in the Book of Tobit', in Mark Bredin (ed.), *Studies in the Book of Tobit: A Multidisciplinary Approach* (London: T. & T. Clark, 2006), pp. 123-4.

합니다. 이러한 전통의 시초로 보이는 본문 중 하나가 출애굽기 23:21입니다. 이 구절에서 하나님은 이스라엘 백성 앞에 천사를 보내어 길에서 (그들을) 지켜줄 것을 명하시고 "내 이름이 그에게 있다"고 선포하십니다. 그렇다면 엘이 천사들의 이름에 편입된 것은 그저 하나님의 이름이 천사들에게 있다는 것 그리고 하나님과 천사 사이를 지나치게 구분하려는 시도를 삼가야 한다는 것을 상기시키기 위함일 수 있습니다.

미가엘(Michael)

우리가 성경 안에서 처음으로 천사의 이름을 접하게 되는 곳은 다니엘서입니다. 여기에 두 천사의 특정한 이름이 나오는데요. 바로 미가엘(단 10:13; 10:21; 12:1)과 가브리엘(단 8:16; 9:21)입니다. 미가엘은 군사(warrior)로서, 환상을 보고 있는 다니엘을 보호하기 위해 나타납니다. 미가엘은 "너의 백성(민족)을 지키는 자"(단 12:1)라고 불리기도 하는데요(미가엘을 이스라엘의 수호 천사로 여겼던 전통을 참고하세요). 이는 "미가엘이 여호수아 5:13-15에 기록된 여호와의 군대 대장과 관련이 있는가?"라는 의문을 일으킵니다. 물론 이 의문은 과도하게 이전 문헌으로 거슬러 올라간 탓에 생기는 의문일 수도 있겠습니다. 이미 우리가 몇 차례 다룬 것처럼, 여호수아서에 기록된 여호와의 군대 대장이라는 표현은, 성경 안에서 처음으로 계급제를 에둘러 가리키는 표현입니다. 다니엘서는 이러한 전통이 더욱 발전된 모습을 보여줍니다. 이를테면, 다니엘서 안에서 미가엘은 "천사장"(prince)(단 10:21)으로, 심지어 "가장 높은 천사장"(chief prince)(단 10:13)으로 불리고 있습니다. 하지만 여기서조차 '대천사'(archangel)라고 불리지는 않는다는 점이 눈에 띕니다.

이와 유사하게 비-정경 문헌, 에녹1서(일부 학자들은 다니엘서보다 좀 더 이른 시기에 작성된 문헌으로 판단합니다)는 먼저 네 천사들의 이름을 부르고 (9장),[13] 그 뒤에 대천사들 일곱의 이름을 부릅니다(20장).[14] 희년서(아마도 다니엘서 직후에 기록된 것으로 보입니다)의 경우, 이들을 '임재의 천사들'이라고 부르는데, 특별히 보좌 주변의 네 생물들과 연관짓는 것처럼 보입니다(희년서 2:1-33).[15] 모두 비슷한 시기의 기록들인 것을 감안하면, 다니엘서의 경우 에녹1서 혹은 희년서에 비하면 (비교적) 단순한 천사 조직 체계를 가지고 있다고 할 수 있습니다. 실제로 다니엘서는 미가엘과 가브리엘, 오직 두 천사의 이름만 언급합니다.

---

13   미가엘, 사리엘(Sariel, 일부 사본에서는 친숙한 우리엘로 등장하기도 합니다), 라파엘, 가브리엘입니다. 이 천사들은 또한 다음과 같은 문헌에서 나타납니다. 모세의 묵시록(Apocalypse of Moses) 40.2, 민수기 라바(Numbers Rabbah) 2.10.

14   수루엘(Suru'el) 혹은 우리엘, 라파엘, 라구엘(Raguel), 미가엘, 사라카엘(Saraqa'el), 레미엘(Remiel), 가브리엘입니다. 에녹1서 9장, 20장 모두 상당히 불분명하긴 하지만, 천사들의 이름과 그들의 역할에 대한 다양한 전통들을 포함하고 있는 것은 확실합니다. 대천사의 전통이 발전한 과정을 보여주는 유용한 연구 자료는 다음과 같습니다. Jan W. van Henten, 'Archangel', in Karel van der Toorn, Pieter W. van der Horst, and Bob Becking (eds), Dictionary of Deities and Demons in the Bible (Leiden: Brill, 1998), pp. 80-2.

15   이후에 나온 문헌인, 레위의 유언(The Testament of Levi) 3.4-8은 임재의 천사들과 대천사들을 더욱 긴밀하게 연결합니다.

미가엘에 관한 전통은 신약성경의 시기까지 이어지는데요. 요한계시록 12장에 기록된 장면, 곧 미가엘과 미가엘의 천사들이 용과 용의 수하들(angels)과 싸우다가 결국 그들을 하늘에서 내쫓는 장면은 이미 잘 알려진 장면입니다. 물론 요한계시록 안에서도 미가엘이 대천사라고 불리지는 않습니다. 신약성경 안에서 대천사를 언급하는 곳은 오직 유다서와 데살로니가전서뿐입니다. 유다서 1:9은 비방을 일삼는 자들을 책망하는 과정에서, 미가엘이 마귀와 다툴 때조차 마귀를 비방하지는 않았다는 이야기를 전합니다. "대천사 미가엘이 모세의 시체에 관하여 마귀와 다투어 논쟁할 때에, 차마 비방하는 말로 정죄하지는 못하고 다만 '주께서 너를 꾸짖으시기를 바란다!'라고만 말했습니다"(유 1:9). 이 본문이 중요한 이유는 당대 모든 사람들이 미가엘의 이야기를 알고 있다는 것을—미가엘의 이야기는 말이 난 김에 언급된 것이어서 자세히 다뤄지지 않는 것입니다—전제하고서, 그 이야기를 언급하고 있다는 점입니다. 이는 군사이며 대천사인 미가엘이 마귀와 싸우는 이야기가 당시에 꽤 널리 퍼져 있었음을 시사합니다.

데살로니가전서의 기조는 이와는 살짝 다른데요. 데살로니가전서 4:16의 경우 이름 없는 대천사의 소리, 하나님의 나팔소리와 함께 예수님께서 하늘로부터 내려오시는 장면을 이야기하고 있습니다. 여기서 또다시 대천사가 하늘의 무리를 불러내고 있는 것처럼 보이는데요. 그렇다면 하늘에서 내려오시는 예수님을 선포하는 이를, 포괄적으로 대천사로 볼 수도 있지만 또한 미가엘로 볼 수도 있을 것입니다.

전반적으로 이 전통은 계속해서 뒤바뀌고 변화하지만, 성경의 시기 동안 미가엘이 하나님의 군대를 지휘하는 군사 역할의 천사와 가장 자주 연결되는 것은 사실입니다. 미가엘은 또한 신약성경 안에서 대천사로서 유일하게 이름이 밝혀지는 천사이기도 합니다.[16]

가브리엘(Gabriel)

대중적인 관습에 따르면 가브리엘이 더 자주 대천사로 불리지만, 사실 성경에서는 그러한 표현이 나타나지 않습니다. 가브리엘은 다니엘서와 누가복음에 등장하는데요. 미가엘과는 달리 다양한 역할을 맡고 있습니다. 먼저 에녹1서 20:7을 보면, 가브리엘이 에덴 동산을 감독하는 역할을 맡고 있습니다. 또한 에녹1서 10:9을 보면 가브리엘이 타락한 천사들뿐만 아니라, 성적으로 도덕성이 의심스러운 자들을 쫓아냄으로써 사람들을 정결하게 하는 임무를 맡고 있습니다. 다니엘 10:20을 보면, 가브리엘이 미가엘과 함께 페르시아의 천사장(prince)과 싸우기 위해 다니엘을 떠나는 장면이 나오기도 합니다. 하지만 사실 가브리엘은 주로 누군가에게 메시지와 그 메시지의 의미를 전달하는 계시의 천사, 해석의 천사입니다. 다니엘 8장을 보면, 다니엘이 환상에 휩싸이는 장면이 나오는데요. 이때 (아마도

---

16 대천사 미가엘이 어떻게 다루어졌는지를 더 자세히 알고 싶다면 다음의 자료를 참고하세요. M. Mach, 'Michael', in van der Toorn et al. (eds), *Dictionary of Deities and Demons*, pp. 569-72.

하나님의) 어떤 소리가 들리면서, 다니엘이 그 환상을 이해하는 데 도움을 줄 가브리엘이 소환됩니다(단 8:16). 그리고 다니엘 9:21-27을 보면 다니엘이 본 것이 무엇인지, 그것이 어떤 의미인지를 설명해 주려고 가브리엘이 되돌아오는 장면을 볼 수 있습니다.

이것은 누가복음에서 그려진 가브리엘의 주된 역할과 흡사하다고 할 수 있습니다. 실제로 누가복음에서 가브리엘은 엘리사벳과 마리아가 자녀를 낳을 것이라는 메시지를 사가랴와 마리아에게 각기 계시하기 위해 찾아옵니다. 흥미로운 것은 두 본문 모두에서, 가브리엘은 일어나는 상황을 선포만 할 뿐, 직접 상황을 일으키지는 않는다는 것입니다. 굳이 꼽자면 사가랴가 믿음이 부족한 탓에 말을 못하게 하는 정도가 있겠습니다. 가브리엘이 사가랴에게 (가브리엘) 자신은 하나님 앞에 서 있다고 선포한 것 역시 흥미로운 부분인데요. 이는 희년서에 있는 임재의 천사들과 관련된 전승을 반향합니다. 혹은 누가가 그와 비슷한 전통을 알고 있었음을 가리키는 것일 수도 있습니다.

가브리엘은 주후 7세기 이후에야 미가엘보다 더 중요하게 다루어지기 시작합니다. 이에 대해 존 J. 콜린스(John J. Collins)는 바벨론에서 나온 아람어로 된 주술 그릇들과 같은 증거를 언급합니다. 이 그릇들(에 기록된 내용)이 암시하는 것은 곧 사람들에게 주술을 걸기 위해 대천사들의 이름이 사용되었다는 것, 그리고 그때 가브리엘은 미가엘보다 더 중요하게 여겨졌을 것이라는 점입니다.[17]

---

17 가브리엘이 어떻게 다루어졌는지를 더 자세히 알고 싶다면 다음의 자료를

라파엘(Raphael)과 우리엘(Uriel)

라파엘은 그 어떤 정경 문헌에도 등장하지 않지만, 토빗서와 같은 외경(혹은 제2경전) 안에서는 다양한 역할을 맡고 있습니다. 토빗서는 희년서와 같이 대략 다니엘서와 비슷한 시기에 기록된 것으로 보이는데요. 누가처럼 토빗서의 저자도 임재의 천사들에 관한 전통과 함께, 일곱 대천사들에 관한 전통 역시 알고 있었던 것으로 보입니다. 실제로 토빗서 12:15을 보면, 라파엘이 스스로를 "나는 영광의 주님 앞에서 대기하고 또 그분 앞으로 들어가는 일곱 천사 가운데 하나인 라파엘이다"(토빗서 12:15)라고 소개하고 있습니다.

우리엘은 항상 그런 것은 아니지만 자주 대천사 넷 중 4번째로 소개됩니다. 우리엘은 에스라4서에서 가장 중요하게 등장하며, 가브리엘과 같이 비밀을 계시하고 꿈을 해석하는 천사로 나타납니다. 하지만 우리엘이 언제나 긍정적으로 그려지는 것은 아닙니다. 몇몇 곳에서는 명시적으로까지는 아니어도 암시적으로 사탄과 평행하는 존재로 나타나기도 합니다.[18]

천사들의 이름에 관한 전통은 천사와 관련된 모든 전통에도 해당하는 특징을 잘 드러내는데요. 바로 변화의 가능성과 유동성입니다. 성경의 전통을 유심히 보면 이러한 (변화의) 상황 가운데서도 천사들에 관하여 유일하게 지속되는 흐름이 있음을 알 수 있는데요.

참고하세요. John J. Collins, 'Gabriel,' in van der Toorn et al. (eds), *Dictionary of Deities and Demons*, pp. 338-9.

18 참고, Michael Stone, *Fourth Ezra* (Philadelphia: Augsburg Fortress, 1990), pp. 82-3.

그것은 곧 (사람들이) 천사들의 존재를 믿었고 또 천사들이 땅에서 벌어지는 일과 관련이 있음을 믿었다는 것입니다. 천사들은 하나님을 위해 싸우기도 하고, 땅으로 와서 하나님의 메시지를 계시하기도 했으며, 또 인간이 경험한 환상들을 이해할 수 있게 돕는 역할을 했습니다. 각 천사들에 관한 전통은 시간이 지남에 따라 또 텍스트에 따라 변했지만, 천사들이 존재한다는 것과 그 천사들이 땅의 일과 관련이 있다는 믿음은 결코 변하지 않았습니다.[19]

여기서 흥미로운 문제가 하나 발생합니다. 바로 천사들이 성경의 전통에 있어서 아주 중요한 부분이고, 또 그리스도인이든 비-그리스도인이든 천사들에 관한 전통에 관심이 많다는 것을 분명하게 알 수 있는 상황인데도, 주류 기독교의 경우 천사들에 관해서, 그리고 천사들의 중요성에 대해서 잘 이야기하지 않는다는 것입니다. 심지어 새롭게 기독교에 발을 들인 사람이라면, 설령 천사들이 기독교 전통의 일부가 아니라고 생각할지라도 큰 문제가 없을 정도입니다. 그렇다면 여기서 더 깊이 생각해 볼 만한 문제는 이것입니다. "과연 오늘날 그리스도인의 신앙(생활)에 있어서 천사는 어느 정도의

---

19 천사들에 관한 전통은 성경 밖에서는 상당히 복잡하게 전개되기 때문에, 이번 장에서는 천사들의 중요성, 천사들에 관한 전통의 맛보기만을 제공했습니다. 이 책에서는 지면의 한계상 천사들과 관련된 많은 자료들을 생략해야 했습니다. 제가 생략한 부분들 중에 특히 중요한 내용은 쿰란(Qumran)에서 발견된 천사들에 관한 기록입니다. 사해문서(Dead Sea Scrolls)와 에녹1서를 흥미롭게 비교한 자료는 다음과 같습니다. Maxwell J. Davidson, *Angels at Qumran: A Comparative Study of 1 Enoch 1–36, 72–108 and Sectarian Writings from Qumran* (Edinburgh: T. & T. Clark, 1992).

비중을 차지해야 하는 것일까?"(라는 문제입니다.) 우리는 이 전통을 완전히 버려야 하는 것일까요? 아니면 그 의미를 다시 회복시켜야 하는 것일까요? 제 직감은 후자를 선택하는 것이 더 옳다고 말하고 있습니다. 즉, 21세기 배경 안에서도 천사들이 공명할 수 있도록 더 고민하면서, 그들에 관해 이야기할 방법을 찾는 것이 더 유익하다고 생각합니다.

타락한 천사들(The fallen angels)

천사라는 주제에서 완전히 벗어나기 전에, 간단하게나마 좀 더 살펴볼 만한 주제들이 있는데요. 먼저 타락한 천사들에 관한 전통입니다. 이미 간단히 살펴본 두 본문이 넓은 의미에서 '천사들'이 하늘로부터 쫓겨났다는 개념을 소개하고 있는데요. 첫 번째 본문은 이사야 14:12입니다. 이 구절은 새벽의 아들, 새벽별(계명성)이 자신의 보좌를 하나님의 별들보다 더 높은 곳에 두려고 시도하다가, 결국 하늘로부터 떨어지는 모습을 이야기합니다. 두 번째 본문은 요한계시록 12장인데요. 이 본문은 미가엘과 미가엘의 천사들이, 용과 용의 수하들(angels)과 벌이는 전쟁을 다루고 있습니다. 그리고 그 전쟁의 결과 용이 하늘로부터 쫓겨나게 됩니다. 이러한 전통이 중요한 이유는 하늘에조차 하나님의 뜻을 온전히 따르지 않는 이들이 있다는 것을 보여주기 때문입니다(물론 어느 시점에 이르면 그들은 하늘에서 쫓겨나게 됩니다). 그리고 이러한 전통은 지옥에 관한 생각이 발전하는 데 영향을 미쳤다는 점에서도 중요합니다.

앞서 말한 두 본문보다도 훨씬 더 중요한 본문이 에녹1서 안에 있습니다. 에녹1서의 초기 부분은 아마도 다니엘서가 최종 형태에 도달하기 이전에 기록된 것으로 보이는데요. 에녹1서의 1-36장(에녹1서는 크게 5부분으로 나뉘는데, 각 부분마다 저술 시기와 저자가 다릅니다. 1-36장은 처음 부분에 해당하며 '감시자들의 책'이라고도 불립니다 - 역주)에 해당하는 「감시자들의 책」(The book of the Watchers)은 창세기 5:24을 따라, 하나님과 동행하다가 하나님께서 데려가셔서 사라진 에녹의 이야기를 전하는데요. 에녹1서는 이것이 어떤 의미인지, 또 하나님께서 데려가신 후에 에녹에게 무슨 일이 벌어졌을지를 고찰한 이야기를 담고 있습니다.

에녹의 이야기는 에녹이 하늘로 올라가서 하나님의 하늘 궁전(palace)을 보게 된 일과, 그 후 하늘의 영역들을 두루 다니며 2차례에 걸쳐 여행한 일을 들려줍니다. 그리고 바로 이 이야기 안에 타락한 천사들에 관한 전통이 뒤얽혀 있습니다. 에녹1서 6-11장을 보면, 타락한 천사들이 어째서 하늘에서 쫓겨났는지에 관한 각기 다른 두 가지 흐름이 뒤섞여 있는 것을 볼 수 있는데요. 그중 하나는 창세기 6:1-4의 이야기, 즉 하나님의 아들들과 인간의 딸들 사이에서 짝을 짓는 이야기를 활용하고 있습니다. 에녹1서는 하나님의 아들들의 지도자를 세미아즈(Semyaz)라고 부르며, 세미아즈와 그의 추종자들이 인간 아내를 취함으로 땅에서 사람들을 괴롭히는 모습을 묘사하고 있습니다. 이는 아자젤(Azaz'el)과 그의 추종자들이 인간들에게 (그들이) 알아서는 안 되는 신적인 비밀을 가르치는 모습을 그려내는 또 다른 흐름과 연결되기도 합니다. 결국 타락한 천사들은 하나님께

대신 용서를 구해달라고 에녹에게 부탁하지만, 용서는 보류되고 에녹은 타락한 천사들이 받게 될 심판을 (그들에게) 선포하라는 명령을 받게 됩니다.[20]

타락한 천사들에 관한 전통은 그 자체로, 이전 장에서 살펴본 사탄(Satan, 혹은 '사탄'[the satan])에 관한 전통과 얽혀있습니다. 죄를 짓고 하늘로부터 쫓겨난 이 천사들은 하나님을 대적하는 그들의 지도자—사탄[Satan], 벨리알[Beliar], 바알세불[Beelzebub], 삼마엘[Sammael] 등 온갖 종류의 이름들을 갖고 있습니다—와 뜻을 같이 하는 것으로 그려집니다. 에녹1서 본문이 가진 흥미로운 특징 중 하나는 (그 본문이) 타락한 천사들의 회개를 이야기하면서 동시에 그들이 온전히 용서받지 못하는 모습을 보여준다는 것입니다.

메타트론(Metatron)

메타트론 역시 위와 같은 전통과 관련이 있습니다. 메타트론의 경우 갖가지 난해한 문헌들 속에 등장하지만, 그럼에도 많은 사람들이 이 천사를 한 번쯤 들어봤을 것이라 생각합니다. 필립 풀먼(Philip Pullman)의 3부작 소설 중 하나인 『황금 나침반』(His Dark Materials)에 등장하기 때문입니다. 소설 속에서 메타트론은 하나님의 자리를 찬탈하여 세상을 지배하려고 합니다. 메타트론은 에녹서 일부와도

---

20 이 전통에 대한 더 자세한 논의는 다음의 자료를 참고하세요. Gooder, *Only the Third Heaven?: 2 Corinthians 12.1–10 and Heavenly Ascent* (London: Continuum, 2006), pp. 36-50.

관련이 있는데요. 에녹1서 71장의 경우 에녹이 천사와 같은 사람의 아들(Son of Man)로 변하는 과정을 이야기하는데, 그보다 훨씬 후대 문헌인 에녹3서(혹은 세페르 헤칼롯)는 그 이야기를 재차 언급하며, 에녹이 결국 메타트론이 되었다고 말합니다. 에녹3서에서는 메타트론이 하늘 궁정 전체에서 주요한 자리를 차지하고 있습니다.[21] 심지어 메타트론은 하나님의 핵심 대리자(chief agent)로 묘사되기도 합니다. 하늘에서 메타트론을 위한 보좌가 하나님을 통해 만들어지기도 하고, 출애굽기 23:20-24에 나오는 천사, 곧 "그에게 하나님의 이름이 있다"라는 말을 듣는 천사와 연결되기도 합니다.[22]

---

21 에녹3서는 대략 주후 5세기 것으로 추정됩니다. 일부 학자들의 경우 주후 9세기에 기록되었다고 주장하기도 합니다. 에녹3서(세페르 헤칼롯)에 대한 더 자세한 논의는 다음의 자료를 참고하세요. Gooder, *Only the Third Heaven?*, pp. 131-44.

22 P. Alexander가 번역한 에녹3서 서론에 메타트론에 대한 아주 유용한 소개 글이 있습니다. P. Alexander, '3 (Hebrew Apocalypse of) Enoch: A New Translation and Introduction', in J. Charlesworth (ed.), *The Old Testament Pseudepigrapha: Apocalyptic Literature and Testaments vol. 1* (New Haven, CT: Yale University Press, 1983), pp. 223-316. 메타트론의 본질에 관한 더 상세한 논의들은 다음의 자료를 참고하세요. Gershom Scholem, *Jewish Gnosticism, Merkabah Mysticism, and Talmudic Tradition* (New York: Jewish Theological Seminary of America, 1960), pp. 43-55; Alan F. Segal, *Two Powers in Heaven: Early Rabbinic Reports about Christianity and Gnosticism* (Leiden: Brill, 1977), pp. 60-73; Jarl E. Fossum, *The Name of God and the Angel of the Lord: Samaritan and Jewish Concepts of Intermediation and the Origin of Gnosticism* (Tübingen: Mohr Siebeck, 1985), pp. 292-321; and David Joel Halperin, *The Faces of the Chariot: Early Jewish Responses to Ezekiel's Vision*, TSAJ 16 (Tübingen: Mohr Siebeck, 1988), pp. 402-37, 491-4.

메타트론이 이토록 관심을 끄는 이유는, 하늘의 대표격의 천사(principal angel)—하나님 옆에 좌정하고 또 하나님으로부터 일부 신적인 직무를 위임받습니다—를 둘러싸고 형성된 전통을 상징하기 때문입니다. 에녹3서보다 더 앞선 시기의 문헌들—신약성경과 비슷한 시기에 속한 문헌들—의 경우에도 다른 대표격의 천사들(에 대한 믿음)에 대해 언급하지만, 대개 메타트론만큼의 권세는 갖고 있지 않습니다. 어떤 학자들의 경우 메타트론이 흔히 생각하는 것만큼 유대교가 일신론에 충실했던 것은 아니었음을 보여준다고 주장합니다. 물론 이러한 생각에 반대하는 학자들도 많이 있습니다. 이러한 상황 가운데서 크리스토퍼 롤런드(Christopher Rowland)는 다음과 같이 말했습니다. "사실 메타트론은 하나님과 상당히 닮았습니다. 하나님의 권위와 권세의 상징들도 그대로 사용되고요. 우리는 하나님과 아주 흡사한 이 존재가 사실상 하나님을 체현(embodiment)하고 있다는 인상을 받습니다."[23]

여기서 엿볼 수 있는 것은, 점점 더 많은 권세가 하늘에 있는 대표격의 천사들에게 부여되기 시작했다는 것입니다. 하지만 이러한 입장이 유대교 안에서 일반적으로 받아들여진 것은 아니라는 점에 주의해야 합니다. 대표격의 천사들을 향한 믿음을 경고하고 또 경우에 따라 완전히 금지시키기도 하는 랍비 문헌들이 상당히 많이 있습니다. 하지만 그 문헌들도 그러한 존재들을 인정하고 있다는

---

23 Christopher Rowland, *The Open Heaven: A Study of Apocalyptic in Judaism and Early Christianity* (London: SPCK, 1982), p. 111.

점에서, 경고와 금지는 오히려 그들을 향한 확고한 믿음이 존재했음을 반증하기도 합니다. 또한 사람들이 그러한 믿음에 빠지는 것을 랍비들이 금지시켜야 했다는 사실 자체가, 그러한 믿음이 이미 꽤 많이 퍼져 있었음을 가리킵니다.

점점 더 많은 신약학자들이 이러한 믿음이, 첫 그리스도인들 안에서 견지된 예수님을 향한 태도의 기초가 되었다고 주장합니다. 실제로 일부 학자들의 경우 하늘의 대표격의 천사들과 관련된 전통이 '두 번째 하나님'(second God)에 대한 신앙이 자라날 여지를 주었다고 주장합니다. 다시 말해, 초기 기독교 시대에 그리스도의 신성에 대한 믿음이 자라날 여지를 마련해 주었다는 것입니다.[24] 이러한 주장을 좀 더 온건하게 표현하자면, 천사들이 하늘에서 중요한 역할을 맡았다는 점과 또 그들이 보여준 역할 덕분에 예수 그리스도에 대한 믿음―높이 올려 지셨고 즉위하셨다―이 좀 더 쉽게 받아들여질 수 있었다고 설명할 수 있게 되었다는 것입니다.

이 분야의 논의들은 다소 복잡해서 이 책에서 자세히 살펴보는 일은 여러모로 힘들 것 같습니다.[25] 그럼에도 그 논의들은 모두 천사

---

24 참고, Margaret Barker, *The Great Angel: A Study of Israel's Second God* (Louisville, KY: Westminster John Knox, 1992).

25 이 주제를 잘 정리하고 논의한 자료들은 다음과 같습니다. Fossum, *The Name of God and the Angel of the Lord*; Loren T. Stuckenbruck, *Angel Veneration and Christology: A Study in Early Judaism and in the Christology of the Apocalypse of John* (Tübingen: Mohr Siebeck, 1995). Crispin H. T. Fletcher-Louis, *Luke Acts: Angels, Christology, and Soteriology* (Tübingen: Mohr Siebeck, 1997); Peter R. Carrell, *Jesus and the Angels: Angelology and the Christology of the*

들을 진지하게 연구하는 일이 중요하다는 것을 보여주고 있습니다. 천사들은 성경의 이야기 안에서 무의미하거나 사소한 부분이 아닙니다. 천사들은 성경 이야기의 중심에 놓여 있습니다. 앞서 우리가 살펴본 것처럼, 천사들에 관한 전통이 텍스트에 따라 바뀌고 변하는 것은 사실입니다. 하지만 천사들이 점점 더 중요한 위치를 차지하게 되는 발전 과정을 밝혀내는 것은 충분히 가능한 일입니다.

여호와의 천사를 통해 확인한 것과 같이, 히브리성경 초반부에서는 천사들이 사실상 그들을 보낸 분과 거의 구분이 되지 않습니다. 즉, 이름이 부여되지 않았을 뿐만 아니라 하나님의 메시지를 수신자에게 전달한다는 측면에서만 의미가 있다고 여겨졌습니다. 하지만 신약시대에 가까워질수록, 천사들에게 이름이 붙여지고 또 그들에게 고유의 역할과 정체성이 부여되면서 (하나님과) 보다 명확하게 구분되는 존재들이 됩니다. 더 나아가 천사들에 관한 믿음이, 초기 유대계 그리스도인들에게 하나님과 나란히 하늘에서 즉위하신 예수님에 관해 이야기할 수 있는 언어를 제공했을 수도 있습니다. 이

Apocalypse of John (Cambridge: Cambridge University Press, 1997); Gieschen, *Angelomorphic Christology*. 이들에 대하여 잘 정리된 Larry Hurtado의 연구로 균형을 맞추는 것이 중요합니다. 그는 초기 기독교 세계에서 주요 천사들에 관한 전통이 중요하기는 했지만, 그리스도 예배는 신약성경에 묘사된 것처럼 급진적인 혁신이었으며 그 자체로 더 다뤄져야 할 필요가 있다고 주장했습니다. 참고, Larry W. Hurtado, *One God, One Lord; Lord Jesus Christ: Devotion to Jesus in Earliest Christianity* (Grand Rapids, MI: Eerdmans, 2005); *How On Earth Did Jesus Become a God?: Historical Questions About Earliest Devotion to Jesus* (Grand Rapids, MI: Eerdmans, 2005).

러한 맥락에서 흔히 지나쳐왔던 천사라는 주제에 대해 우리는 다시 관심을 쏟아야 합니다. 더불어 우리 그리스도인의 삶과 신앙에 있어서 '천사가 갖는 의미'를 다시 한 번 생각해 봐야 합니다.

이제 남은 문제는 '그 의미를 어떻게 풀어낼 것인가?'입니다. 천사들에 관한 믿음에는 그들이 본래 누려야 할 수준보다 훨씬 더 많은 권위, 지위, 의미가 (그들에게) 부여될 수 있는 가능성이 (처음부터) 늘 따라다녔습니다. 이것을 잘 보여주는 사례가 메타트론 전통입니다. 메타트론에 관한 믿음은 점차 하늘에 '두 권세'가 있다는 생각으로 기울게 된 것처럼 보입니다. 에녹3서에는 아헤르('Aher)의 이야기가 나오는데요. 랍비 엘리사 벤 아부야(Elisha ben Abuyah)로도 알려져 있는 아헤르는 하늘에 올라가 보좌에 앉은 메타트론을 보고 이렇게 외쳤습니다. "정말로 하늘에는 두 권세가 있다"(에녹3서 16:4). 참고로 이 이야기의 결말은 메타트론이 폐위되는 것입니다.[26]

또한 천사들이 1세기에 숭배 대상이 되었을 수도 있다는 단서들이 있습니다. 일부 학자들의 경우 골로새서 2:18의 권면—아무도 천사 숭배를 주장함으로써 골로새인들이 부적합하다고 여겨서는 안 된다는 권면—을, 그 단서로 해석합니다.[27] 이러한 위험성과 함께,

---

26 이에 대해 더 자세히 알고 싶다면 다음의 자료를 참고하세요. Segal, *Two Powers in Heaven.*

27 참고, Christopher Rowland, 'Apocalyptic Visions and the Exaltation of Christ in the Letter to the Colossians', *JSNT* 19 (1983), pp. 73-83; Stuckenbruck, *Angel Veneration and Christology*; Clinton E. Arnold, *The Colossian Syncretism: The Interface Between Christianity and Folk Belief at Colossae*

이제 그리스도 안에서 하나님께 직접 나아갈 수 있으므로 천사나 다른 누군가의 중개는 필요하지 않다는 그리스도인의 신앙이 더해지면서, 천사에 관해 이야기는 자연스럽게 언급하기 망설여지는 주제가 되었습니다.

천사들을 믿는다는 것

그럼에도 불구하고 천사들에 대한 믿음을 완전히 버리는 것은, 곧 유대-기독교 전통의 중요한 일부를 잃어버리는 것과 같습니다. 천사들에 대해 믿는 것은 본질적으로 최소 2가지 측면에서 우리의 신앙에 기여할 수 있습니다. 첫 번째 측면은 이 장의 초반부에서 살펴본 내용과 관련이 있는데요. 즉, 히브리서가 "자기들도 모르는 사이에 천사들을 대접한다"고 말한 부분입니다(히 13:2). 이러한 태도가 만들어내는 환대의 원칙 중 하나는, 낯선 자(나그네)가 우리에게 가져다 주는 무언가가 있기 때문에 그들을 환대해야 한다는 것인데요. 우리가 만일 넓은 의미에서, 하나님의 전령으로 오는 천사들이 인간의 형체—실제 인간이든, 인간의 모습을 띤 하늘의 존재이든—로 온다고 생각한다면, 우리가 만나게 되는 모든 사람들을 향한 태도는 이전과는 달라질 수밖에 없을 것입니다. 이런 의미에서 천사들을 믿는다는 것은 곧 다른 사람들을 환대하는 일—그들이 우리를

(Grand Rapids, MI: Baker, 1996). 모든 학자들이 이러한 해석에 동의하는 것은 아닙니다. 특히 다음의 자료를 참고하세요. Hurtado, *One God, One Lord*, pp. 32–42.

향한 하나님의 메시지를 전달할 수도 있다는 기대감 속에서 환대하는 일―을 장려할 수 있습니다. 또 그렇게 함으로써 우리는 그들이 실제로 어떠한 사람들인지를 더 정확히 알 수 있게 되고요.

(천사들에 대한 믿음이 우리 신앙에 기여할 수 있는) 두 번째 측면은 하나님께서 하나님의 백성인 우리와 소통하기를 원하시며, 그 소통을 위해서는 필요한 모든 수단을 사용하실 것이라는 믿음과 관련됩니다. 이는 곧 때때로 하나님께서는 가장 놀라운 방식으로 우리가 사는 세상에 침투하실 수 있음을 의미합니다. 다시 말해, 천사들을 믿는다는 것은 곧 소통을 갈망하시는 하나님으로 인해 놀라운 일을 겪게 될 수 있다는 열린 마음과 기대로 우리를 이끌어 줍니다. 이것을 뒤집어서 생각하면, 하나님께서 우리와의 소통에 있어서 계속해서 외면 받으시는 이유는 그분이 말씀하지 않으셔서가 아니라, 말씀하시는 통로를 우리가 알아채지 못하고 있기 때문일 수도 있다는 것입니다.

6장 하늘이 열리다
/하늘과 땅의 소통

"스데반이 성령 충만하여 하늘을 쳐다보니 하나님의
영광이 보이고 예수께서 하나님의 우편에 서 계신 것이 보였습니다.
그는 '보세요, 하늘이 열리고 하나님의 우편에 인자가 서 계신 것이
보입니다!'라고 말했습니다."

(행 7:55-56)

6장 하늘이 열리다
/하늘과 땅의 소통

하늘(heaven)이 열리다

많은 사람들이 하늘나라와 관련된 표현에서 느끼는 어려움 중 하나는 그것이 우리와는 멀리 동떨어져 있는 것처럼 느껴진다는 것입니다. 하늘나라가 우리의 시야에서 멀리 벗어나—이해는 고사하고—도달할 수 없는 것처럼 느껴지고 또 현실(reality)과도 아주 동떨어져 보인다는 것이죠. 그러나 이러한 이야기는 성경의 전통을 제대로 반영하지 못하는 것입니다. 성경의 전통은 사실 정반대입니다. 실제로는 하늘(나라)과 땅의 소통이 성경의 전체에서 너무나도 중요한 흐름으로 자리잡고 있습니다. 히브리성경의 저자들은 처음부터 하나님이 하늘에서 땅과 소통하시는 방식들을 묘사하고 있습니다. 앞서 살펴본 천사들도 하늘과 땅이 소통하는 주요 방식 중 하나라고 할 수 있습니다. 물론 그 외에도 다양한 방식들이 있고요.

이와 관련하여 우리는 특별히 중요한 소통 방식 하나를 이미 살펴본 바 있습니다. 바로 환상입니다. 이믈라의 아들 미가야의 환상, 이사야와 에스겔의 환상, 그리고 다니엘의 환상은 모두 또 다른 (하늘과 땅의) 소통 방식에 해당합니다. 다만 환상은 하나님께서 땅을 향해 말씀하시는 것이 아니라, 인간이 땅에서 하늘의 무언가를 보는 방식이라고 할 수 있습니다. 물론 같은 환상이라고 해도 다양한 형식이 있는데요. 이를테면, 하나님의 보좌-병거에 대한 에스겔의 환상은 전적으로 땅에서 일어난 것처럼 보입니다. 반면 이사야의 환상의 경우 하늘과 성전 사이가 희미해지고 있음을 암시하고 있습니다. 다니엘의 환상은 다소 불분명하긴 하지만 아마도 하늘 아니면 땅에서의 장면을 그리고 있는 것 같습니다. 그리고 미가야의 환상만이 명확하게 하늘의 보좌 환상인 것처럼 보입니다. 이처럼 각각의 환상들 사이에 조금씩 차이가 있긴 하지만, 그럼에도 우리가 살펴본 환상들은 모두 하늘과 땅의 소통에 대해 이야기하고 있습니다. 그리고 이 소통 방식은 훗날 신약성경에서 재차 다루어지게 됩니다. 우리가 지금까지 살펴본 주제들과 마찬가지로, 이 환상들 이면에 있는 언어와 이미지는 신약성경의 핵심 사건들을 더 분명하게 이해하는 데 도움을 줍니다.

하늘을 들여다보다

흥미롭게도 우리가 지금까지 살펴본 환상들 중 그 어떤 환상도, 어떻게 선지자들이 하나님의 일을 볼 수 있었는지에 대해서는 명확하게 밝히지 않습니다. 이것이 신약성경과 같은 후대 문헌들이 명확하게 밝히고자 애쓰는 부분인데요. 신약성경에 나오는 주요 환상들 중 하나가 바로 사도행전 7장에 기록된 스데반의 환상입니다. 스데반은 그에게 분노한 청중들로부터 돌을 맞는 와중에, "하늘이 열리고 하나님의 우편에 인자가 서 계신 것이 보입니다"(행 7:56)라고 말했습니다.

얼핏 스데반의 환상과 비슷하게 보이는 환상으로 이믈라의 아들 미가야의 환상을 꼽을 수 있는데요. 두 환상 모두 공통적으로 하늘 보좌에 대한 내용을 담고 있습니다. 물론 (미가야의 환상이 나오는) 열왕기상 22:19이, 스데반의 환상—즉, "하나님의 우편"이라는 신약성경의 공식 어구로 하나님의 보좌를 암시하는 사도행전 본문—보다 훨씬 더 명확하게 보좌에 대해 이야기하고 있습니다. 두 환상 모두 하늘에 있는 다른 존재들에 대해서도 이야기하는데요. 미가야의 환상에는 하늘 궁정이, 스데반의 환상에는 예수님이 등장합니다. 하지만 두 환상의 내용도, 두 환상의 유사성도 그것이 전부입니다. 그만큼 두 환상 모두 상당히 짧은 분량의 기록이라고 할 수 있습니다.

스데반의 환상에 나타나는 2가지 특징을 더 자세히 살펴볼 필요가 있습니다. 이 책의 3장에서 우리는 신약성경에서 자주 사용되는 어구, '하나님의 우편에 앉다'와, 그 어구가 가리키는 '예수님께서 하늘에서 하나님과 함께 즉위하시다'라는 의미의 중요성을 살펴본 바 있는데요. (여기서 첫 번째 특징이 드러납니다.) 흥미롭게도 스데반은 이 공식 어구를 사용하면서도, 예수님/인자(그 사람의 아들)가 앉아 계신 것이 아니라 서 계신다고 말하고 있습니다. 이러한 차이가 특별히 중요한 의미를 담고 있는지 아닌지를 밝혀내는 일은 어렵지만, 어쩌면 스데반에게 예수님은 그저 하늘 궁정의 일원처럼, 궁정의 다른 구성원들처럼 서 계신 것으로 보였을 수도 있습니다. 물론 사도행전 7장에 기록된 스데반의 설교의 나머지 부분을 보면, 이러한 추론은 그다지 가능성이 없어 보이기는 합니다. 이보다 가능성이 있는 추론은 곧 예수님께서 스데반의 죽음을 맞이하기 위해서, 혹은 하나님의 보좌 앞에서 스데반의 대변자(변호자)로서 행동하시기 위해서 서 계신다는 것입니다.[1]

스데반의 환상과 관련하여 흥미로운 두 번째 특징은 해석하기가 훨씬 용이하다는 점입니다. 사도행전 7:56에서 스데반은 하늘이 열린 것이 보인다고 말합니다. 이러한 유형의 표현은 신약성경이 이해하는 하늘과 땅의 소통 방식을 설명해주는데요. 앞선 시기의 (성경)저자들의 경우 대개 하나님의 환상이 어떻게 가능했는지에 대해서는 설명하지 않았습니다(물론 꿈이나 성전과 관련된 표현이 그것을 설명하는 방향으로 움직였다고 할 수도 있습니다). 반면에, 앞서 말한 유형의 표현들—'하늘이 열리다'와 같은—은 신약성경 안에서 보편적이며 또 상당히 명확하게 나타납니다. 이를테면, 우리는 마리아에게 가브리엘이 찾아오고, 요셉이 꿈에 천사를 보게 되며, 하늘이 열렸을 때 스데반이

---

1 Eskola의 경우 스데반의 보좌 환상을 예수님에 관한 중요한 기독론적 진술로 이해합니다. 참고, Timo Eskola, *Messiah and the Throne: Jewish Merkabah Mysticism and Early Christian Exaltation Discourse* (Tübingen: Mohr Siebeck, 2001), pp. 179-80.

들여다 봤다는 표현들을 보게 됩니다. 방금 말한 사례들과 신약성경에 기록된 또 다른 표현들을 통해, (신약성경의) 저자들의 경우 '어떻게 계시가 일어났는지'에 관하여 보다 명확하고 확실한 입장을 내보인다는 것을 알 수 있습니다.

아마도 이러한 현상은 유대 묵시(주의) 문헌에 속한 전통으로부터 영향을 받은 탓으로 보입니다. 묵시 문헌들 안에서 하늘과 땅의 소통(방식)이 상당히 자세하게 다뤄지기 때문입니다. 누가복음이 마태복음보다 그러한 표현에 더 익숙해 보인다는 것은 흥미로운 점인데요. 누가복음과 사도행전에는 마리아와 사가랴에게 천사들이 찾아온 사례, 스데반에게 그리고 고넬료가 찾아오기 전 베드로에게 하늘이 열린 사례, 다메섹으로 가는 도중 바울이 경험한 것처럼 또 다른 유형의 하나님 환상을 보여주는 사례들이 상당수 담겨 있습니다. 반면에 마태복음에는 그러한 사례들이 현저히 적고, 심지어 천사가 나타날 때조차도 직접 대면하는 것이 아니라, 요셉의 꿈을 통해 나타납니다.

이러한 사례들을 통해 우리는 하늘을 이해하고, 하늘에 대한 언어와 표현을 배우는 것이 신약성경을 이해함에 있어 상당히 중요하다는 것을 깨닫게 됩니다. 신약성경 전체가 하늘과 땅 사이에서 이루어지는 소통의 이야기로 가득 차 있으며, 그 소통은 다양한 방식으로 이루어지기 때문입니다. 때로는 천사를 통해서, 때로는 꿈과 환상을 통해서, 또 때로는 하늘의 열림을 통해서, 그리고 하늘로 올라간 사람들을 통해서 하늘과 땅의 소통이 이루어집니다. 예수님의 탄생과 세례에 대한 선포, 예수님의 변형되심, 예수님의 십자가 처형과 부활과 승천, 바울의 회심 사건, 베드로의 보자기 환상, 고린도후서 12:1-10에서 바울이 셋째 하늘에 올라간 이야기, 요한계시록의 이야기 전체는, 하늘과 땅 사이의 소통이라는 맥락에 비추어 봐야 비로소 제대로 이해할 수 있습니다(핵심적인 몇 가지 사례들만 언급한 것입니다). 신약성경 전체는 예수님의 탄생과 생애, 죽음과 부활에 있어서 이러한 소통이 중요하다는 것을 가리키는 일에만 관심이 있는 것이 아니라, 또한 그것을 명확하게 밝히는 일에도 관심이 있습니다. 신약성경의 저자들의 세계는 그만큼 하늘과 땅이 긴밀하게 연결된 세계였습니다. 우리는 그 저자들이 사용한 언어와 표현을 통하여 그것을 이해할 수 있습니다.

복음서들 그리고 하늘로부터 오는 하나님의 음성

스데반의 환상과 같이 신약성경 안에서는 하늘이 열린 것을 사람들이 들여다 볼 수 있었습니다. 또 하나님께서 땅에 있는 사람들에게 직접 말씀하시려고 하늘이 열리기도 했습니다. 이와 관련해서 가장 중요한 장면 중 하나가 예수님께서 세례를 받으시는 장면입니다. 마태복음과 마가복음, 누가복음의 이야기 모두 예수님께서 세례를 받으실 때 하늘이 열렸다고 말합니다. 마태복음과 누가복음은 '열리다'라는 의미를 가진 간단한 단어를 사용하는 데 반해(마 3:16; 눅 3:21), 마가복음의 경우 훨씬 더 극적인 표현을 사용합니다. 마가복음은 하나님의 음성 즉, 예수님이 하나님께서 기뻐하시는 하나님의 아들임을 선포하는 소리가 들리기 전에, 하늘이 갈라져 혹은 찢어져 열렸다고 이야기합니다(막 1:10). 이 놀라운 사건은 복음서를 읽는 독자들에게, 하나님께서 예수님의 생애와 사역에 개입하셨다는 사실과, 땅에서 일어나는 일이 하늘과 긴밀하게 연결되어 있다는 사실을 상기시켜 줍니다. 다시 말해, 스데반이 하늘을 들여다 볼 수 있었던 것과 마찬가지로, 하나님께서는 땅을 내려다 보실 수 있으시며 때로는 우리에게 직접 말씀하시기도 한다는 것입니다.[2]

이 주제는 각 복음서에서 중요하게 대두되는데, 특히 마가복음에서 중요한 의미를 갖습니다. 마가복음의 대표적인 주제 중 하나가 '비밀'이라는 다소 낯선 주제인데요. 실제로 마가복음 안에서 예수님은 자신에 대해 아무런 말도 하지 말라고 반복해서 명령하십니다. 이를테면, 마가복음 1:43-44을 보세요. "예수님께서 그에게 엄중히 경고하신 뒤에 곧 그를 보내며 말씀하셨습니다. '아무에게도 아무 말도 하지 말아라. 가서 제사장에게 네 몸을 보이고 네가 깨끗하게 된 것에 대하여 모세가 명령한 것을 바쳐서, 사람들에게 증거로 삼도록 하여라'"(막 1:43-44). 심지어 베드로가 가이사랴 빌립보에

---

2 복음서마다 하나님의 음성을 듣는 사람에 대한 내용이 조금씩 다르다는 점에 주의해야 합니다. 마가복음의 경우 오직 예수님만이 하늘이 열린 것을 보고 음성을 들으셨다는 것을 암시하고 있습니다. 마태복음의 경우 분명하진 않지만, 세례 요한이 계시를 보고 들었음을 나타내고 있는 것 같습니다. 누가복음은 모든 사람이 계시를 보고 들었다는 것을 암시하고 있습니다(이는 누가가 계시[들]에 기울인 관심을 감안하면 자연스러운 모습이라고 할 수 있습니다).

서 예수님께서 메시아이심을 확신하며 선포했을 때조차, 예수님은 자신에 관하여 아무에게도 말하지 말라고 하셨습니다(막 8:27-30).[3] 이 주제가 세 번에 걸친 계시 장면과 함께, 마가복음 안에서 균형을 이루는데요. 곧 마가복음 전체를 기준으로 위대한 계시의 순간이 일정한 간격으로 세 차례 나타납니다. 구체적으로 말하면, 처음은 예수님께서 세례를 받으실 때이고(막 1:10-11), 중간은 예수님께서 변형되실 때이며(막 9:2-3), 마지막은 예수님께서 죽음을 맞으실 때입니다(막 15:37-39).

각각의 순간이 곧 계시라고 할 수 있으며, 서로 다른 방식으로 예수님 안에서 맞닿는 하늘과 땅에 대해 이야기하고 있습니다. 즉, 예수님께서 세례 받으실 때 하늘이 찢어져 열렸습니다. 또 예수님께서 변형되실 때 베드로와 야고보와 요한은 일종의 보좌 환상과 같은 광경을 보게 되었습니다. 그때 예수님의 옷은 빛나는 흰 옷(이를테면, 다니엘 7장의 옛적부터 항상 계신 이[Ancient of Days]의 옷처럼)이었으며, 엘리야와 모세도 그곳에 함께 나타났습니다. 마지막으로 예수님께서 십자가에서 처형되실 때, 성전의 휘장이 둘로 찢어졌고 이후 백부장은 예수님이 하나님의 아들이심을 선언했습니다.[4] 특히 성전의

---

3 William Wrede, *The Messianic Secret* (Cambridge: James Clarke, 1971)
   William Wrede는 사람들의 관심이 마가복음의 이와 같은 특징으로 모이는 데 중대한 영향을 끼쳤습니다. 이 특징은 '메시아 비밀'(Messianic Secret)이라고 불렸는데, 이후 이 표현은 수많은 논의에 활용되었습니다.
4 백부장이 예수님을 가리켜 '하나님의 여러 아들 중 하나'(a Son of God)라고 선포한 것인지, 아니면 '하나님의 아들'(the Son of God)이라고 선포한 것인

휘장이 찢어졌다는 것이 중요합니다. 휘장은 헤칼과 데비르 사이에 즉, 지성소 앞에 매달려 있었는데요([도표2] 참조). 이 휘장이 찢어졌다는 것은 곧 하나님의 보좌로의 접근과 관련된 내용을 표현하고 있습니다. 즉, 예수님의 죽음으로 인하여 하나님께 나아갈 수 있는 길이 영원히 열렸다는 것입니다. 이로써 하나님과 인간 사이를 가로막는 것은 아무것도 없게 되었습니다. 이전에는 불가능했던 방식으로 하늘이 땅을 향해 열리게 된 것입니다.

바울 그리고 하늘로부터 오는 하나님의 음성

하나님이 하늘로부터 땅을 향해 직접 말씀하신 또 하나의 중요한 사례는 곧 다메섹으로 가는 길 위에서 바울이 한 체험입니다. 학자들이 가장 많이 다룬 신약성경 본문의 목록이 있다면 이 이야기가 아마도 상위를 차지할 것입니다. 유명한 본문들이 으레 그렇듯이, 이 본문을 해석하기 위해 수많은 학자들이 연구를 해왔고, 그로 인해 바울이 체험한 일을 설명하는 수많은 이론들이 나타났습니다.[5]

지에 관한 오랜 논쟁이 있었습니다. 하지만 예수님이 세례를 받으실 때와 변형되실 때, 하나님께서 하신 두 차례의 계시적인 선포에 비추어 볼 때, 저는 마가의 독자들은 여기서 '하나님의 아들'(the Son of God)로 들었을 것이라 생각합니다. 이 주제에 대한 흥미로운 논쟁은 다음의 자료를 참고하세요. W. T. Shiner, 'The Ambiguous Pronouncement of the Centurion and the Shrouding of Meaning in Mark', *JSNT* 78 (2000), pp. 3-22.

5   그 이론들이 워낙에 많다보니, 한 학자는 다음과 같이 말하기도 했습니다. "바울의 회심에 대한 연구를 보면 답답해집니다. 제 개인적인 생각이지만, 다수의 연구들이 바울의 회심 자체에 대해 말하기보다는, 오히려 각각

이 논의의 주요 초점은 바울이 다메섹으로 가는 길 위에서 겪은 체험을, 전통적인 설명 방식대로 '회심'(conversion)으로 부를 수 있는지 아닌지, 혹 선지자의 소명(call) 이야기(이를테면, 이사야 6장의 이사야의 이야기 처럼)에 좀 더 가깝다고 해야 하는 것은 아닌지에 맞춰져 있습니다. 또 대체로 '회심'이라는 단어를 사용하는 방법에 초점이 모아지고 있는데요. 만일 어떤 사람들이 사용하는 것처럼, '회심'이라는 단어가 종교의 변화를 가리킨다면, 바울의 체험은 분명 회심의 체험이라고 할 수 없습니다. 바울은 유대인이 되기를 단 한 번도 멈추지 않았으며, 또한 해당 시점에서 완전히 '종교'라고 부를 만한 기독교는 존재하지 않았기 때문입니다. 하지만 만일 '회심'이 중대한 내적 변화 혹은 전환을 가리킨다면, 그렇다면 좀 더 수월하게 바울을 '회심자'라고 부르는 것이 가능할 수 있습니다.[6]

의 연구자들에 대해서, 그들이 가진 안건에 대해서 더 많이 이야기하고 있는 것 같습니다. L. R. Rambo, 'Current Research on Religious Conversion', *RSR* 8 (1982), p. 157. Rambo의 글 안에 바울의 회심에 대한 주요 이론들이 잘 정리되어 있지만, 보다 최신의 연구는 다음의 자료에서 찾아볼 수 있습니다. Larry W. Hurtado, 'Convert, Apostate or Apostle to the Nations: The "Conversion" of Paul in Recent Scholarship', *SR* 22 (1993), pp. 273-84.

6   이 문제를 탁월하게 논의하는 책은 다음과 같습니다. Alan F. Segal, *Paul the Convert: The Apostolate and Apostasy of Saul the Pharisee* (New Haven, CT: Yale University Press, 1992), pp. 28-9. 다음과 같은 책에서도 흥미로운 논의를 발견할 수 있습니다. Richard N. Longenecker, *The Road from Damascus: the Impact of Paul's Conversion on his Life, Thought, and Ministry* (Grand Rapids, MI: Eerdmans, 1997); Stephen J. Chester, *Conversion at Corinth: Perspectives on Conversion in Paul's Theology and the Corinthian Church* (London: Continuum, 2005).

어떤 면에서 보면 바울의 체험은 상당히 이례적이라고 할 수 있습니다. 바울을 둘러싸고 나타난 환한 빛 외에는 그 어떤 특별한 환상도 나타나지 않았는데요.[7] 사도행전을 보면 이 사건에 대한 이야기가 3차례나 반복되는데, 유독 빛에 관한 이야기가 조금씩 다르게 나타납니다(행 9:3-6; 22:6-10; 26:12-18). 사도행전 9장에서는 그저 바울과 동행인들을 둘러 비추는 빛이지만, 22장에서는 "하늘로부터 큰 빛"이, 26장에서는 "하늘로부터 해보다 더 밝은 빛"이 나타났다고 묘사되고 있습니다. 사실 우리에게는 이 환한 빛에 대한 언급이 특별한 의미를 갖지 못하는데요. 하지만 바울의 배경 속에서 이는 너무나도 중요한 표현입니다.

이 책의 곳곳에서 이미 우리는 하나님과 빛나는 옷, 번개 사이의 관계를 살펴본 바 있습니다. 번개가 번쩍 비추는 것은 특별히 신현—신의 현현, 즉 하나님께서 나타나시는 것을 가리킵니다—과 관계가 있습니다. 예를 들어, 모세가 시내산 꼭대기에 올라갔을 때, 사람들은 구름과 우레, 번개를 통해 하나님께서 그곳에 계시다는 것을 알았습니다. 더욱이 바울은 하늘로부터 음성까지 들었기 때문에,

---

7   이 이야기를 통해 제기되는 의문 중 하나는 '바울이 큰 빛 말고도 본 것이 또 있느냐?'는 것입니다. Dunn은 고린도후서 4-6장을 증거 본문으로 삼아 바울이 영광으로 옷 입은 그리스도를 보았다고 주장합니다. James D. G. Dunn, 'A Light to the Gentiles: The Significance of the Damascus Road Christophany for Paul', in L. D. Hurst et al. (eds), *The Glory of Christ in the New Testament: Studies in Christology in Memory of George Bradford Caird* (Oxford: Oxford University Press, 1987), pp. 21-36.

자신에게 누가 말씀하고 계신 것인지 분명히 알았을 것입니다. 바울이 (자신에게 말씀하는 분이) 누군지 알았을 것이라는 점이 의심스럽다면, 바울의 응답을 자세히 봄으로써 좀 더 확실히 알 수 있습니다. "왜 나를 핍박하느냐?"는 말씀에 바울은 "주님"(Lord)이라는 칭호를 사용하여 응답했기 때문입니다. 물론 바울이 지금 약간의 혼란을 느끼고 있는 것은 사실입니다. 그래서 바울은 다음과 같이 물었던 것입니다. "주님, 누구십니까?"[8] 바울에게는 증거가 좀 더 필요했습니다. 바울이 (빛과 하늘로부터의 음성으로) 신현을 체험하는 가운데, 한 음성이 들렸는데요. 그 음성은 그리스도인들을 핍박했으니 유대교의 정결이 지켜졌다고 바울을 칭찬하기는커녕, 오히려 "왜 나를 핍박하느냐?"고 되물었습니다. 저는 바울의 변화는 바로 이 체험을 통해 설명된다고 생각합니다. 바울이 체험한 것은 분명 그의 위대한 신앙의 선조들이 체험한 바에 비견될 만합니다. 모세와 이사야, 에스겔과 마찬가지로 바울 역시 직접 하나님을 마주하게 된 것입니다. 하지만 (그들의 경우와는 조금 다르게) 바울은 하늘로부터 들려오는 음성이 곧 그리스도의 음성임을 깨닫게 됩니다.[9]

---

8   '주님'(Lord)이라는 호칭이 단순히 존경을 나타내는 일반적인 칭호였을 수도 있지만, 저는 Johnson과 의견을 같이 하여 여기서 주님이라는 칭호가 갖는 의미가 상당히 크다고 생각합니다. 참고, Luke Timothy Johnson, *The Acts of the Apostles*, ed. Daniel J. Harrington (Collegeville, MN: Liturgical Press, 1992), p. 163. 바울은 신현 한가운데에 있으며, '주님'이란 칭호를 그에 대한 상징으로 사용하고 있습니다.

9   이러한 체험을 신비주의의 체험과 연결시키는 학자들에 대해서는 다음의 자료를 참고하세요. John Bowker, '"Merkabah" Visions and the Visions of Paul',

이러한 마주침이 뜻하는 바는 단순하면서도 심오합니다. 바울은 '전형적'인 방식으로 하나님을 체험했지만, 이내 그것이 그리스도를 체험한 것이란 사실을 깨닫게 됩니다. 자신이 박해한 사람들이 실은 진리를 선포한 사람들이었음을 가장 극적인 방식으로 깨닫게 된 것입니다. 이로 인해 바울은 변화되었고 하나님에 대해서, 자신과 세상의 관계에 대해서 이전에 갖고 있던 모든 생각을 재고하게 됩니다. 바울의 체험이 중요한 이유는, 그가 어떻게 그의 서신들에 기록된 생각에 이르게 되었는지를 이해하는 데 도움을 주기 때문입니다.[10] 바울의 신학이 오로지 하늘에서 내린 환한 빛으로만 세워지게 된 것은 아니지만, 그와 같은 마주침 속에서 삶의 방향이 완전히 새롭게 돌아설 만큼 급진적이고 충격적인 체험을 한 것은 사실입니다. 고린도후서 3:18에 기록된 표현을 빌리자면, 바울과 바울의 신학은 계속해서 변화하여 영광에서 영광으로 이르게 됩니다. 그리고 그 변화의 시작이 바로 다메섹으로 가는 길 위에서 체험한 환한 빛이라고 할 수 있습니다.

JSS 16 (1971), pp. 157-73; Segal, *Paul the Convert*, pp. 34-71.

10 여기서 저는 적어도 부분적으로나마, 김세윤(Seyoon Kim)의 입장에 동의합니다. 그는 다메섹 길 위에서 이루어진 체험을, 바울이 가진 기독론 전체의 근원이라고 생각합니다. 참고, Seyoon Kim, *The Origin of Paul's Gospel*, vol. 4, WUNT 2 (Tübingen: Mohr Siebeck, 1984); *Paul and the New Perspective: Second Thoughts on The Origin of Paul's Gospel*, vol. 140, WUNT 2 (Tübingen: Mohr Siebeck, 2002).

신앙적인 체험과 하나님의 메시지의 선포

다메섹으로 가는 길 위에서 시작된 또 한 가지가 있습니다. 바로 바울의 소명입니다. 바울은 그곳에서 예수 그리스도의 복음(좋은 소식)을 남은 일생 동안 이방인들에게 선포하라는 소명을 받게 됩니다. 만일 우리가 갈라디아서 1:15-16을 다메섹으로 가는 길 위에서 겪은 체험으로 이해한다면, 그러한 체험이 일어난 까닭은 바울의 생각을 변화시키려는 데에 있는 것이 아니라, 오로지 바울로 하여금 이방인들에게 그리스도를 선포하게 만드는 데 있다고 할 수 있습니다(갈 1:16). 물론 바울의 선포는 급진적인 변화 없이는 일어나지 않았을 것입니다. 하지만 변화 자체가 체험이 일어난 목적은 아니었습니다.

바로 이것이 하늘과 땅 사이에 일어나는 수많은 소통들의 핵심이라고 할 수 있습니다. 우리는 너무 자주 극적인 사건 자체에만 집중합니다. 이를테면, 이사야나 에스겔의 환상, 바울의 회심처럼 말이지요. 하지만 이 이야기들의 핵심은 결코 사건 그 자체에 있지 않습니다. 핵심은 하나님의 메시지를 세상에 선포하라는 소명에 있습니다. 오늘날 신앙 체험에 관한 대다수의 논의들은 오로지 체험에만, 그리고 체험으로 인해 당사자가 어떤 느낌을 받았는지에만 초점을 두고 있습니다. 하지만 그런 논의의 방향은 결국 핵심을 놓치게 된다는 것을 지적하고 싶습니다. 성경 곳곳에서 나타나는 그러한 유형의 체험을 보면, 하늘의 일이 땅에 있는 사람들에게 전달되는 것을 목표로 발생하고 있습니다. 다시 말해, 핵심은 체험 그 자체가 아니라, 메시지에 그리고 메시지의 전달에 있습니다.

혹 하늘과 땅 사이에 일어나는 가장 극적이며 광대한 소통이라 하더라도 이러한 핵심은 동일하게 적용됩니다. 그러한 소통이 나타나는 곳이 바로 요한계시록인데요. 바울의 회심을 다룬 학술 문헌들이 아무리 방대하다고 해도, 요한계시록을 연구한 자료들에 비하면 아무것도 아닙니다. 심지어 1919년 벡위드(Beckwith)는 다음과 같이 말할 정도였습니다. "종교적인 문헌이든, 세속적인 문헌이든 상관없이 그 어떤 문헌도—전체든 혹은 부분이든—요한계시록만큼 많이 해석된 적이 없었다는 것은 분명합니다."[11] 벡위드가 이 말을 한지도 거의 100년이라는 시간이 흘렀으며, 이후로도 요한계시록에 대한 책들은 수없이 쏟아져 나왔습니다. 이제는 그것에 관한 서로 다른 해석들을 분류하는 일조차 어려운 지경입니다.[12] 지나친 단순화의 위험을 무릅쓰고 말하자면, 제 눈에는 요한계시록의 주요 관심사가 비교적 간단해 보입니다. 복잡한 것은 세부적인 묘사일 뿐이죠.

요한계시록의 주요 관심사는 하늘의 일을 땅에 있는 사람들에게 전달하는 데 있습니다.[13] 요한은 일련의 사건들을 보기 위해 하늘

---

11 I. T. Beckwith, *The Apocalypse of John: Studies in Introduction, with a Critical and Exegetical Commentary* (New York: Macmillan, 1919), p. 1.

12 요한계시록에 대한 서로 다른 해석들을 상세하게 분류한 자료는 다음과 같습니다. Stephen Finamore, *God, Order, and Chaos: René Girard and the Apocalypse* (Eugene, OR: Wipf & Stock, 2009), 1장. 이 책은 또한 요한계시록을 이해하는 수단으로 René Girard의 이론들을 사용한다는 점에서 읽어 볼 만한 가치가 있습니다.

13 요한계시록을 둘러싼 큰 논쟁거리 중 하나는, 그것이 문학적인 구조를 가

로 가게 되고, 3차례에 걸쳐 "이것을 기록하라"는 음성을 듣게 됩니다. 그가 기록해야 할 3가지 내용은 첫째, "지금 이후로 주 안에서 죽는 자들은 복이 있다"는 것(계 14:13), 둘째, "어린 양의 혼인 잔치에 초대를 받은 사람은 복이 있다"는 것(계 19:9), 셋째, "하나님께서 만물을 새롭게 하신다"는 것이었습니다(계 21:5). 이러한 내용이 시사하는 바는 곧 요한은 그가 본 것을 땅에 있는 사람들에게 전달해야 했다는 점입니다. 그렇게 함으로써 사람들이 계속해서 앞으로 나아가도록 북돋아야 했습니다. 요한이라는 인물이 요한계시록에서 받은 환상들—즉, 복잡하게 뒤얽힌 하늘의 환상들—은 땅에서 일어나는 무서운 일들이 그저 마구잡이로 일어나는 통제 불능의 재앙들이 아니라, 실은 하늘의 일이 낳은 직접적인 결과임을 알려서 사람들을 안심시키기 위한 것으로 보입니다. 이를테면, 요한계시록 8:7에서 땅에 떨어지는 우박과 불은 천사가 첫 나팔을 분 결과였습니다.

요한계시록의 저자는 사람들이 하늘과 땅이 긴밀하게 연결되어 있음을 보길 원했고, 또 땅에서 일어나는 일이 하늘에서 일어나는

진 책인지 아니면 실제 환상을 기록한 책인지에 관한 부분입니다. 그런데 사실 저는 환상이 실제로 일어난 일이든 아니든 상관없이 요한계시록의 요점은 동일하다고 생각합니다. 이는 그 저자가 독자들의 시선을 땅의 일로부터, 또 다른 현실(reality)로 끌어올리려고 애쓰고 있기 때문입니다. 요한계시록이 그리는 그림은 저자가 직접 봤던 현실일 수도 있습니다. 물론 저자가 그저 상상한 것일 수도 있고요. 또 어쩌면 그가 본 것이 현실인 것은 맞지만, 단지 그것을 당대의 시적 상상력이 풍부한 언어를 통해서만 전달할 수밖에 없었던 것일 수도 있습니다. Gilbert Desrosiers, *An Introduction to Revelation* (London: Continuum, 2000), pp. 6-9.

일과 연결되어 있음을 깨닫길 바랐습니다. 이것은 분명 희망적인 메시지입니다. 땅에서는 볼 수 없지만 그럼에도 분명 하늘에서 진행되고 있는 싸움이 있다는 것, 그리고 그 싸움이 절정—모두가 새롭게 창조되어 하나된 하늘과 땅을 보게 되는 시간—을 향해 가고 있다는 것을 확신시켜주기 때문입니다. 새 하늘과 새 땅은 하나로 결합될 것이며, 바다—짐작건대 땅의 위, 아래를 에워싼 바다—는 사라질 것입니다(계 21:1). 또한 "주 하나님이 빛이 되실 것"(계 22:5)이므로 더 이상 햇빛이 필요 없게 될 것입니다. 이처럼 요한이 선포한 메시지는 고난이 무의미하게 마구잡이로 일어나는 것이 아니라, 하늘에서 벌어진 하나님의 싸움에서 흘러나온 것이라는 희망의 메시지였습니다. 하나님은 멀리 떨어져 계셔서 우리에게 무관심한 분이 아니라, 창조하신 세계의 운명에 깊이 관여하시는 분입니다. 이것을 직접 보고 깨달을 날이 분명히 올 것입니다.

하늘과 땅의 하나 됨은 또한 하나님의 보좌 주위에서 흘러나오는 찬송을 통해서도 알 수 있습니다. 요한계시록 4-5장에는 하나님의 보좌 주위에서 흘러나오는 다섯 가지 찬송(의 노랫말)들이 담겨 있는데요.

"거룩하십니다, 거룩하십니다, 거룩하십니다. 주 하나님, 전능하신 분이시여. 전에도 계셨고 지금도 계시며 장차 오실 분이십니다." (계 4:8)

"우리 주 하나님이여, 당신은 영광과 존귀와 권능을 받으시기에 합당한 분이십니다. 주께서 만물을 창조하셨으며 만물이 주의 뜻대로 생겨났고 또 창조되었기 때문입니다." (계 4:11)

"당신은 그 두루마리를 받으시고 봉인을 떼시기에 합당하십니다. 당신은 죽임을 당했고 당신의 피로 모든 족속과 언어와 백성과 민족 가운데 성도들을 사서 하나님께 드리셨습니다. 당신은 그들을, 우리 하나님을 섬길 나라와 제사장들로 삼으셨습니다. 그들은 땅에서 다스리게 될 것입니다." (계 5:9-10)

"죽임을 당하신 어린 양은 권세와 부와 지혜와 힘과 존귀와 영광과 찬양을 받으시기에 합당하십니다." (계 5:12)

"보좌에 앉으신 분과 어린 양에게 찬양과 존귀와 영광과 권능을 영원토록 돌릴지어다!" (계 5:13)

이 찬송들은 보좌 주위에 있는 하늘의 존재들이 부른 노래로 시작되지만 이내 "하늘과 땅 위와, 땅 아래와 바다에 있는 모든 피조물"들의 노래가 됩니다(계 5:13). 요컨대 하나님을 찬양하는 천사들의 노래에 온 피조 세계가 참여하는 것입니다.

그렇다면 요한계시록은 하나 됨으로 시작하고 또한 하나 됨으로 끝이 난다고 할 수 있습니다. 앞서 살펴본 것처럼, 요한계시록의 절정은 새 하늘과 새 땅이며, 그때에 하늘과 땅의 경계선은 사라지고 온전히 하나가 될 것입니다. 엄밀히 말하자면, (요한계시록에서) 환상은 4장에 기록된 찬양의 노래들로 시작되는데요. 이 노래들은 종말에 경험하게 될 하나 됨(의 경험)을 미리 맛볼 수 있게 해줍니다. 요한계시록의 저자는 천사들의 노래를 전함으로써, 우리가 예배 가운데 하늘의 노래에 참여하도록 초청하고 있습니다. 이는 학문적인 훈련 같은 것이 아니라, 일종의 희망의 리허설이라고 할 수 있습니다.[14] 우리는 천사들의 노랫말을 통하여 하늘의 노래에 참여합니다. 이것은 장래에 있을 '하늘과 땅의 하나 됨'을 확실하게 상기시켜줄 뿐만 아니라, 또한 하늘의 예배를 현재에 미리 맛볼 수 있게 해줍니다. 이와 같은 미리 맛보기는 다가올 세계에 대한 희망을 주고, 우리 주위에 일어나는 모든 재앙으로부터 벗어나 눈을 들어 위를 볼 수 있는 용기를 주며, 잠시나마 하늘과 땅의 하나 됨을 보게 합니다. 특히 요한계시록 4-5장은 천사들과 온전히 화합하여 땅에서 하늘의 노래를 부르고, 하늘의 예배 한 가운데 서도록 우리를 초대하고 있습니다.[15]

---

14 이와 유사하게 하늘의 예배와 땅의 예배가 하나되는 체험을 언급하는 본문이 쿰란(Qumran)문헌에서 발견됩니다. 특히 안식일 제물의 노래(*Songs of the Sabbath Sacrifice*)와 4*Q* 버라코트(*Berakoth*)에서 볼 수 있는데요. 두 문헌 모두 인간들이 예배 가운데, 천사들의 예배를 모방한다는 것을 암시하고 있습니다. 참고, Esther Chazon, 'Liturgical Communion with the Angels at Qumran', in Daniel K. Falk et al. (eds), *Sapiential, Liturgical and Poetical Texts from Qumran: Proceedings of the Third Meeting of the International Organization for Qumran Studies, Oslo 1998* (Leiden: Brill, 2000), pp. 95-105.

15 이 주제에 대한 흥미로운 자료들은 다음과 같습니다. Gottfried Schimanowski,

이번 장에서는 성경의 이야기 안에 하늘과 땅의 깊은 연관성이 담겨 있음을 다시 한 번 살펴봤습니다. 땅으로부터 하늘을 보는 일과 마찬가지로, 하나님께서 인간에게 직접 말씀하시는 일도 당연히 가능합니다. 바울의 경우를 보면, 그렇게 직접 전달된 말씀이 그의 삶 전체를 변화시키고 재형성했습니다. 또 인간은 하나님의 보좌 앞에서 드려지는 천사들의 영원한 예배에 참여할 수 있으며, 영원이 무엇인지를 맛볼 수 있습니다. 이와 같은 신학은 예배─특히 하늘의 예배와 연결된 예배─에 가장 큰 초점을 맞추고 있다고 할 수 있습니다. 이러한 신학이 보여주는 개념들이 얼핏 보기엔 도달하기 힘든 목표를 세우는 것 같지만, 실은 모든 것을 걸고 좇아야 할 가치가 있는 목표를 제시하는 것입니다. 예배는─적어도 이따금씩이라도─하늘이 열리는 시간이 되어야 합니다. 우리의 노래가 우리만의 노래로 그치는 것이 아니라, 하나님의 보좌 앞에서 드려지는 영원한 하늘의 예배와 결합되는 시간이 되어야 합니다.

'"Connecting Heaven and Earth": The Function of the Hymns in Revelation 4-5', in Ra'anan S. Boustan et al. (eds), *Heavenly Realms and Earthly Realities in Late Antique Religions* (Cambridge: Cambridge University Press, 2009), pp. 67-84; D. R. Carnegie, '"Worthy is the Lamb": The Hymns in Revelation', in Harold H. Rowdon (ed.), *Christ the Lord: Studies in Christology Presented to Donald Guthrie*, 1st edn (Leicester: Inter-Varsity Press, 1982), pp. 243-56; Richard Bauckham, *The Climax of Prophecy: Studies on the Book of Revelation* (London: Continuum, 1998), pp. 118-49.

7장 하늘에 이끌려 가다
/하늘에 올라가다

"나는 그리스도 안에 한 사람을 알고 있습니다.

그는 십사 년 전에 셋째 하늘에까지 이끌려 간 사람입니다.

그때에 그가 몸 안에 있었는지, 몸 밖에 있었는지

나는 알지 못하지만 하나님은 아십니다."

(고후 12:2)

7장 하늘에 이끌려 가다
/하늘에 올라가다

계시 그리고 하늘에 올라가다

이 책에 한 가지 문제가 있다고 한다면 바로 많은 사람들이 '이상하다'고 느끼는 성경의 내용을 다룬다는 점입니다. 대다수 사람들의 경우 세계에 대해 본래 그들이 가지고 있었던 관점과 더 어울리는 생각을 고수하기 위해 그 '이상한' 내용을 건너뛰곤 합니다. 하지만 이 책은 그러한 태도를 버리고 오히려 그 내용을 더 오래 살펴봐야 한다고 말하는 책입니다. 그러한 내용을 살펴보는 일이 아직 끝나지도 않았지만, 한발 더 나아가 이제 성경에서 가장 이상한 내용으로 손꼽히는 주제를 살펴보려고 합니다. 바로 승천, 곧 하늘에 올라가는 일입니다.

하늘로부터 전해지는 하나님의 음성과, 천사들과, 환상들은 모두 하늘과 땅 사이의 소통을 만들어 냅니다. 그런데 이 일들은 모두 땅에서 일어납니다. 이러한 소통의 방식 안에서 하늘은 땅을 향해 열리는데, 정작 그 계시를 받는 자들은 모두 땅에 머물러 있습니다. 물론 이에 대한 예외로, 하늘과 땅 사이의 다른 소통 방식을 이야기하는 요한계시록이 있습니다. 요한계시록 안에는 성경 속 여타 환상과는 달리, 하늘의 환상이 담겨 있습니다. 사실 보좌에 대한 성경 속 환상들 대부분은 목격한 광경에 대한 세부 사항에 있어서 다소 피상적인 측면이 있습니다. 모든 환상들 중에서 가장 상세하다고 할 수 있는 에스겔 1장조차, 하나님의 보좌-병거와 그 주변부에만 초점을 두고 있습니다(이 환상은 땅에 있는 하나님의 보좌 - 병거에 대한 환상입니다). 하지만 요한계시록의 경우 요한을—또한 결과적으로 그 독자인 우리를—하늘에 옮겨서, 하늘에서 요한이 본 장면을 묘사하고 있습니다.

오늘날의 눈으로 보면 이러한 묘사가 상당히 이상하게 보이지만, 사실 제2성전기와 초기 기독교 시기에는 전혀 이상한 것이 아니었습니다. 하늘에 올라가는 모습을 묘사하는 문헌들이 주후 1세기 무렵에는 상대적으로 흔했으며, 심지어 주후 7세기와 그 이후까지 계속해서 인기를 끌었습니다. 하늘에 올라가는 이야기는 유대 문헌과[1] 기독교 문헌[2] 모두에게서 발견되고, 또한 하늘에 올라가는 일에 대한 믿음이 존재했음을 보여주는 단서들이 쿰란(Qumran) 문헌들과,[3]

---

1   예를 들어, 다음의 자료를 참고하세요. 에녹1서, 레위의 유언.
2   예를 들어, 다음의 자료를 참고하세요. 이사야의 승천기(*Ascension of Isaiah*), 야고보의 묵시록(*Apocalypse of James*).
3   이와 관련하여 특히 흥미로운 두 문헌이 있습니다(안식일 제물의 노래, *4Q*

나그 함마디(Nag Hammadi) 문헌들⁴—흔히 '영지주의 문서'라고 불립니다—에서도 발견됩니다. 그리고 신약성경 시대를 훨씬 지나면서까지 다양한 문헌들 속에서 계속해서 나타납니다.⁵

이러한 문헌들은—각기 꽤 다른 내용을 보여줄 때도 많지만—공통적으로 몇 가지 특징을 드러냅니다. 이를테면, (이사야, 에녹, 아브라함과 같이) 승천하는 사람들이 흔히 과거의 유명한 인물들이었다는 것입니다. 그리고 대개의 경우 하나님이 보내신 천사를 통해 하늘로 가게 되고 거기서 보게 되는 장면을 설명합니다. 승천의 목적은 무엇보다도 하늘에서 보좌-병거에 앉아 계신 하나님을 보는 것이며, 또한 하나님으로부터 특별한 계시를 받아 다시 땅으로 돌아오는 것입니다.⁶ 이 문헌들을 보다 보면, 요한계시록이 조금씩 이상하지 않

버라코트 [Berakoth]). 이 문헌들은 하늘에 관하여 상세한 묘사를 담고 있습니다. 하지만 승천에 관해서는 명확하게 이야기하지 않습니다.

4   예를 들어, 바울의 묵시록(Apocalypse of Paul)을 참고하세요. '영지주의'(Gnosticism)라는 용어는 여전히 인기가 있지만, 저는 그 용어의 사용을 주저하는 R. McL. Wilson의 입장에 가깝습니다. 왜냐하면 그 용어는 문헌들에 존재하지 않는(것처럼 보이는) 믿음과 사상의 일관성을 암시하는 단어처럼 들리기 때문입니다. 사실 영지주의라는 용어는 겉보기에 유사해 보이는 텍스트들(의 모음)을 가리키기 위하여, 19세기에 만들어진 단어입니다. 정작 1세기에는 그 누구도 '영지주의'라고 부르지 않았던 것 같습니다. 참고, R. McL. Wilson, 'Gnostic Origins', VC 9 (1955), pp. 193-211.

5   예를 들어, 다음의 자료를 보세요. (슬라브어) 에녹2서, 바룩3서, 아브라함의 묵시록.

6   하늘로 승천하는 문헌들에 관한 자세한 논의는 다음의 자료를 참고하세요. Martha Himmelfarb, Ascent to Heaven in Jewish and Christian Apocalypses (New York: Oxford University Press, 1993); Paula Gooder, Only the Third

게 보이기 시작합니다. 하늘로의 승천을 다루는 다른 많은 문헌들과 같이, 요한계시록 역시 한 인물이 하늘에 올라가는 것과(계 4:1-2), 천사에게 이끌려(예, 계 17:3) 하나님의 보좌의 환상을 보게 되는 것(계 4-5장), 그리고 계시를 받게 되는 모습을 이야기합니다(예, 계 14:13). 심지어 요한계시록이 내비치는 시간에 대한 관심도, 내세로의 여행을 특징으로 하는 묵시들과 궤를 같이 합니다. 이처럼 묵시들은 대개 우주적인 격변과 변화, 심판과 '내세'에 대하여 많은 관심을 가지고 있습니다.[7]

그러나 요한계시록을 다른 유사한 문헌들로부터 구별되게 만드는 한 가지 특징이 있는데요. 바로 요한이라는 인물이 환상의 시작부터 곧바로 하나님의 보좌로 가게 된다는 것입니다. 승천을 이야기하는 거의 모든 기록들의 경우, 승천하는 이가 하늘의 변두리 혹은 가장 낮은 층에서 출발합니다. 그리고 일련의 과정을 거친 후에야 비로소 하나님의 보좌에 도착하게 됩니다. 하지만 요한계시록의 경우, 요한의 출발점이 곧 보좌이며, 그 후에야 하늘을 두루 다니며 다른 환상들을 보게 됩니다. 마가렛 바커(Margaret Barker)는 이것을 가

Heaven?: 2 Corinthians 12.1–10 and Heavenly Ascent (London: Continuum, 2006). 또한 최근에 나온 Himmelfarb의 책도 흥미롭습니다. *The Apocalypse: A Brief History* (Chichester: John Wiley & Sons, 2010), 이는 묵시들에 대한 개괄적인 내용을 잘 정리해줍니다.

7 이 시기에 있었던 주요 묵시 유형에 대해서는 다음의 자료를 참고하세요. John J. Collins, *The Apocalyptic Imagination: An Introduction to Jewish Apocalyptic Literature* (Grand Rapids, MI: Eerdmans, 1998), pp. 1–42.

리켜 요한이 지성소(데비르)로 들어가는 모습이라고 설명합니다. 그녀는 요한계시록 1-3장이 성전(이를테면, 등잔대)에서 일어나는 일을 가리킨다고 주장합니다. 그렇기에 4장에서 요한은 지성소에 들어간 것이며, 보좌 바로 앞에 선 것이라고 주장합니다.[8] 이러한 견해가 매력적인 것은, 1-3장이 괜스레 추가된 부분이 아니라(때로는 그렇게 취급받고 있습니다), 요한계시록 전체에서 꼭 필요한 부분임을 보여주기 때문입니다. 이렇게 본다면, 요한계시록은 성전에서 출발해서, 데비르로 이동하여 진정한 환상을 보게 되는 것이라고 말할 수 있습니다. 물론 우리는 요한계시록의 본문 자체가 이러한 견해를 명시적으로 밝히지는 않는다는 점에 유의해야 합니다.

제 생각에 요한계시록이 하나님의 보좌에서 시작하는 이유는 곧 강조를 위한 것으로 보입니다. 요한계시록 전체의 관심은 하늘과 땅의 일에 하나님께서 관여하신다는 점을 보여주는 데 있습니다. 하늘의 영역들을 두루 살피는 여행의 시작점에 요한의 보좌 환상을 배치하면, 이것을 손쉽게 강조할 수 있게 되는 것입니다. 두루마리들을 열고 나팔들을 부는 일, 그리고 뒤이어 일어나는 다른 모든 일들은 곧 보좌에 앉은 분과 어린 양의 행동에서 흘러 나오는 것입니다. 보좌 환상은 보좌와 보좌에 앉으신 분을, 요한계시록의 중심에, 또 온 세계와 세계에서 일어나는 일들의 중심에 위치시킵니다. 이전 장에서도 살펴봤듯이, 요한계시록은 일어나는 모든 일의

---

8   Margaret Barker, *The Revelation of Jesus Christ* (Edinburgh: T. & T. Clark, 2000), p. 115.

중심에 하나님이 계시다는 점을 상기시키려 애쓰고 있습니다. 우리가 그것을 알아보지 못한다고 하더라도요.

바울 그리고 하늘에 올라가는 일

신약성경 안에서 요한계시록만이 하늘에 올라가는 일에 관해 이야기하는 것은 아닙니다. 바울이 쓴 편지 안에서도 그러한 전통이 나타나는 본문을 찾아볼 수 있습니다. 이 본문은 바울이 쓴 글들 가운데서 가장 특이한 본문 중 하나인데요. 실제로 많은 해석자들이 상당히 골치 아픈 내용으로 여기고 있습니다. 이를테면, R. M. 프라이스(Price)는 이 본문을 두고 다음과 같이 말하기도 했습니다. "다른 곳에서는 해석자들이 바울의 목회적, 신학적 사색을 보며 안도합니다. 하지만 여기서 갑자기 이 사도는 순진한 독자들을 데리고 하늘로 올라가 버립니다."[9] 이 문제의 본문은 바로 고린도후서 12:1-4입니다. 바울은 다음과 같이 이야기합니다.

> 자랑함으로 이로울 것이 아무것도 없으나 하지 않을 수 없어 주님의 환상들과 계시들을 말하려고 합니다. 나는 그리스도 안에 있는 한 사람을 알고 있습니다. 그는 십사 년 전에 셋째 하늘에까지 이끌려 간

9　R. M. Price, 'Punished in Paradise (An Exegetical Theory on 2 Cor. 12:1-10)', *JSNT* 7 (1980), p. 33.

사람입니다. 그때에 그가 몸 안에 있었는지 몸 밖에 있었는지 나는 알지 못하지만 하나님은 아십니다. 나는 그런 사람을 압니다. 그가 몸 안에 있었는지 몸 밖에 있었는지 나는 알지 못하지만 하나님은 아십니다. 이 사람은 낙원(Paradise)으로 이끌려 가서 말로 표현할 수 없고, 사람(mortal)이 말해서도 안 되는 말씀을 들었습니다. (고후 12:1-4)

이 특이한 이야기의 맥락을 먼저 밝히자면, 바울이 고린도인들에게 자신의 사도직을 변호하는 상황입니다. 바울은 고린도후서의 두 구절에서(고후 11:5; 12:11), 그가 비꼬아 "지극히 큰 사도들"이라고 부르는 이들보다 자신이 결코 부족하지 않다고 단언합니다. 이 "지극히 큰 사도들"이 누구였는지, 그리고 어째서 바울이 그들에 비해 부족하다는 의혹이 제기되었는지에 대해서는 파악하기 어렵습니다. 하지만 바울이 11-12장에서 자신의 사도직을 철저히 변호하고 싶어했던 것은 분명합니다.[10] 바울은 우리가 보기엔 다소 일관성 없고 유

10 오랫동안 이 본문에 대한 주요 연구 분야는 '지극히 큰 사도들'이 누구인 지를 밝히는 것이었습니다. 이 연구는 상당히 폭넓게 진행되어서, 1973년 Gunther라는 학자가 '지극히 큰 사도들'의 정체에 관한 이론들을 13가지로 규정할 정도가 되었습니다. J. J. Gunther, *St. Paul's Opponents and Their Background: A Study of Apocalyptic and Jewish Sectarian Teachings* (Leiden: Brill, 1973), p. 1. 이와 관련된 다른 유용한 연구들은 다음과 같습니다. Jerry L. Sumney, *Identifying Paul's Opponents: The Question of Method in 2 Corinthians* (London: Continuum, 1990), pp. 15-73, Timothy B. Savage, *Power through Weakness: Paul' Understanding of the Christian Ministry in 2 Corinthians* (Cambridge: Cambridge University Press, 1995), pp. 3-11. 저의 경우 바울의 변호는 특별히 어떤 반대자들에 맞춰져 있는 것이 아니라 보다 일

별난 변호를 펼치는데, 이를테면 히브리인으로서 자격을 증명하기도 하고(고후 11:22) 또 자신이 겪은 일련의 고난들을 자세히 풀어내기도 합니다(고후 11:23-33). 이러한 내용들이 토대가 되어 12장에서 절정에 이르게 되는데요. 특히 고린도후서 12:9을 보면, 그리스도께서 그분의 능력이 약한 데서 완전해진다고 선포하시는 장면이 나옵니다. 그렇다면 11-12장 전체의 요점은, 고린도인들이 바울을 의심하도록 만든 일들이, 실제로는 바울의 사도직이 참됨을 증명해주는 일들이라는 것입니다. 즉, 바울이 약하다고 생각한 부분들이 실은 세상에서 그리스도의 영광을 온전히 빛나게 하는 부분들이었습니다(앞서 고린도후서 3-4장에서 나왔던 주제이기도 합니다).

우리는 바울의 이러한 논지 한복판에서 누군가 하늘에 올라갔다는 짧지만 특별한 이야기를 보게 됩니다. 아마도 오늘날 대부분의 독자들에게는 이 이야기가 생뚱맞게 나타나 아무런 의미도 없는 것처럼 보일 수도 있을 것입니다. 설상가상 이것이 몸으로 하는 경험인지 아닌지에 대해서 바울조차 혼란스러워하고 있고요(고후 12:2과 12:3에서 바울은 이러한 혼란을 2번이나 표현합니다). 여기서 이 책의 저자로서 제가 바라는 점이 있다면, 이제 이러한 이야기가 그다지 이상하게 보이지 않는 것입니다. 당시에 기록된 다른 많은 이야기들과 같이, 고린도후서 12:1-4 역시 하늘에 올라가는 이야기입니다. 이러한 이야기가 이상하게 보일 수도 있지만, 사실 그것도 사람들이 흔히 생

반적인 차원에서, 즉 바울이 사도로서 행한 그의 사역 전체를 변호하는 것이라는 Savage (p. 11)의 입장에 더 동의하는 편입니다.

각하는 이유에서 그런 것(이상하게 보이는 것)은 아닙니다.

하늘로의 승천과 체험

대개 사람들은 고린도후서 12:1-4에 나오는 '하늘에 이끌려 가다', '셋째 하늘', '낙원'(Paradise), '몸으로 일어나는 경험(인지 아닌지)' 등과 같은 표현들 탓에 그 본문을 회피하곤 합니다. 하지만 사실 이 모든 특징들은 승천을 다루는 문헌들에서 흔히 나타나는 특징들입니다. 이것을 증명하는 몇 가지 사례들이 있습니다. 바울의 경우 하늘에 이끌려 간 "그리스도 안에 있는 한 사람"에 대해 이야기하는데요.[11] 승천을 다루는 아주 초창기의 이야기가 담긴 에녹1서—대략 주전 3세기의 기록으로 추정됩니다—14장에서도, 구름과 안개와 바람이 에녹을 날게 하고 그를 가장 높은 하늘로 몰아붙이는 장면이 나옵니다(에녹1서 14:8-10). 또한 더 후대 문헌으로 보이긴 하지만, 에녹2서—대략 주후 1세기 무렵부터 7세기까지의 기록으로 추정됩니다—역시 에녹이 두 천사의 날개를 타고 하늘로 가는 모습을 이야기합니다(에녹2서 3장)

흔히 나타나는 또 다른 특징은, 몸이 하늘에 올라간 것인지 아닌지에 관하여 바울이 확신하지 못하고 혼란을 느꼈던 부분입니다.[12]

11　이것에 대해서는 다음의 자료를 참고하세요. Christopher Rowland, C. R. A. Murray-Jones, *The Mystery of God: Early Jewish Mysticism and the New Testament* (Leiden: Brill, 2009), p. 141.

12　Murray-Jones는 "몸 안에 있었는지 혹은 몸 밖에 있었는지"라는 표현이 혼란스러움을 가리키는 것이 아니며, 헤칼롯 문헌이 사용한 '메르카바로의 하

물론 승천을 다루는 그 어떤 문헌에서도 이와 같은 혼란이 명시적으로 표현되지는 않습니다. 하지만 분명 어떤 문헌들은 몸이 하늘에 올라간 것을 이야기하는 데 반해, 또 어떤 문헌들은 몸 밖에서 그러한 체험을 했다고 이야기하고 있습니다. 예를 들어, 에녹2서를 보면, 에녹이 그의 아들들에게 자신이 하늘에 올라갔다가 다시 돌아올 것이라고 말하는 흥미로운 내용이 나타나는데요(에녹2서 2장). 이는 자연스럽게 에녹(의 몸)이 돌아오지 않을 경우, 그 아들들이 그를 그리워하게 될 것을 시사합니다. 이와 반대로 또 어떤 문헌에서는 승천하는 사람이 하늘에 올라가는 동안에 그 친구들과 제자들이 땅에 남아있는 그 사람(승천하는 사람)의 몸을 지켜보고 있습니다(이사야 승천기 6:11). 이것은 분명 몸이 승천하지 않았다는 것을 시사합니다. 이중성을 지닌 바울의 언급은 우리로 하여금 바로 이러한 상황을 인식하게 만드는 것 같습니다. 그래서 바울은 자신이 한 체험이 몸으로 일어난 일인지 아닌지 확신하지 못했던 것이죠.[13]

강'이라는 표현에서 이해될 수 있다고 주장합니다. 또한 그는 성전인 우주의 궁정을 지나는 외부적인 승천으로도, 그리고 몸이라는 성전을 향한 내부적인 하강으로도 이해될 수 있다고 주장합니다(Rowland, Murray-Jones, *The Mystery of God*, chapter 12 and p. 390). 이러한 주장은 그가 이전에 언급한 이론, 즉 헤칼롯 문헌(많은 사람들이 메르카바 신비주의라고 부르는 사색을 담은 문헌)의 연대가 주후 1세기까지 거슬러 올라갈 수 있다는 이론에 토대를 두고 있습니다. 저는 아직 이에 대해 확신을 하지 못하고 있습니다. '메르카바로의 하강'이라는 표현이 훨씬 더 발전된 개념으로 보이기 때문입니다. 그럼에도 불구하고 이것은 혼란스러운 고린도후서 12장의 본문에 대한 흥미롭고 매력적인 하나의 해결 방식이라고 생각합니다.

13 고린도후서 12:2-3에서 (몸) '밖에'를 가리키는 데 있어 각기 다른 단어가 사

이러한 내용은 성경에 표현된 하늘에 대한 관점, 즉 우리가 이 책의 1장에서 살펴본 주제로 다시 되돌아가게 만듭니다. 1장에서 우리는 어떤 경우에는 하늘이 문자적이고 구체적으로 이해되었던 반면, 또 어떤 경우에는 추상적이거나 은유적으로 이해되었음을 살펴봤습니다. 바울은 지금 이러한 점을 상기시켜주고 있습니다. 판정을 내리기 거부하면서요. 이중성을 지닌 바울의 주장—하늘에 올라간 것이 몸으로 한 체험일 수도 있고 아닐 수도 있다는 주장—은, 하늘이 문자적이고 구체적인 영역이어서 몸소 갈 수도 있고, 반대로 그 정도의 물리적인 영역은 아니어서 몸 없이도 갈 수도 있다는 가능성 모두를 열어두고 있습니다. 그렇다면 주후 1세기에도 하늘이 실제로 존재하는 물리적인 영역일 수 있다는 가능성이 계속해서 열려 있었다고 할 수 있겠습니다.

이러한 상황으로 인해 (이와 같은 문헌들을 향해) 자주 제기되는 또 다른 의문이 있는데요. 바로 이러한 본문들이 진짜로 체험한 것을 이야기하고 있는 것인지 아닌지에 관한 부분입니다. 어떤 면에서는 이에 대해 우리가 대답하는 것이 불가능하다고 할 수 있습니다. 이는 누군가 신앙적인 체험을 주장할 때, 그 체험의 진실성에 대한 의문에 대답하는 것 이상의 문제입니다. 그 대답의 경우 체험을 주장

용되었다는 점은 흥미롭습니다. 2절의 경우 문자 그대로 '몸 밖에'(out of the body)라고 번역하는 것이 맞습니다. 하지만 3절의 경우 '몸 없이'(without the body)라고 번역하는 것이 더 나을 것입니다. 이는 가능한 모든 선택지들을 담아냅니다(몸 안에서 이루어진 체험, 몸 밖에서 이루어진 체험, 몸 없이 이루어진 체험).

하는 사람의 말을 신뢰할 수 있는지 없는지에 달려 있기도 하고요. 결국 우리가 의문을 제기할 수 있는 것은, '이 문헌들이 정말로 신앙적인 체험이라고 주장하고 있는 것인지, 아니면 그저 문학적인 차원의 문헌들—체험에 근거한다는 주장없이 그저 동일한 특성과 형식으로 기록된 문헌들—에 해당하는 것인지'에 관한 부분입니다. 이것이 뜨거운 논쟁을 불러 일으키는 영역이라는 것은 어찌보면 당연한 일이겠습니다. 어떤 학자들은 이러한 이야기들이 처음부터 끝까지 순전히 문학적인 차원에 속해있으며, 체험과는 전혀 상관이 없다고 강하게 주장합니다. 하지만 또 어떤 학자들은 그와 정반대의 입장을 주장하기도 합니다.

이 문헌들 이면에 정말로 체험이 존재한다고 주장하는 사람들의 경우, 특정한 느낌(예, 불안정함)이나 신체적 감각(예, 덥거나 추움), 감정적인 격변 등을 근거로 지적합니다. 이 모든 것들이 신앙적인 체험에 동반된다고 인정되는 특징들이기 때문입니다.[14] 반대로 또 어떤 사람들은 이 이야기들이 당시에 활용되었던 문학적인 관습들과 많은 특징들을 공유하고 있다고 주장합니다.[15] 사실 이 주장은 절반만

---

14 다음의 자료를 참고하세요. Christopher Rowland, *The Open Heaven: A Study of Apocalyptic in Judaism and Early Christianity* (London: SPCK, 1982), pp. 214-47. 비슷한 견해가 다음의 자료에서도 발견됩니다. Michael Edward Stone, *Fourth Ezra* (Philadelphia: Augsburg Fortress, 1990), p. 330.

15 참고, David Joel Halperin, *The Faces of the Chariot: Early Jewish Responses to Ezekiel's Vision*, TSAJ 16 (Tübingen: Mohr Siebeck, 1988), esp. pp. 181-5; Himmelfarb, *Ascent to Heaven in Jewish and Christian Apocalypses*, pp. 113-14.

유효합니다. 분명 "어째서 이 문헌들은 이만큼이나 유사함을 내비치는가?"라는 의문을 일으키지만, (당시의) 문학적인 관습을 사용했다고 해서 실제 체험이 저절로 배제되는 것은 아니기 때문입니다.[16] 그러한 체험은 본래 그 특성상 묘사를 거부합니다. 따라서 본래 묘사가 안 되는 것을 설명하기 위해, 당대의 익숙한 언어를 사용하는 것은 당연한 수순이라고 할 수 있습니다. 이것은 기독교의 역사가 진행되는 과정에서 왜 이러한 체험들이 연대순으로 한데 모이게 되었는지를 설명해줍니다. 사람들은 말로 형용할 수 없는 것을 묘사하기 위해서 동시대로부터 언어를 빌려왔던 것입니다.[17] 저는 이러한 체험들을—특히 고린도후서 12:1-4에 기록된 체험—진정한 하나님의 체험들로 받아들이는 쪽으로 기울고 있습니다. 만일 이 생각이 옳다면 바울이 기록한 이 작은 단락은, 이상하고 당황스러운 부분이 아니라 바울의 회심, 스데반이 본 하늘의 환상 등과 함께 엄청나게 중요한 부분이 됩니다. 초기 그리스도인들의 신앙 체험에 대한 통찰력을 제공해주기 때문입니다.

---

16 심지어 Himmelfarb도 이 점을 인정할 수밖에 없었습니다. Himmelfarb, *Ascent to Heaven in Jewish and Christian Apocalypses*, p. 113.

17 이 문헌들이 실제 체험을 기록한 것이라는 생각에 반대하는 또 다른 근거로는, 그 문헌들 대부분이 에녹, 이사야, 아브라함과 같이 과거 유명한 인물들의 이야기를 다룬다는 점입니다. 다시 말하지만, 이는 그 체험들이 진짜가 아니라는 것을 암시하는 것 일수도 있지만, 반대로 그 체험들이 다른 사람들에게 더 빨리 신뢰를 얻기를 바라는 열망을 반영하는 것일 수도 있습니다.

얼마나 많은 층의 하늘이 있을까요?

고린도후서 12:1-4을 향해 제기되는 또 다른 문제는, "당시 사람들은 얼마나 많은 층(levels)의 하늘을 믿었는가?"라는 문제입니다. 우리는 이 책의 1장에서 하늘을 가리키는 히브리어 단어가 복수 형태이긴 하지만, 하나의 층 이상의 하늘에 대한 믿음이 존재했음을 보여주는 증거가 (히브리성경 안에서) 발견되지 않는다는 점을 살펴본 바 있습니다. 또한 하늘이라는 단어를 복수형으로 쓰는 것은 하나의 층 이상의 하늘이 있음을 말하려는 것이 아니라, 하늘의 광대한 크기를 가리키는 것이란 점도 살펴봤습니다. 고린도후서 12:1-4은 히브리성경과 신약성경을 통틀어 하나의 층 이상의 하늘을 직접적으로 언급하는 유일한 본문입니다. 이는 비슷한 시기의 유대교 문헌과 기독교 문헌 안에서 점차 커지기 시작한 전통—즉, 하늘에 하나 이상의 층이 있다는 전통—을 반영하고 있는 것처럼 보입니다. 여기서 또 한 가지 의문이 드는데요. 당시 사람들은 과연 얼마나 많은 층이 있다고 믿었던 걸까요?(라는 의문입니다.)

우리가 살펴본 다른 주제들과 마찬가지로, 이 질문에 대한 대답역시 텍스트에 따라 달라질 수 있습니다. 이 시기에 속한 어떤 문헌들은 분명 단 하나의 하늘만을 언급하고 있습니다.[18] 하지만 또 어떤 문헌들은 2번째 하늘을,[19] 또 어떤 문헌들은 3번째 하늘을[20] 언급합

---

18   에스라4서, 바룩2서.
19   미드라쉬 시편 114, 바빌론 하기가 12b.
20   어떤 레위의 유언 사본, 모세의 묵시록.

니다. 5번째 하늘을 언급하는 문헌도 하나 있고요.[21] 아마도 가장 일반적인 생각은 7번째 하늘이었던 것 같습니다(그래서 "더없이 행복함"[being in the seventh heaven]을 가리킬 때 이 표현을 쓰게 된 것입니다).[22] 심지어 10번째 하늘, 955번째 하늘을 언급하기도 합니다.[23] 이러한 상황은 하늘에 관한 믿음이 유동적이고 역동적이었음을 상기시켜 줍니다. 이러한 현상이 문헌들 사이에서만 나타난 것은 아니었습니다. 때로는 같은 문헌 안에서도 나타났습니다(이를테면, 에녹2서의 경우 7번째 하늘과 10번째 하늘을 모두 언급합니다).

관심을 끄는 또 다른 표현은 바로 낙원(Paradise)인데요. 바울은 셋째(3번째) 하늘을 낙원의 위치로 가리키는 것 같습니다. 이 책에서 낙원에 대한 개념을 자세히 살펴보긴 어렵지만, 간단하게나마 관련된 초기 연구들을 살펴보는 것은 도움이 될 것 같습니다. 영어 단어 파라다이스(Paradise)를 낳은 그리스어 단어 **파라데이소스**(paradeisos)가, 실은 벽으로 둘러친 동산(정원)을 가리키는 이란과 페르시아 단어

---

21 바룩3서.

22 다른 레위의 유언 사본, 에녹2서 20장, 아브라함의 묵시록, 이사야 승천기 6—9장, 바빌론 하기가 12a, 에녹3서.

23 각각 에녹2서 21—22장, 에녹3서 481장입니다. 고린도후서 12:1-4을 이해하는 핵심적인 사안 중 하나는 바울이 3번째 혹은 그 이상의 하늘을 믿었는지 여부입니다. 만일 바울이 3번째 하늘까지만을 믿었다면, 가장 높은 하늘에 도달한 것이고 승천은 성공적이었다고 할 수 있습니다. 하지만 만일 바울이 일반적인 견해인 7번째 하늘을 믿었다면, 그의 승천 이야기는 성공담이 아닌 실패담이라고 할 수 있습니다. 고린도후서 11장에 묘사된 다른 실패담들처럼요. 저는 이러한 주제를 다룬 적이 있습니다. Gooder, *Only the Third Heaven?*.

(*pardes*)에서 유래한 것이라는 주장은 널리 인정되고 있습니다.[24] 또한 70인역(LXX)의 번역을 맡은 그리스어 번역자들의 경우 이 그리스어 단어, 파라데이소스를 일반적인 동산을 가리키는 데 사용했습니다. 이를테면, 민수기 24:6이 그러한 경우입니다("종려나무 숲 같이 뻗었구나, 강가의 **동산들**[gardens] 같구나"). 하지만 이 단어를 아주 특정한 동산, 즉 에덴 동산—히브리어로 간 에덴(*Gan Eden*)—을 가리키는 데 사용하기도 했습니다. 예를 들어, 창세기 2:8을 보면, "여호와 하나님이 에덴에 동산을 일구시고"에서 동산을 가리키는 히브리어 단어가 70인역에서는 파라데이소스로 번역되었습니다. 따라서 파라다이스 즉, 낙원은 아담과 하와가 추방된 후 봉인되었던 에덴 동산을 나타내는 것으로 보입니다.

아담과 하와가 에덴 동산에서 쫓겨난 것을 반추하는 일은, 2가지 흐름을 낳았는데요. 하나는 에덴 동산의 위치를 찾는 흐름이고—이는 땅과 하늘 모두에서 다양한 대답이 가능합니다—또 하나는 낙원이 다시 열리는 순간을 예측하는 흐름입니다. 낙원은 종말에 대한 희망과 아주 밀접하게 연결됩니다. 실제로 그때에 낙원이 다시 열리게 될 것이며, 의인들은 생명나무에서 먹음으로 영원히 살게 될 것이라는 개념이 나타납니다. 그리고 이것이 바로 요한계시록 2:7에서 '낙원'이라는 단어가 사용된 방식으로 보입니다. "이

---

24 Guy G. Stroumsa, 'Introduction: The Paradise Chronotype', in M. Bockmuehl and Guy G. Stroumsa (eds), *Paradise in Antiquity: Jewish and Christian Views* (Cambridge: Cambridge University Press, 2010), p. 1.

기는 자에게는 내가 하나님의 낙원에 있는 생명나무에서 먹을 수 있도록 할 것이다"(계 2:7).[25]

이를 통해 신약성경 안에 있는 낙원에 대한 다른 2가지 언급들 역시 종말과 관련되어 있음을 알 수 있습니다. 이를테면, 누가복음에서 "당신의 나라에 들어가실 때에 나를 기억해 주세요."(눅 23:42)라고 말한 범죄자를 향해, 예수님은 오늘 자신과 함께 그가 낙원에 있게 될 것이라고 선언하셨는데요. 이는 곧 낙원이 그날 다시 열리게 될 것이라는 점과 종말이 시작되었다는 점을 시사하는 것입니다. 이와 유사하게 바울도 그의 생애 동안 낙원에 들어갔던 일을 이야기합니다(고후 12:4). 이로써 (새 창조[고후 5:17]와 같은 언급들과 마찬가지로) 바울 역시 낙원이 열려 있으며 이미 종말이 시작되었다고 믿었음을 알 수 있습니다.[26] 하지만 이와 동시에 누가와 바울은 모두 종말이 미래에 있을 것이라고 기대하기도 했다는 점에 유의하여 균형을 맞춰야 합니다. 이를 통해 우리는 누가와 바울 모두 종말이 시작되었으나

---

25 Martin Goodman, 'Paradise, Gardens and the Afterlife in the First Century CE', in *Paradise in Antiquity*, p. 57, 타르굼 이사야 45:7과 타르굼 스가랴 2:14-4:7은 모두 의인이 낙원에서 영원한 생명을 발견하게 된다고 언급하고 있습니다.

26 낙원과 그 의미에 대해 더 자세히 알고 싶다면 다음의 자료를 참고하세요. Andrew T. Lincoln, *Paradise Now and Not Yet: Studies in the Role of the Heavenly Dimension in Paul's Thought with Special Reference to His Eschatology* (Cambridge: Cambridge University Press, 2004), pp. 77- 83; Grant Macaskill, 'Paradise in the New Testament', in *Paradise in Antiquity*, pp. 64-81.

끝난 것은 아니라고 믿었다는 사실을 알 수 있습니다. 이는 곧 우리가 중간에 낀 존재로 살아감을 의미합니다. 즉, 종말에 이르기까지 옛 것과 새 것은 계속해서 나란히 존재할 것입니다. 그리고 마침내 종말에 이르면 옛 것은 온전히 새 것으로 뒤바뀌게 될 것입니다. 정리하자면, 종말 이전에 낙원에 들어간다는 표현은 아마도 종말이 이미 시작되었다는 믿음을 내비치는 것이라 할 수 있습니다.

고린도후서 12:1-4에서 여전히 좀 불분명한 상태로 남아있는 문제 중 하나는, 바울의 생각 속에 낙원이 3번째(셋째) 하늘에 있는 것인지, 아니면 3번째 하늘에 올라가고 나서 낙원이 위치한 다른 층의 하늘로 가게 된 것인지에 관한 부분입니다. 하지만 앞에서도 언뜻 이야기했듯이, 낙원의 위치에 대한 생각들이 워낙에 다양해서, 여기서 바울이 어떤 입장에서 말한 것인지 정확히 파악하기는 어렵습니다.[27] 하지만 이 본문의 언어가 강하게 암시하고 있는 것은, 바울이 본 그리스도 안에 있는 사람은 낙원이 3번째 하늘에 있다고 생각했다는 것입니다. 이것은 본문에 사용된 대명사를 통해 알 수 있는데요(영어 번역들은 이를 좀 매끄럽게 다듬었습니다). 고린도후서의 그리스어는 먼저 하늘에 올라간 이가 3번째 하늘'까지' 이끌려 갔고, 그러고 나서 낙원 '안으로' 들어가게 되었다고 말하고 있습니다. 이것은 분명 그리스도 안에 있는 한 사람이 3번째 하늘에 갔고, 그 후 계속해서

---

27 이에 대한 더 자세한 논의는 다음의 자료를 참고하세요. Gooder, *Only the Third Heaven?*, pp. 182-8; Rowland, Murray-Jones, *The Mystery of God*, pp. 390-6.

3번째 하늘에 있다가, 낙원으로 들어가게 되었다는 점을 암시합니다.[28] 그리고 이 모든 내용이 우리에게 보여주는 것은 결국 바울의 승천 이야기가, 승천을 다루는 다른 문헌들과 많은 특징들을 공유하고 있다는 점입니다.

이상한 고린도후서 12:1-4

그렇다면 고린도후서 12:1-4이 그렇게 이상한 본문이라고 말할 수는 없습니다 … 그렇지 않나요? 앞서 제가 언급한 것처럼, 이 본문이 이상하다고 하더라도, 그것은 흔히 사람들이 생각하는 이유 때문이 아닙니다. 하늘에 이끌려 간 일 또는 여러 층의 하늘이나 몸의 승천을 언급하는 것은 바울이 살던 세계 안에서 그다지 특이한 이야기가 아니었습니다. 오히려 바울이 하늘에 올라간 일에 관하여 상세히 밝히지 않았다는 점이 더 특이하다고 할 수 있습니다. 승천을 다루는 다른 모든 이야기들은, 안내하는 천사에 대해서 또 승천하는 동안 보이는 광경에 대해서, 그리고 가장 중요하게는 하늘에 올라간 이가 보좌 앞에 섰을 때 하나님께서 말씀하시는 내용에 대해서 상세한 정보를 제공합니다. 하지만 바울의 이야기는 그다지 상세한 정보를 제공하지 않습니다. 무엇이 보이고 들렸는지 우리는 전혀 알 수가 없습니다. 실제로 바울은 그저 "사람(mortal)이 말해서

---

28 다음의 자료를 참고하세요. Gooder, *Only the Third Heaven?*, p. 175; Rowland, Murray-Jones, *The Mystery of God*, pp. 395-6. 또한 Murray-Jones는 낙원과 데비르(지성소)의 관계에 주목하여, 지금 바울은 데비르로 들어가는 것을 염두에 두고 있다고 주장합니다.

는 안 되는 말씀"(고후 12:4)이라고만 표현합니다.[29]

조금 이상하다고 느껴지는 부분의 의미를 알아보기 전에, 먼저 "그리스도 안에 있는 한 사람"이 누구인지에 대해 잠시 생각해 볼 필요가 있습니다. 이 또한 본문이 이상하게 느껴지도록 만드는 요소인데요. 요한계시록을 제외하면,[30] 거의 모든 승천 이야기는 위대한 신앙의 옛 선조들(이삭, 에녹, 아브라함 등)에게 일어난 일입니다. 그런데 고린도후서의 경우 유명한 인물에게 승천이 일어나는 것이 아니라, 이름 없는 한 사람—우리가 아는 거라곤 '그리스도를 따르는 사람'이라는 것이 전부인 사람—에게 일어나고 있습니다. 물론 저를 포함한 대다수의 학자들의 경우 그 사람이 곧 바울이라고 생각합니다. 실제로 몇 구절 더 본문을 읽어보면, 바울은 자신이 익명을 사용했다는 것을 잊어버린 듯한 모습을 보입니다. 바울은 다음과 같이

---

29 이에 대한 대안적인 번역으로는 "인간(mortal)이 말할 수 없는 말씀"이 있습니다. 그리스어 아레타 레마타(*arreta remata*)는 문자적으로 "형언할 수 없는 (inexpressible) 말씀"이란 의미입니다. 헤칼롯 라바티(*Hekhalot Rabbati*)를 보면 천사들의 노래들이 길게 늘어져 기록되어 있으나, 그 노래들이 발음할 수 없는 단어들로 되어 있어서 큰 소리로 부를 수가 없다고 나옵니다. 지금 바울이 이 전통을 가리키는 것일 수도 있습니다. 또한 이 전통에 비추어 보면, 요한계시록에 기록된 찬송, 즉 하나님의 보좌 앞에서 부르는 5가지 찬송이 훨씬 더 중요한 함의를 갖게 됩니다.

30 요한계시록이 요한에게 환상이 일어났다고 주장함으로써 이 틀을 깨뜨리려고 하는 것일 수 있습니다. 반대로 초기 교회 안에서 히브리 신앙의 영웅들과 유사한 역할을 맡아서 유명했던 사도, 요한에게 환상이 일어났다고 주장함으로써 그러한 틀을 유지하려고 하는 것일 수도 있습니다. 참고, Gooder, *Only the Third Heaven?*, p. 94.

말하고 있습니다. "특출난 계시들을 받은 것으로 인해 내가 지나치게 우쭐대지 못하도록, 내 육체에 가시 곧 사탄의 전령이 주어졌습니다. 이는 나를 괴롭게 하여 지나치게 우쭐대지 못하도록 하려는 것입니다"(고후 12:7). 이 구절은 바울이 여러 계시들을 받았다는 것과, 그가 언급한 가장 최근의 계시가 불과 3절 앞에, 즉 12:1-4에 있다는 것을 전제로 하고 있습니다.[31]

만일 12:7의 이야기가 바울의 체험을 가리키는 것이라면, 이는 바울이 마지못해 꺼내든 이야기처럼 보입니다. 우리가 예상하게 되는 핵심적인 특징들도 빠져 있는 것 같고요. 한발 더 나아가, 만일 고린도후서 12:7이 12:10까지 이어지는 것이라면, 바울이 밝힌 내용은 우리의 예상과 정반대일 가능성이 높습니다.[32] 고린도후서 12:5-10 전체를 살펴보면, 바울이 계시들로 인하여 지나치게 우쭐대지 않으려고 자신의 체험을 곰곰이 되돌아보는 모습을 발견할 수 있는데요.

나는 이런 사람을 위하여 자랑하려고 합니다. 하지만 나를 위하여는 나의 약함들 외에는 자랑하지 않겠습니다. 내가 자랑하려고 하더라도 진실을 말할 것이므로, 어리석은 자가 되지 않을 것입니다. 하지

---

31 참고, Gooder, *Only the Third Heaven?*, p. 176; Rowland, Murray-Jones, *The Mystery of God*, pp. 138-9. 이에 대한 일반적인 합의에 반하는 중요한 예외를 다음의 자료에서 찾아볼 수 있습니다. M. Goulder, 'Vision and Knowledge', *JSNT* 56 (1994), pp. 53-71.

32 참고, Gooder, *Only the Third Heaven?*, pp. 170-5.

만 내게서 보거나 들은 것 이상으로 나를 생각하지 못하도록 자랑을 삼가겠습니다. 특출난 계시들을 받은 것으로 인해 내가 지나치게 우쭐대지 못하도록, 내 육체에 가시 곧 사탄의 전령이 주어졌습니다. 이는 나를 괴롭게 하여 지나치게 우쭐대지 못하도록 하려는 것입니다. 나는 이것이 내게서 떠나게 해 달라고 주님께 세 번이나 간구했습니다. 그러나 주님께서는 나에게 이렇게 말씀하셨습니다. "내 은혜가 네게 족하다. 내 능력은 약한 데서 온전해진다." 그래서 그리스도의 능력이 내게 머물게 하기 위하여 나는 더욱더 기쁜 마음으로 내 약함을 자랑하려고 합니다. 그러므로 나는 그리스도를 위하여 약함과 모욕과 궁핍과 박해와 곤고를 기뻐합니다. 내가 약할 때에 오히려 강하기 때문입니다. (고후 12:5-10)

바울의 체험이 "육체에 가시"로 표현되고 있습니다. 그리고 그리스도는 자신의 능력이 "약한 데서 온전해진다"고 말씀하시며 그 가시를 없애달라는 바울의 간구를 거절하십니다.[33] 결론적으로 바울은 지금 하늘에 올라간 일에 대한 직접적인 대가로 육체에 가시

---

[33] 많은 사람들이 곧장 이 육체의 가시가 무엇인지를 묻습니다. 하지만 우리가 알 수 있는 것은 바울이 그것을 원하지 않았고 없어지기를 기도했으나 거절되었다는 것이 전부입니다. Barclay는 이에 대해 가능한 선택지를 8가지 범주로 나누었습니다. 물론 그 가시가 무엇인지에 대한 합의는 이루어지지 않았습니다. William Barclay, *The Letters to the Corinthians* (Edinburgh: St Andrew Press, 1975), pp. 257-8. 또 이와 관련된 흥미로운 자료는 다음과 같습니다. Price, 'Punished in Paradise'.

를 얻게 되었다고 말하는 것처럼 보입니다. 즉, 여기서 바울이 한 체험은, 남은 생애 대부분 동안 겪은 체험들과 마찬가지로, 오로지 실패와 실망으로 귀결되었다고 할 수 있습니다.[34] 그러나 실패들 곧 파선을 겪고 매를 맞는 등의 실패들은 바울의 사도직이 참됨을 무너뜨리는 것이 아니라 오히려 증명하는 것이었습니다. 무엇보다 바울의 사도직에 대한 증명은 바로 그리스도 자신입니다. 인간의 변호와 방벽이 무너질 때에야 비로소 그리스도께서 온전히 드러나실 수 있는 것입니다.

그렇다면 바울은 하늘에 올라가는 것을 좋은 일로 생각했을까요? 아니면 나쁜 일로 생각했을까요? 사실 바울은 어느 쪽으로도 의견을 제시하지 않습니다. 고린도후서 12:1-10은 분명 이상한 본문이라고 할 수 있습니다. 아주 최소한의 정보만을 제공한다는 점에서, 또한 그 최소한의 정보마저도 그리스도의 능력과 우리의 약함의 관계에 대한 그리스도의 선포로 모아진다는 점에서 보면 분명이상하다고 할 수 있습니다. 이것이 결국 가리키는 것은 고린도후서 12:1-10에서 바울의 주된 관심이 하늘에 올라가는 데에 있는 것이 아니라, 참된 사도직의 본질에 있다는 것입니다. 의기양양하게 하늘에 올라가는 일은 그리스도의 능력 앞에서 무가치해집니다. 그

---

34   이전에 출간된 저의 다른 책에서 이 주제를 다룬 적이 있습니다. 거기서 저는 이 승천이 사실은 실패한 승천이었다고 상정했습니다(*Only the Third Heaven?*). 이러한 해석을 확신하기에는 증거가 상당히 부족한 것이 사실입니다. 그렇지만 분명 바울의 승천에 대한 이야기가 크게 성공한 이야기처럼은 보이지 않습니다.

일은 완전히 좋은 일만도 또 완전히 나쁜 일만도 아닙니다. 그저 바울이 지금 말하고자 하는 핵심이 아닐 뿐이죠.[35] 이와 같은 맥락에서 우리가 중요하다고 생각하는 것—하늘에 올라가는 일—과, 그리스도께서 중요하다고 생각하시는 것—약한 데서 온전해지는 그리스도의 능력—의 대조는, 바울의 핵심을 한층 더 돋보이게 만듭니다. 참된 사도직은 우리의 (성공) 기준으로 평가될 수 없습니다. 평가하려고 할수록 오히려 점점 더 잘못된 방향으로 가게 될 뿐입니다.

물론 '주후 1세기 사람들의 경우 하나님 혹은 하나님의 천사와 직접 마주할 수 있다고 믿었다'는 사실을 외면하려는 것은 아닙니다. 하늘로 승천하는 것은 아마도 그러한 믿음의 극적인 표현일 것입니다. 따라서 승천에 대한 믿음 역시 하늘을 직접 볼 수 있고 또 하늘로부터 오는 하나님의 음성을 들을 수 있다는 믿음, 혹 특정한 메시지를 전달하는 천사와 만날 수 있다는 믿음과 본질적으로 다르지 않습니다. 요컨대 이 모든 믿음들은 하나님께서 우리의 세계 안으로 뚫고 들어오실 수 있다는 생각 내지는, 하나님의 세계로 우리를 부르실 수 있다는 적극적인 기대감을 표현하고 있습니다. 물론 이러한 체험들을 정확하게 이해하는 것이 중요합니다. 성경의 그 어디에서도 체험 자체를 중요하게 여겨야 한다거나, 그러한 체험을

---

35 신앙적인 체험이나 신비주의에 대한 바울의 태도에 관해서 언급할 내용이 많지만, 이는 다른 많은 바울의 본문들을 철저히 연구해야 하는 일이기에 차후 다른 책을 통해서 다룰 생각입니다. 그 책에서 바울과 신비주의와의 관계를 더 자세히 다룰 예정이기 때문에, 이 주제는 더 이상 파헤치지 않고 남겨두겠습니다.

하는 사람들을 다른 사람들보다 더 가치 있게 여겨야 한다는 식의 생각은 찾아볼 수 없습니다. 극적인 체험과 만남의 핵심은, 그 유형이 어떻든지 간에, 하나님께서 하나님이 만드신 세계와 더욱더 온전히 소통하시는 데 있습니다.

우리는 오늘날의 신앙적인 체험을 이해하는 데 있어서, 바울로부터 많은 것을 배울 수 있습니다. 신앙적인 체험은 하나님께서 오늘날 우리에게 말씀하실 수 있는 가능성을 만든다는 점에서 분명 중요하지만, 동시에 그것이 어떤 한 개인이나 그룹의 지위를 각별히 높이는 데까지는 가지 않는다는 점을 유의해야 합니다. 그 초점이 하나님으로부터 계시의 수신자로 옮겨지는 순간 곧바로 균형이 깨지고 교정이 필요하게 됩니다. 무엇보다 이러한 유형의 체험은 세상 가운데 하나님을 보다 온전하게 드러낼 수 있어야 합니다. 그 일을 잠시라도 멈추게 되면 곧바로 (체험을 겪은) 유명 인사를 숭배하게 될 위험이 있습니다. 그리고 바로 이 위험성이 자신의 체험을 향해 드러냈던 바울의 양가감정을 설명해낼 수 있습니다. 바울은 모든 초점이 그리스도에게, 계속해서 그리스도 한 분에게만 맞추어지기를 바란 것입니다.

8장 당신은 다시 살아날 것이다
/삶과 죽음과 부활

"땅의 티끌 가운데서 잠자는 사람 중에서
많은 사람이 깨어날 것이다.
어떤 사람은 영원한 생명을 얻을 것이며,
또 어떤 사람은 수치와 영원한 모욕을 받을 것이다."

(단 12:2)

8장 당신은 다시 살아날 것이다
/삶과 죽음과 부활

생명과 히브리 전통

우리가 죽으면 일어나는 일을 다룰 것이라 기대하며 이 책을 집어 든 독자들—그리고 지금도 계속해서 그러한 생각으로 읽고 있는 독자들—이라면, 드디어 그 주제를 보게 된다는 사실에 안도감을 느낄 것입니다. 지금까지 총 7장에 걸쳐서 하나님의 보좌와 천사들의 모습, 하늘이 열리는 장면에 짓눌렸던 우리는 마침내 '내세'에 관한 개념과 하늘나라의 관계를 살펴볼 수 있게 되었습니다. 간단히 말해서, 하늘(나라)은 하나님께서 땅과 함께 만드신 곳이며 또한 하나님이 머무시는 곳입니다. 하나님을 왕에 빗댄 장엄한 은유가 하늘에 대한 다양한 표현들을 만들어 냈는데요. 여기에는 보좌에 앉으신 하나님뿐만 아니라, 수많은 천사들에 둘러싸여 계신 하나님도 포함됩니다. 그리고 이 천사들 중 일부가 하나님께서 심판을 내리는 일을 돕는 하늘의 궁정이 됩니다.

성경 전체를 보면 하늘과 땅 사이에 분명한 간격이 있음에도 불구하고, 강조점은 언제나 하늘과 땅의 깊고 지속적인 관계 그리고 인간과 소통하시려는 하나님의 열망에 있습니다. 그 소통은 이를테면, 천사 전령들을 통해서, (때로는 하늘에, 때로는 땅에 있는) 보좌에 앉으신 하나님 환상을 통해서, 하늘에서 땅을 향해 말씀하시는 하나님을 통해서, 심지어 하늘에 올라간 인간을 통해서 이루어졌습니다. 요컨대, 하늘은 땅 위에 있는 영역이며, 밤낮으로 하나님을 예배하는 하늘의 존재들로 가득 차 있는 곳이라 할 수 있습니다. 그렇다면 이제 다음과 같은 질문이 발생합니다. "죽은 자들은 이 모든 일과 어떻게 연결이 되는 것일까?"(라는 질문입니다). 이 질문에 대한 대답은 좀 복잡할 수 있습니다. 먼저 지금 우리가 이야기하고 있는 맥락이 무엇인지가 분명해야 하고요.[1]

---

[1]   이번 장에서 죽음 이후의 삶과 관련된 온갖 믿음들을 철저히 다 설명하려고 하는 것은 아닙니다. 지면의 한계상 그렇게 할 수도 없지만, 또한 이미 다른 곳에서 그러한 연구가 광범위하게 이루어졌기 때문에 그렇게 할 필요도 없습니다. 이번 장의 목적은 그저 핵심적인 견해들을 맛보게 하려는 데 있습니다. 물론 죽음 이후의 삶과 관련된 믿음들이 하늘에 관한 믿음과 어떻게 연결되는지는 살펴볼 것입니다. 이 주제에 대한 가장 유용한 연구 자료는 다음과 같습니다. Richard Bauckham, *The Fate of the Dead: Studies on the Jewish and Christian Apocalypses* (Leiden: Brill, 1998); Richard Bauckham, 'Life, Death and the Afterlife in Second Temple Judaism', in R. N. Longenecker (ed.), *Life in the Face of Death: Resurrection Message of the New Testament* (Grand Rapids, MI: Eerdmans, 1998), pp. 80-95; Alan J. Avery-Peck, Jacob Neusner (eds), *Judaism in Late Antiquity: Death, Life-after-death, Resurrection and the*

죽음 너머의 삶에 대한 성경의 인식을 파악하기 위해서는, 삶에 대한 히브리적 이해에서 시작하여, 죽음에 대한 히브리적 이해까지 두루 살펴봐야 합니다. 우리는 인간이 각기 구분되는 부분들—몸(body), 영혼(soul) 혹은 영(spirit), 때로는 정신(mind)까지—로 구성되어 있다는 생각에 사로잡혀 있기 때문에, 히브리 문헌들—몸과 영혼을 실제적으로 구분하여 보지 않습니다—의 표현을 이해하는 데 어려움을 겪습니다. 실제로 대개 '영혼'(soul)으로 번역되는 히브리어 단어(예, "나의 **영혼**이 잠잠히 하나님만 바람이여"[시 62:1])는 자주 '**생명**'(life)으로 옮겨지기도 합니다(예, "심지어 지금도 그들이 나의 **생명**을 노리고 매복해 있습니다"[시 59:3]). 강조 표시된 단어들은 히브리성경 안에서 사실상 서로를 대체할 수 있으며, 실제로 동일한 히브리어 단어(네페쉬)에서 번역된 것입니다.

창세기 2:7의 아담의 창조는 네페쉬를 이해하는 데 도움이 됩니다. 창세기 2장의 창조 이야기를 보면, 하나님께서 땅의 흙으로 아담(Adam)을 지으시고, 그 코에 생기(living breath)를 불어넣으시는데요. 이러한 연유로 창세기의 저자는 아담을 가리켜 '살아있는 존

World-to-come in the Judaisms of Antiquity, vol. 4 (Leiden: Brill, 2000); Philip S. Johnston, *Shades of Sheol: Death and Afterlife in the Old Testament* (Downers Grove, IL: Inter-Varsity Press, 2002; N. T. Wright, *The Resurrection of the Son of God* (London: SPCK, 2003); Alan F. Segal, *Life After Death: A History of the Afterlife in Western Religion* (New York: Doubleday, 2004); K. J. Madigan, *Resurrection: The Power of God for Christians and Jews* (New Haven, CT: Yale University Press, 2009).

재'(living being, 히브리어로 네페쉬 하야[*nephesh hayyah*])가 되었다고 선포합니다.[2] 따라서 네페쉬(혹은 생명/영혼)는 하나님의 호흡과 몸의 결합을 의미합니다. 몸 없이는 네페쉬도 없습니다. 네페쉬가 또한 동물에게도 사용되었다는 점을 언급하는 것이 좋을 것 같습니다. 일례로, 창세기 9:4을 보면 노아가 고기를 먹을 때, 그 네페쉬와 함께, 즉 피와 함께 먹지 말라고 명령하고 있습니다.[3] 그렇다면 인간과 다른 모든 생물들의 차이점은 무엇일까요? 히브리적 사고방식에 따르면 그 차이점이 '영혼'은 될 수 없다는 것은 분명합니다. 사람이나 동물이나 모두 네페쉬를 갖고 있기 때문이죠. (창세기 1-2장의) 두 창조 이야기를 결합해 보면, 그 질문에 대한 대답이 분명하게 드러납니다. 인간은 하나님의 형상(image)으로 만들어졌다는 것입니다(창 1:26). 즉, 인간과 동물 모두 네페쉬를 갖고 있지만, 오직 인간만이 하나님의 형상으로 만들어졌습니다.

인간에 대한 이러한 이해는 적어도 2가지 측면에서 더 깊이 생각해봐야 합니다. 첫째, 네페쉬를 영혼으로 번역하는 것은 오해의 소지가 있다는 것입니다. 우리는 영혼이라는 관념에 지나치게 사로잡혀 있기 때문에, 그 단어를 보는 순간 몸과 분리되는 어떤 것을 떠올립니다. 하지만 이러한 생각은 히브리성경을 이해하는 데 전혀

---

2   주목할 만한 점은 하야(*hayyah*)는 하요트(*hayyot*)의 단수형이며, 하요트의 경우 하나님의 보좌 주위의 생물들을 가리키는 데 사용된다는 것입니다.

3   이 부분이 갖는 생태학적 함의에 대한 흥미로운 논의는 다음의 자료를 참고하세요. James McKeown, *Genesis* (Grand Rapids, MI: Eerdmans, 2008), pp. 325-33.

도움이 되지 않습니다. 둘째, 조금 사색적인 이야기이긴 하지만, 치매나 알츠하이머와 같은 질병을 가진 사람들을 고찰하는 데 있어서, 히브리적인 인간 신학(theology of humanity)이 도움이 될 수도 있다는 것입니다. 흔히 우리는 인간이 본질적으로 몸과 영혼 그리고 정신으로 구성되어 있다고 생각합니다. 이러한 상황에서 치매가 일으키는 의문점이 있는데요. 바로 "사람의 정신이 희미해지기 시작할 때도, 여전히 그 사람을 완전한 인간이라 볼 수 있는가?"(라는 의문입니다). 그런데 이 대안적인 성격의 히브리 인류학의 경우, 한 사람을 완전한 인간으로 보는 근거가 그 사람의 정신적인 능력(기능)에 있는 것이 아니라, 그 안에 하나님의 호흡이 있다는 것 그리고 하나님의 형상으로 만들어졌다는 데에 있습니다. 이것만으로도 그 내용을 더 자세히 들여다 볼 가치가 있지 않을까요?

죽음과 히브리 전통

인간의 본질에 대한 이러한 견해는 삶과 죽음에 대한 이해에도 영향을 끼치며, 또한 어째서 히브리성경 안에는 죽음 이후의 일을 다루는 내용이 그다지 많지 않은지를 설명해줍니다. 히브리성경 안에서 그보다 훨씬 더 중요한 문제는 삶, 곧 잘 사는 일이기 때문입니다.[4] 충분히 오래 살아서 수명이 다 된 것이라면, 죽음은 대체로 그

---

4   이 부분에서 저는 Johnston에 동의합니다. Johnston은 몇몇 사람들이 가정하

렇게 부정적인 용어로 서술되지 않습니다(예, "너는 장수하다가 너의 무덤에 이를 것이다"[욥 5:26], "태어날 때가 있고 죽을 때가 있다"[전 3:2]). 두려운 것은 오히려 때 이른 죽음이었습니다.

결론적으로 좋은 죽음을 위해서는 주로 3가지의 요소가 필요했는데요.

- 장수(그래서 히브리성경에서 일부 족장들이 그렇게 오래 산 것입니다)
- 가문의 이름을 잇기 위해서 적어도 한 명의 아들을 남기는 것
- 좋은 장례(매장)

이러한 주제는 왕의 죽음을 각별하게 다루는 열왕기서에서 반복적으로 나타납니다. 각 왕들은 왕위를 아들에게 물려주고, 조상들과 함께 묻혔습니다. 이것을 보여주는 예로 열왕기상 11:42-43을 들 수 있습니다. "솔로몬이 예루살렘에서 온(all) 이스라엘을 다스린 날수가 40년이다. 솔로몬이 그의 조상들과 함께 잠들고 그의 아버지 다윗의 성읍에 묻혔다. 그리고 그의 아들 르호보암이 왕위를 계승하였다"(왕상 11:42-43).

특히 좋은 장례(매장)라는 개념이 중요합니다. 당시에는 몸이나 뼈가 존재하는 한, 그 사람은 스올(Sheol)에서 존재의 지속을 경험하

는 것보다 스올에 대한 논의가 (히브리성경 안에) 훨씬 적다고 주장합니다. 히브리적 사고방식 안에서는 그러한 유형의 생각이 들어설 여지가 많지 않다는 것입니다. Johnston, *Shades of Sheol*, pp. 69-85.

게 된다고 생각했기 때문입니다.[5] 반대로 장례가 제대로 이루어지지 않으면 좋지 못한 죽음으로 여겨졌습니다. 이는 스올에서 그 사람의 존재가 희미해진다는 것을 암시했습니다. 이러한 연유로 증오의 대상이었던 이세벨이 제대로 매장되지 못했던 것입니다. 이세벨을 죽인 예후가 부하들에게 그녀도 왕의 딸이기에 매장은 해주라는 명령을 내렸지만(왕하 9:34), 결국 개들이 두골과 손바닥만을 남겨둔 채 이세벨의 몸 대부분을 물어 갑니다. 또 다른 경우는 이사야 14:18-20입니다. 이 본문은 하늘 위에 자신의 보좌를 놓으려 했던 '새벽별'(계명성)을 비난하는 내용인데요.

> 열방의 모든 왕들은 각기 자기 무덤에서 영광 중에 누워 있는데 너는 너의 무덤에서 쫓겨나 역겹게 썩은 고깃덩어리 같고, 칼에 찔려 돌 구덩이에 떨어진 주검들에 깔려 있다가 발로 짓밟힌 시체와 같다. 네가 네 땅을 황폐하게 하고 네 백성을 죽였으므로 너는 그들과 함께 묻히지 못할 것이다. 악을 행하는 자들의 후손은 두 번 다시 그 이름이 불리지 않을 것이다! (이사야 14:18-20)

제대로 매장되지 못하고 가문과 단절되는 것에 대한 강조는, 곧 그에게 가해진 저주의 강도를 표현하는 것입니다.[6]

---

5   참고, Rabbi Goldie Milgram, *Living Jewish Life Cycle: How to Create Meaningful Jewish Rites of Passage at Every Stage of Life* (Woodstock, VT: Jewish Lights, 2008), p. 206.

6   Meyers는 이러한 전통이 유대 공동 매장지(Jewish ossuaries)의 기원이라고

이때는 아직 부활에 대한 신앙이 나타나지 않은 상당히 이른 시기입니다. 당시 사람들의 경우 우리가 믿는 것처럼 죽음 이후의 삶을 믿진 않았지만, 그럼에도 그러한 믿음의 유형을 가지고 있었다는 점에 주의를 기울여야 합니다. 당시에 죽음 이후의 삶은 가문의 존속 안에서 존재했습니다. 죽음 이후의 삶에 대한 공동체적 이해─삶이 가문 안에서 이어진다─는 근본적으로 어째서 가문의 이름을 이어갈 아들의 탄생이 그토록 중요했는지를 설명해 줍니다(예, 아브라함과 사라의 이야기). 즉, 당시 무덤(죽음) 너머의 삶은 나 대신, 내 가문이 계속해서 살아간다는 의미에서 가능했습니다.

이러한 전통에 비추어 보면, 어째서 예수님의 죽음이 그분을 따르는 자들에게 신학적으로 난해한 문제였는지를 알 수 있습니다. 그들에게 있어서는 미래에 대한 소망이 사라진 것이나 마찬가지였습니다. 주후 1세기에 이르러 '내세'에 대한 믿음이 다양한 형태로 나타나기 시작한 것은 사실이지만, 그럼에도 좋은 죽음에 대한 기준은 여전히 남아있었습니다. 예수님은 청년이라는 이른 나이에 죽음을 맞이했는데요. 자녀도 없었고 가족과 함께 매장되지도 못했으며 그저 빌린 무덤에 장사되셨습니다. 예수님의 죽음은 그보다 더 나쁠 수 없는 죽음이었습니다. 그렇지 않나요? 또한 예수님의 죽음은 수많은 기준을 깨뜨린 죽음이었습니다. 어떤 죽음이 좋은 죽음

주장합니다. 뼈/몸의 보존뿐만 아니라, 그것들을 가문과 함께 보관하는 일도 중요하게 여겨졌기 때문입니다. Eric M. Meyers, *Jewish Ossuaries: Reburial and Rebirth. Secondary Burials in their Ancient Near Eastern Setting* (Rome: Pontifical Institute Press, 1971), pp. 93-6.

이고, 어떤 죽음이 나쁜 죽음인지에 대한 기준 역시 예수님이 깨뜨린 여러 기준 중 하나였습니다.

스올

여기서 "죽은 자들은 죽음 이후 어디로 갔을까?"라는 질문이 발생합니다. 확실한 대답은 스올입니다. 스올은 보통 아래쪽에, 우주론적인 측면에서 말하자면 하늘과 정반대 편에 있다고 묘사됩니다.[7] 또한 스올은 되돌아 올 수 없는 곳입니다.[8] 망각에 휩싸인 채,[9] 하나님을 경배할 수 없는 '죽은 자들의 영'(shades)이 거주하는 곳이고요.[10] 좋은 장례(매장)가 중요했다는 것은 곧 스올이 사실상 대규모의 공동묘지 같은 곳이었다는 점을 일깨워 줍니다. 또 어쩌면 스올이 땅 속이나 동굴에 시신을 둔 것을 은유적으로 확장한 것에 지나지 않을 수도 있습니다. 일례로 보컴(Bauckham)의 경우 스올을 가리켜 "묘지가 신화적으로 각색된 곳이며, 아무도 돌아올 수 없는 어둠과 침묵

---

7   예를 들어, 다음의 구절을 보세요. "너의 하나님 여호와께 징조를 구하되, 스올처럼 깊은 곳에 있는 것이든 하늘처럼 높은 곳에 있는 것이든 구하라"(사 7:11).

8   예를 들어, 다음의 구절을 보세요. "스올로 내려가는 자는 다시 올라오지 못합니다"(욥 7:9).

9   예를 들어, 다음의 구절을 보세요. "흑암 속에서 당신의 기적과, 망각의 땅에서 당신의 구원의 도움을 알 수 있습니까?"(시 88:12).

10   예를 들어, 다음의 구절을 보세요. "죽은 자들의 영(shades)이 일어나 당신을 찬양하겠습니까?"(시 88:10); "죽음 속에서 당신을 기억하는 일은 없습니다. 스올에서 누가 당신에게 찬양을 드릴 수 있겠습니까?"(시 6:5)

의 장소"라고 설명합니다.[11] 스올은 여러 면에서 하늘의 반대라고 할 수 있습니다. 우주론적인 측면에서 볼 때 (하늘의 높이 대신에 땅의 깊이라는 측면에서) 정반대일 뿐만 아니라, 빛나고 떠들썩한 하늘과는 달리 어둡고 조용하다는 측면에서도 반대입니다. 또한 하늘과 결합된 땅으로부터도 고립되어 있는 곳입니다. 하지만 스올이 후대 개념인 지옥(hell)과 혼동되어서는 안 됩니다. 스올은 선한 사람이든 악한 사람이든 상관없이,[12] 죽음을 맞이한 모든 사람들이 가게 되는 숙명의 장소였으며, 또한 하나님께서 오실 수도 있는 장소였습니다.[13] 이러한 개방성은 하늘과 또 다른 차이점을 부각시키는데요. 바로 스올의 경우엔 일방통행(즉, 하나님은 통행하실 수 있지만, 죽은 자들의 영은 하나님께 접근할 수 없었습니다)인 반면에, 하늘과 땅은 쌍방향 통행이기에 하늘에서 땅으로 뿐만 아니라 땅에서 하늘로도 접근이 가능하다는 것입니다.

몇 가지 예외 사항들

죽어서 스올에 내려가는 모든 사람들이 겪는 이 보편적인 숙명을 거스르는 중요한 예외가 둘 있습니다. 바로 에녹과 엘리야입니

---

11 Bauckham, 'Life, Death and the Afterlife in Second Temple Judaism', p. 80.
12 "너의 손이 어떤 일을 하든지, 네 힘을 다해서 하여라. 네가 장차 들어갈 스올에는 일도 없고 생각도 없고 지식도 없고 지혜도 없다"(전 9:10).
13 "그들이 스올로 파고 들어갈지라도 내 손이 거기에서 그들을 붙잡을 것이요. 그들이 하늘로 올라갈지라도 내가 거기에서 그들을 붙잡아 내릴 것이다"(암 9:2).

다. 두 사람은 각기 다른 방식으로 하늘에 올라갔는데요.[14] 특히 에녹의 죽음 이야기는 지나칠 정도로 간결합니다. "에녹이 하나님과 동행하다가 사라졌습니다. 하나님이 그를 데려가신 것입니다"(창 5:24). 그렇다고 엘리야의 죽음 이야기가 딱히 더 길다고도 할 수 없습니다. "그들이 이야기를 하면서 가고 있는데, 갑자기 불병거와 불말들(horses)이 그들 두 사람을 갈라놓았고, 엘리야는 회오리바람으로 하늘에 올라갔습니다"(왕하 2:11). 이것이 어떤 의미인지 히브리성경의 저자들이 더 자세히 설명하지 않았다는 것은, 어쩌면 그들이 내세에 대해 그다지 관심이 없었음을 보여주는 현상일 수도 있습니다. 이처럼 예외적인 전통을 더 자세히 다루고 확장한 이야기가 후대에 성경 안팎의 자료들 가운데 나타나는데요. 우리는 이미 이 책의 곳곳에서 에녹1서, 2서, 3서—이 문헌들은 에녹과 엘리야에 대한 후대의 일부 전통만을 담고 있을 뿐입니다—를 다루면서 간접적으로나마 그러한 이야기를 살펴봤습니다.[15] 그러나 라이트가 언급했듯이, 에녹과 엘리야는 일반적인 규칙에 대한 명백한 예외에 해당하며 또한 "그 둘은 경건한 혹은 신앙심이 깊은 이스라엘인들이 다시 일어

---

14 Wright는 이 2명에 모세를 추가합니다. 모세의 경우 히브리성경에서는 죽음을 맞이하는 것으로 그려지지만, 이후 에녹이나 엘리야와 같이 하늘로 올려졌다는 전승이 나타나기도 합니다. Wright, *The Resurrection of the Son of God*, p. 95.

15 에녹과 엘리야의 전승에 대한 명쾌하고 유용한 논의는 다음의 자료에서 찾아볼 수 있습니다. Arie W. Zwiep, *The Ascension of the Messiah in Lukan Christology* (Leiden: Brill, 1997), pp. 35-79.

날 수 있는 일이라고 기대한 본보기도 아니었음을 인식하는 것이 중요합니다. (그들처럼) 대단히 거룩한 삶을 살거나 혹 위대한 업적을 이루면, 비슷한 대우를 받을 수 있다는 식의 말을 그 누구도 꺼내지 않았습니다."[16]

또 다른 예외로는 죽었다가 되살아난 사람들이 있습니다. 이를테면, 사르밧 과부의 아들(왕상 17:17-24), 수넴 여인의 아들(왕하 4:18-37), 엘리사의 뼈에 닿자 되살아난 사람(왕하 13:21)이 있습니다.[17] 한편으로 보면 이들은 죽었다가 다시 살아났다는 점에서 '죽음 이후'의 삶을 살았다고 할 수도 있지만, 그럼에도 이들의 사례는 우리가 이후 전통에서 보게 되는 패턴, 곧 죽음 너머의 삶에 대한 본보기는 되지 못합니다. 이들이 체험한 것은 생명의 복원(revivification)이기 때문입니다. 생명이 되돌아온 것은 사실이나, 결국 미래에 어느 시점에 이르면 또다시 죽음을 맞이해야 했습니다.

죽음 이후의 삶에 대한 믿음의 발전

죽음 이후의 삶에 대한 정경(성경)의 언급, 그것도 논란의 여지가

---

16 Wright, *The Resurrection of the Son of God*, p. 95.
17 여기에 신약성경의 사례들을 덧붙일 수도 있을 것입니다. 이를테면, 나인 (성) 과부의 아들(눅 7:11-15), 야이로의 딸(막 5:22-43; 눅 8:41-56), 나사로 (요 11:1-57)가 있습니다.

없는 가장 초기의 언급은 다니엘서에서 발견됩니다.[18]

> 그때에 너의 백성을 지키는 천사장 미가엘이 일어날 것이다. 또 나라가 처음 생긴 뒤로 그때까지 없던 환난의 때가 올 것이다. 그러나 그때에 너의 백성 곧 그 책에 기록된 모두가 구원을 받을 것이다. 땅의 티끌 가운데서 잠자는 사람 중에서 많은 사람이 깨어날 것이다. 어떤 사람은 영원한 생명을 얻을 것이며, 또 어떤 사람은 수치와 영원한 모욕을 받을 것이다. 지혜 있는 사람은 하늘(sky)의 빛처럼 빛날 것이요, 많은 사람을 의(righteousness)로 인도한 사람은 영원히 별과 같을 것이다 … 너는 네 길을 가다가 편히 잠들어라. 끝날에는 네가 일어나서 네게 돌아올 보상을 받을 것이다. (단 12:1-3, 13)

사실 다니엘서 자체가 중요한 분수령과 같습니다. 그 이전에는 죽음 이후의 삶에 대한 언급이 거의 발견되지 않습니다(이에 대한 중요한 예외로는 에녹1서의 초반부를 꼽을 수 있습니다). 죽음 이후의 삶이라는 주제가 다니엘서 이후에 보편적이 되었다고 할 수는 없지만, 분명 훨씬 더 많은 관심이 나타나고 또 실제로도 수많은 문헌들 가운데 기록되어 있는 것은 사실입니다.[19] 여기서 많은 사람들의 흥미를 끄는 질

---

18 이후 이 책의 본문에서 인용되는 호세아와 에스겔의 구절들—대체로 이스라엘 민족을 가리킨다고 해석되는 구절들—외에도, 이사야 26:19, 시편 49:15, 73:24이 (논쟁의 여지가 있긴 하지만) 죽음 이후의 삶을 가리키는 구절들이라고 볼 수 있습니다.

19 히브리성경 안에서 죽음 이후의 삶(개념)이 발전하게 된 배경을 특유의 섬세

문은 아마도 "도대체 무엇이 그러한 변화를 일으켰을까?"일 것입니다. 이에 대한 전통적인 설명 방식은 그리스의 개념들—몸과 영혼의 분리, 불멸성(immortality)—이 들어와서, 히브리 '특유의' 개념들이 희석되었다는 것입니다.[20] 물론 지금은 그러한 질문을 던지는 것조차 이 주제를 잘못된 틀에 끼워 맞추는 것이라는 인식이 널리 퍼져 있습니다. 즉, '특유의' 히브리 사상은 '순수하게 히브리적'인 것이고, 또 그리스 사상으로부터 어떠한 영향도 받지 않은 것이라는 생각은 분명 문제가 있습니다.[21] 실상은 제2성전기 유대인들 역시 그리스의 영향 아래에서 다른 이들과 같은 방식으로 살았다는 것입니다. 그러므로 어디에도 얽매이지 않은 순수한 '히브리 사상' 같은 것은 없습니다. 그 시기에는 더더욱 그렇고요. 각각의 문헌들이 그리스로부터 받은 영향을 각기 다른 측면에서 드러내지만, 모두가 그리스의 영향을 받았다는 것은 자명한 사실입니다.[22]

함으로 철저하게 살펴본 책은 다음과 같습니다. Wright, *The Resurrection of the Son of God*, pp. 85-128.

20   이에 대한 전형적인 표현은 다음의 자료에서 찾아볼 수 있습니다. Walther Eichrodt, *Theology of the Old Testament,* vol. 2 (London: SCM Press, 1967), pp. 526-9. 이러한 견해와는 다른 현대적인 표현은 다음의 자료에서 찾아볼 수 있습니다. E. Earle Ellis, *Christ and the Future in New Testament History* (Leiden: Brill, 2001), p. 188.

21   참고, Martin Hengel, *Judaism and Hellenism*, 2 vols (London: SCM Press, 1974).

22   실제로 Collins는 제2성전기 유대 묵시 문헌들 안에 있는 부활에 관한 다수의 본문들이, 그리스 철학과 불멸에 관한 개념으로부터 영향을 받았다고 주장합니다. 참고, John J. Collins, 'The Afterlife in Apocalyptic Literature', in

가능성이 있는 또 하나의 시나리오는 바로 역사적인 상황이 죽음 이후의 삶과 관련된 생각을 일으켰다는 것입니다. 다니엘서가 기록된 마카비 시대는 곧 수많은 순교자들의 죽음, 그리고 그들을 핍박한 자들의 견고한 승리가 눈에 띄던 시대였습니다. 따라서 부활의 소망은 그들을 둘러싼 위기의 이면, 즉 죽음 이후의 미래를 바라보게 만들었을 것입니다. 마카비하 7:9-14과 같은 본문 이면에서 이러한 생각을 발견할 수 있는데요. 이 본문은 7명의 신실한 유대인 형제들의 순교를 다루고 있습니다.

> 그가 마지막 숨을 내쉬며 말했습니다. "이 가증스럽고 사악한 인간아, 너는 이 현생에서 우리를 몰아내지만, 온 우주(universe)의 왕께서 당신의 율법을 위해 죽은 우리를 일으키셔서 영원히 소생하는 생명(everlasting renewal of life)을 누리게 하실 것이다." … 셋째 역시 죽고 난 후, 그들은 넷째 아들을 같은 방법으로 괴롭히며 고문했습니다. 그도 죽음에 가까워지자 이렇게 말했습니다. "지금은 사람들의 손에 죽을 수밖에 없지만, 하나님께서 다시 일으켜 주시리라는 희망을 품고 있다. 그러나 네가 부활하여 생명을 누릴 일은 결코 없을 것이다!"
>
> (마카비하 7:9-14)

이와 같은 본문은 히브리인들이 직면한 위기 한복판에서, 죽음 너머의 삶이 있다는 생각을 통하여 위안을 줍니다. 물론 죽음 너머

Avery-Peck and Neusner, *Judaism in Late Antiquity*, vol. 4, pp. 119–39.

의 삶에 대한 생각의 출처가 마카비하 본문은 아닌 것으로 보입니다. 비슷한 생각이 마카비 시대보다 시기적으로 앞선 에녹1서 22장에서 발견되기 때문입니다. 물론 그들의 시대 속에서 겪은 위기 상황 탓에 그러한 생각이 급격히 관심을 얻게 되었다고 보는 것은 가능합니다.[23]

죽음 이후의 삶에 대한 믿음이 어떻게 발생하게 되었는지를 가장 개연성 있게 설명하려면, 역사적인 설명이 아니라 신학적인 설명이 되어야 합니다. 이와 같은 믿음은 "하나님은 생명을 가져다 주실 수 있다. 또한 절망으로부터 하나님의 백성을 구하실 수 있다"는 신앙에서 자연스럽게 흘러나왔을 것입니다. 히브리성경은 하나님이 죽이기도 하시고 살리기도 하신다고 곳곳에서 이야기하고 있습니다. 이를테면, 신명기의 한 구절은 이렇게 말합니다. "이제는 나, 곧 내가 그인 줄 알라. 나 외에는 신이 없다. 나는 죽이기도 하고 살리기도 한다"(신 32:39). 이를 통해 하나님이 재앙으로부터 이스라엘 민족을 구하실 수 있고 또 구하실 것이라는 믿음이 발전했습니다. 또한 유명한 두 선지서가 이스라엘에게 이와 같은 소망을 주었는데요. 먼저 호세아 6:1-2입니다. "오라 우리가 여호와께로 돌아가자. 여호와께서 우리를 찢으셨으나 도로 낫게 하실 것이요. 우리를 치셨으나 싸매어 주실 것임이라. 여호와께서 이틀 후에 우리를 살리시며, 셋째 날에 우리를 일으키시리니 우리가 그의 앞에서 살리

---

23 다음의 논의를 참고하세요. Bauckham, 'Life, Death and the Afterlife in Second Temple Judaism', pp. 83-4.

라"(호 6:1-2). 또 하나의 선지서는 에스겔 37장, 즉 마른 뼈에 대한 환상을 다룬 본문입니다. 이 두 본문 모두 이스라엘 민족이 직면한 재앙을 넘어서 새롭게 회복된 생명(renewed life)을 내다보고 있습니다. 이러한 신학으로부터, 동일한 일이 죽음 이후에도 일어날 수 있다는 생각에까지 이르는 것은 그리 어렵지 않은 일입니다. 소망이 없어 절망 깊은 곳에 갇혀 있던 민족이 발견한 새롭게 회복된 생명과 소망을, 각각의 개인들도 찾아냈을 것입니다.

다니엘서 속의 부활과, 유대 문헌 속의 부활

부활에 대한 다니엘서의 이야기가 지닌 다양한 특징들을 좀 더 자세히 살펴볼 가치가 있습니다. 차후 더욱 중요하게 다뤄지는 개념들을 담고 있기 때문입니다. 그중 하나가 땅의 티끌 가운데에서 자고 있는 많은 사람들이 미가엘이 나타날 때 깨어날 것이라는 내용인데요. 이 책의 5장에서 천사 전령들에 대해 살펴봤듯이, 미가엘은 특별히 이스라엘의 보호자이자 군사로 규정되곤 했습니다. 또한 다니엘서 안에서 미가엘의 출현은 곧 심판이 이행될 것을 가리켰습니다. 그리고 깨어난 사람들은 영원한 생명 아니면 영원한 모욕과 수치를 받게 된다는 이야기가 덧붙여집니다. 여기서 미가엘이 직접 심판을 내리는 것인지 아니면, 하나님께서 이미 내리신 심판을 미가엘이 이행하는 것인지는 불분명합니다(단 12:2).[24] 또 하나 이 본문

---

24 여기서 미가엘은 군사가 아니라 법관의 역할을 하고 있을 가능성이 있습니다. John J. Collins, *Daniel* (Grand Rapids, MI: Eerdmans, 1984), p. 390.

에서 눈에 띄는 것은 사람들이 깨어나기 전에 "땅의 티끌 가운데서" 자고 있었다는 표현입니다(단 12:2). 이 표현은 죽음에 대한 흔한 은유인데요. 이러한 은유는 이미 죽은 자들에게 있어서 죽음 너머의 삶은 곧 죽음으로부터의 부활과 연결됨을 암시하고 있습니다. 이뿐만 아니라 깨어나는 것이 모두가 아닌 많은 사람이라는 점도 흥미로운 부분입니다(단 12:2). 따라서 다니엘서에서 부활은 만인에게(universal) 일어나는 것이 아니라 단지 '많은'(many) 사람에게 일어나는 일입니다. 이는 "그렇다면 깨어나지 않는 사람들은 누구이며, 어째서 그들은 깨어나지 않는가?"라는 의문을 일으키기도 합니다.

다니엘서에서 가장 흥미로운 부분 중 하나는, 지혜 있는 사람이 하늘(sky)의 빛과 같이 빛날 것이라고 말하는 부분입니다. 좀 더 정확히 번역하자면 아마도 "궁창[혹은 라키아]의 빛과 같이"(단 12:3)가 될 것입니다. 이 표현의 의미를 두고 상당한 의견의 차이가 나타나는데요. 먼저 콜린스(Collins)의 경우—이 책의 6장에서 살펴본 것처럼, 천사와 별 사이가 중첩되는 부분에 주목하여—지혜 있는 사람이 천사들/별들과 같이 되는 것을 의미한다고 주장합니다.[25] 라이트(Wright)는 이에 반대하여, 부활한 이들이 하나님의 피조 세계에서 지도자와 통치자가 되는 것을 가리킨다고 단언합니다.[26] 그리고 보컴

---

25 Collins, *Daniel*, p. 393. 이것이 아마도 죽은 자들을 천사들과 연결시키는 대중적인 견해가 나오게 된 배경일 것입니다. 하지만 우리는 다니엘서가 "지혜 있는 사람은 궁창의 빛과 같이 될 것이다"라고만 말했다는 것에 주의해야 합니다. 정말로 천사가 될 것이라고 말하진 않았습니다.

26 Wright, *The Resurrection of the Son of God*, p. 112.

(Bauckham)은 두 주장 사이에서 흥미로운 중간 지점을 소개합니다. 그는 지혜 있는 사람이 "천사들과 같다"라는 의미이기는 하지만, 이는 실제 천사들을 가리키는 것이 아니라, 천사들과 함께 빛나는 하늘의 삶, 즉, 죽지 않는 존속(existence)을 공유하게 됨을 나타내는 것이라고 주장합니다.[27] 그 어구가 정확히 어떤 의미이든지 간에, 부활 후 깨어난 자들이 미래에 변화될 것을 가리킨다는 점은 분명합니다. 그리고 이 주제는 특별히 신약성경 안에서—다른 곳에서도 마찬가지지만—중요한 주제가 됩니다. 이와 같이 간략하게나마 의견 차이를 정리해보는 것은, 이러한 본문에 적용할 수 있는 해석의 다양성을 보여준다는 점에서 의미가 있습니다.

사실 이러한 해석의 다양성은 텍스트들의 다양성에 비하면 아무 것도 아닙니다. 저는 이번 장의 초반부에서, "하늘에 관한 믿음과 죽은 자들이 어떠한 관계가 있는가?"라는 질문에 대답하는 일은 결국 맥락에 달려 있다고 지적한 바 있습니다. 구체적으로 말하면, '어떤 텍스트를 읽느냐'에 달려있습니다. 제2성전기 유대 문헌들을 보면, '죽음 이후의 삶 같은 것은 없다'는 사두개인들의 신앙 형태를 포함하여, 죽음 이후의 일에 대해 갈피를 잡을 수 없을 만큼 다양한 견해들을 나타냅니다. (그럼에도) 이러한 다양성 가운데서도, 유독 더 자주 나타나는 흐름이 있는데, 그것은 바로 세계의 심판이 일어나는 미래의 절정의 순간에, 죽은 사람들이 부활한다는 것입니다. 엘레지(Elledge)가 언급한 것처럼, 당시 부활은 "대중적인 견해는 아니

---

27   Bauckham, 'Life, Death and the Afterlife in Second Temple Judaism', p. 92.

었을지라도 분명히 쟁점이 된 사안"이었습니다.[28] 부활이 이후 하나의 개념으로서 상당한 인기를 얻게 된 것은 아마도 그것이 역사 속에서 드러난 몸에 대한 히브리적 개념들—생명은 하나님의 호흡과 인간의 몸이 결합되어 존재하는 것이다—과 상대적으로 잘 어울렸기 때문일 것입니다.

위에서도 언급했지만, 히브리적인 사고방식과 그리스적인 사고방식 사이에 아주 뚜렷한 경계선을 긋는 일은 가능하지도 않을뿐더러 바람직하지도 않습니다. "'순수한 히브리적 사고방식'에 따르면 사람의 그 어떤 부분도 몸 밖에서는 살아남을 수 없다"는 식으로 말할 수 있는 근거는 없습니다. 반대로 "'그리스적인 사고방식'에 따르면 몸은 영혼/영과 기꺼이 분리될 수 있다"는 식으로 말할 수 있는 근거 또한 없고요. 심지어 히브리적인 사고 안에서도 몸과 다른 어떤 부분이 분리가 가능하다고 가정할 만한 근거가 나타나기도 합니다. '영혼'이나 '영' 같은 단어들은 외부의 특정한 사고방식을 너무 많이 끌고 오기 때문에, 정확히 어떤 용어로 옮겨 불러야 하는지는 분명하지 않지만요. 이를테면, '죽은 자들의 영'(shades)이라는 존재가 있는데요. '죽은 자들의 영'은 어둡고 조용하며 소리를 내지 않고 잘 매장된 몸과 연결되어 있긴 하지만, 스올이라는 개념은 그 존재들이 몸 없이 존재함을 가정하는 것처럼 보입니다. 요컨대 히브리적인 사고방식과 그리스적인 사고방식 사이의 분리가 분명 편리

---

28   C. D. Elledge, *Life After Death in Early Judaism: The Evidence of Josephus* (Tübingen: Mohr Siebeck, 2006), p. 48.

한 측면은 있지만 그럼에도 결코 유효하다고는 볼 수 없습니다. 하지만 몸의 부활이 인간에 대한 유대(적인) 개념과 더 자연스러워 보이는 것은 사실입니다. 아마도 이러한 연유로 몸의 부활이 상당한—보편적인 수준까지는 아니라고 할지라도—인기를 얻었을 것입니다.

하지만 동의가 이루어지지 않은 부분도 있었습니다. 바로 "부활이 어떤 모습으로 이루어질 것인가?"라는 부분이었습니다. 여기서 부활에 대한 기대가 다양한 이미지를 담고 있다고 보컴이 지적한 것은 유용합니다. 이는 당연한 일이었습니다. 아직 부활을 경험해보지 못했기 때문에, 부활이라는 것은 "문자적으로 설명할 수 있는 대상이 아니었으며, 따라서 이미지를 통해서야 겨우 재현될 수 있었습니다."[29] 그래서 때로는 죽은 사람이 일어나는 모습으로 그려지기도 했고(예, 사 26:19; 단 12:13), 또 때로는 잠에서 깨어나는 모습으로 그려지기도 했습니다(예, 단 12:2-3). 또 죽은 사람들이 그들의 유해로부터 재-창조되기도 했고(*Sib. Or.* 4.181-2), 앞서 살펴본 다니엘 본문과 같이, 별들/천사들과 같은 존재로 변화되기도 했습니다.

신약성경의 부활 이해하기

부활에 대한 이와 같은 대중적인 견해가 신약성경(의 입장)까지 계속해서 이어졌습니다. 죽음(grave) 이후의 삶에 대한 믿음이 몸의 부활(에 대한 믿음)에 초점을 두고 있었다는 것은 신약성경 전체에서 분

---

29 Bauckham, 'Life, Death and the Afterlife in Second Temple Judaism', p. 91.

명하게 드러납니다.[30] 이것은 예수님의 몸의 부활에 비추어 봐도 알
수 있습니다. 고린도전서 15장에서 바울이 분명하게 언급하듯이, 초
기 그리스도인들은 예수님이 경험하신 죽음 이후의 삶을 동일하게
겪을 것이라고 믿었습니다. 특히 바울은 죽음 이후의 삶이 구현될
것이라는 것과, 그것이 그리스도인의 신앙에 있어서 반드시 필요한
부분이라는 것에 대해서는 태도가 분명했습니다.

　　고린도전서 15장은 길고 복잡한 장이지만, 이 시점에서 특별히
2가지 특징을 살펴볼 필요가 있습니다. 첫 번째 특징은, 바울이 고
린도인들—예수님의 부활은 믿었지만, 자신들은 다시 살아날 것이
라고 생각하지 않았던 이들—에게, 그들 자신의 부활을 믿는 것이
그리스도를 믿는 데 있어서 꼭 필요한 부분임을 명확하게 밝히고
있다는 점입니다. "죽은 사람들이 다시 살아나는 일이 없다면, 그리
스도께서 다시 살아나신 일도 없었을 것입니다. 그리스도께서 다시
살아나지 않으셨다면, 여러분의 믿음은 헛된 것이 되고, 여러분은
아직도 죄 가운데 있을 것입니다"(고전 15:16-17).[31] 이는 현 논의에 있어
서 가장 쟁점이 되고 핵심이 되는 사안으로 우리를 이끌어 갑니다.

30　부활에 관한 신약성경의 생각을 더 자세히 살펴보려면 다음의 책을 참고하
　　세요. Wright, *The Resurrection of the Son of God*, pp. 207-679.

31　Lincoln의 경우 고린도인들은 자신들이 이미 하늘에서의 삶을 살고 있어서
　　더 이상 부활이 필요없다고 생각했을 수도 있음을 지적합니다. 참고, Andrew
　　T. Lincoln, *Paradise Now and Not Yet: Studies in the Role of the Heavenly
　　Dimension in Paul's Thought with Special Reference to His Eschatology*
　　(Cambridge: Cambridge University Press, 2004), pp. 35-7.

즉, 바울은 다시 살아나는 일은 없다고 생각하는 것이 애초부터 선택지에 없음을 단언하고 있는 것입니다. (바울에 따르면) 부활은 믿음의 주춧돌과 같습니다. 그리스도께서 다시 살아나신 일이 없다고 주장하거나, 우리가 다시 살아나는 일은 없을 것이라고 주장하는 것은 곧 구원에 있어서 반드시 필요한 부분을 제거해 버리는 것과 같습니다. 이 문제는 기독교 역사 속에서 다양한 수준으로 수용되며 퍼져 나갔습니다. 물론 부활이 오늘날의 그리스도인들에게만큼 관심을 끌지 못했던 때는 없었지만요. 이 책의 서론에서도 언급했듯이, 신앙이 있든 없든 상관없이 오늘날, 죽음 이후의 삶에 대한 대중적인 생각은 부활에 대해 그다지 긍정적이지 않습니다.

고린도전서 15장의 두 번째 특징은, 부활의 몸으로 변화가 되더라도 여전히 몸으로 남아있을 것이라는 점을 분명히 밝히고 있다는 것입니다. 바울은 고린도전서 15장의 후반부에서, 부활의 몸이 어떤 모습일지에 대한 기나긴 논의에 들어가는데요. 여기서 바울은 다양한 은유와 유비들(analogies)을 사용하는데, 이는 부활의 몸이 (지금의 몸과는) 사뭇 다를 것이라는 점을 강조하기 위함입니다. 물론 그럼에도 여전히 그것은 몸입니다. 이를테면, 바울은 씨를 통한 유비를 선보이는데요. 우리가 알다시피 씨의 경우 그것이 결국 취해야 할 형태(즉, 식물)에 다다르기 위해서는 먼저 죽어야 합니다. 마찬가지로 우리 역시 죽었다가 다시 살아나야만 비로소 하나님께서 원하시는 몸의 사람이 될 수 있다는 것입니다(고전 15:36-38).

바울은 계속해서 세상에는 온갖 종류의 존재 방식들이 있다고 이야기합니다. 또한 인간에게 한 종류의 육체가 있듯이, 동물들에게도 각기 다른 육체가 있다는 식의 이야기를 이어갑니다. 고린도전서 15:40에서 바울은 계속해서 하늘에 속한 몸과 땅에 속한 몸에 관해서 이야기하는데요. 흔히 바울이 여기서 부활 이전의 몸과 부활 이후의 몸의 차이를 언급하는 것이라고 해석하곤 합니다. 하지만 저는 40절이 부활 후의 몸을 가리킨다는 해석은 잘못된 것이라고 봅니다. 실제로 그러한 해석으로 인해 하늘에 속한 부활의 몸이 어떤 몸인지를 두고 온갖 해석상의 문제가 나타났고요.[32] 이는 15:38-41을 한 덩어리로 봐야 제대로 이해할 수 있습니다. 즉, 바울은 인간과 동물이 취하는 서로 다른 형체에 대한 이야기에서 시작하여, 계속해서 인간과 천사가 취하는 서로 다른 형체에 관해 이야기하고 있는 것입니다. 우리는 이 책의 5-6장에서 천사와 같은 존재들 역시 몸을 갖고 있음을 살펴봤습니다. 바울은 지금 현재 세상에 빗대어 그의 주장을 확장하고 있는 것입니다. 이어서 바울은 주위를 둘러보면, 세상에는 온갖 종류의 영광이 있음을 보게 될 것이라고 말합니다. 즉, 바울에 따르면 땅에 속한 몸의 영광이 따로 있고, 하늘에 속한 몸(즉, 천사들)의 영광이 따로 있습니다. 심지어 하늘에 속한 몸

---

32 저는 이 부분에서 Jean Hering의 생각에 동의합니다. Jean Hering, *The Second Epistle of Saint Paul to the Corinthians* (Eugene, OR: Wipf & Stock, 2009), p. 174. 이와 다른 견해를 다룬 자료는 다음과 같습니다. Anthony C. Thiselton, *The First Epistle to the Corinthians* (Carlisle: Paternoster, 2001), pp. 1268-9, Wright, *The Resurrection of the Son of God*, pp. 344-5.

들—해와 달 등—사이에서도 영광이 서로 다릅니다.[33] 이와 같이 지금 서로 다른 몸들 사이에서도 차이가 있는 것처럼, 부활 이전과 부활 이후의 몸 사이에도 분명 차이가 있을 것입니다. 이 차이에 대해 바울이 언급한 몇 가지를 꼽는다면, 지금 우리의 몸은 썩고(perishable), 비천하며(dishonored), 약하고(weak), '물리적인'(physical) 몸인데 반해, 우리가 부활할 때의 몸은 썩지 않고(imperishable), 영광스러우며 (glorious), 강하고(powerful), '영적인'(spiritual) 몸일 것입니다.

이러한 목록은 고린도전서 15:42-44에 대한 NRSV의 번역에서 가져온 것입니다. 하지만 이와 같은 번역은 두 쌍의 단어들을 제대로 살려내지 못했습니다. 먼저 지적할 것은 '썩고'와 '썩지 않고'입니다. 티슬턴(Thiselton)은 이러한 단어들의 대조가 너무 약하다고 지적합니다. 그의 견해에 따르면, 부활 이전의 몸을 나타내는 단어('썩고')는 본래 '점점 줄어드는 능력, 늘어나는 약함, 고갈과 침체'를 암시하는 반면, 부활 이후의 몸을 나타내는 단어('썩지 않고')는 그와 정반대, 즉 '점점 늘어나는 능력, 줄어드는 약함, 생기와 활기'를 암시합니다.[34] 적절치 않게 번역된 또 다른 단어 쌍은 '물리적인' 몸과 '영적인' 몸입니다. 사실 진짜 문제는 '영적인 몸'(그리스어로 소마 프뉴마티콘)이라는 표현이 우리 귀에는 몸이 아니라 일종의 영적인 (실존) 상

---

33 Thiselton은 천사와 별의 관계를 원시적인 개념으로 생각합니다. Collins 의 경우 다니엘서의 기록 시기, 즉 바울보다 불과 2세기 정도 앞선 시기에 그 전통이 지속되고 있었다고 생각합니다. Thiselton, *The First Epistle to the Corinthians*, p. 1268; Collins, *Daniel*, pp. 393-4.

34 Thiselton, *The First Epistle to the Corinthians*, p. 1272.

태로 들린다는 것입니다. 하지만 바울이 소마(몸)와 프뉴마티코스(영과 관련됨)를 짝지을 수 있었다는 것은 곧 '몸'(body)과 '영'(spirit)이 대조된다고 여기는 우리의 생각에 문제가 있음을 의미합니다(실제로 바울에게 있어 영과 대조되는 것은 몸[body]이 아니라 육[flesh]입니다). 따라서 바울이 두 어구를 통해 말하려는 것은 부활 이전의 몸의 경우 이 시대의 지배를 받지만, 부활 이후의 몸은 다가올 시대의 지배를 받게 될 것이라는 점입니다. 후자에 나타나는 특징 중 하나가 하나님의 영이고요.

지금 바울이 강조하고 있는 내용의 중요성은 아무리 강조해도 지나치지 않습니다. 바울은 부활(의 행위)을 묘사하기 위해 다양한 이미지들을 사용하면서, 고린도인들도 자신처럼 의심 없이 확신해야 한다고 강조합니다. 바울에게 있어서 부활은 오래된 뼈들을 되살리는 정도가 아니라, 완전한 변혁(의 행위)을 의미합니다. 부활 후의 몸은—여전히 몸이긴 하지만—완전히 새로운 존재 방식으로 탈바꿈하게 되는 것을 의미합니다. "우리가 모두 죽을 것이 아니라, 변화될 것입니다"(고전 15:51). 새로워진 몸, 즉 점점 늘어나는 생기와 활기로 가득 찬 부활의 몸은 그리스도와 함께 온전히 존속하며 존재할 것입니다. 죽음 이후의 삶에 대하여 바울이 그리는 모습은 곧 몸의 부활입니다. 우리는 완전히 새로워진 몸을 가지고 새로운 창조 세계에서 영원히 살아갈 것입니다. 정리하자면, 신약성경의 다른 저자들과 마찬가지로, 바울에게 있어서도 죽음 이후 펼쳐질 최종적인 결말은 곧 몸의 부활입니다. 장래에 우리 모두는 부활의 몸을 가지고 구속되어 재창조된 세계 안에서 살아가게 될 것입니다.

9장 죽음과 부활 사이에서
/최후를 기다리는 동안 일어나는 일

"그들은 하나님의 보좌 앞에 있고, 하나님의 성전에서
밤낮 그분을 섬기고 있습니다. 그리고 보좌에 앉으신 그분이
그들 위에 장막을 치실 것입니다. 그들은 다시는 주리지 않고
목마르지도 않으며 해나 이글거리는 그 어떤 열도
그들을 상하게 하지 않을 것입니다."

(계 7:15-16)

9장 죽음과 부활 사이에서
/최후를 기다리는 동안 일어나는 일

죽음과 부활 사이에 무슨 일이 일어날까요?

여전히 남아 있는 한 가지 질문은 바로 "죽음에서 깨어나기 전에, 죽은 사람들에게 무슨 일이 벌어지는가?"입니다. 혹은 제가 이번 장의 부제에 쓴 것처럼 질문할 수도 있습니다. "우리가 최후를 기다리는 동안 도대체 무슨 일이 일어나는 건가요?"[1] 물론 지금 말하는 최후는 우리가 죽으면 겪게 될 한 개인의 최후를 말하는 것이 아니라, 장엄한 최후(End)를 가리킵니다. 즉, 지금 저는 하나님께서 마침내 결정적으로 개입하셔서 이 세계를 새로운 세계—새 하늘, 새 땅과 함께—로 변화시키실 거대한 최후를 말하고 있습니다. 물

---

1   특별히 유용하고 참신하게 이 주제를 살펴보는 책은 다음과 같습니다. Anthony Thiselton, *Life After Death: A New Approach to the Last Things* (Grand Rapids, MI: Eerdmans, 2011). Thiselton은 성경의 자료와 언어학에 대한 전문적인 지식을 발휘하여, 부활과 중간 상태 그리고 지옥을 연구했습니다.

론 우리가 사랑하는 사람들에게 죽음과 이 최후 사이에 무슨 일이 일어나는지에 관한 질문이, 역사상 가장 중요한 신학적 질문은 아닐 것입니다(부활의 교리 그리고 부활과 그리스도의 관계를 이해하는 것이 더 중요하다는 데에는 거의 이견이 없을 것입니다). 하지만 이 질문은 단연코 가장 중요한 목회적 질문일 수 있습니다.

이는 곧 수많은 사람들이 답을 찾고 싶어하는 질문입니다. 그들 자신의 결말(fate)을 알고 싶어서가 아니라, 먼저 죽음을 맞이한 사랑하는 사람들에게 무슨 일이 일어나는지 알고 싶어 합니다. 이러한 주제에 관심 있는 사람들이 우리만이 아니라는 점이 좀 위로가 될지도 모르겠습니다. 성경을 보면 데살로니가인들 사이에서도 이러한 질문이 발생한 것처럼 보이는데요. 데살로니가전서 4:13-17에서 바울은 소망 없는 사람들처럼 슬퍼하지 않으려면, 죽은 사람들에 대해 알아야 한다고 언급합니다. 그런데 이러한 말을 들으면 쉽고 간단한 답을 찾고 싶은 유혹이 들 수 있습니다. 분명한 답을 가지고 있으면 훨씬 더 위로가 되기 때문입니다. 하지만 아주 명확한 답은 없습니다. 우리가 가진 증거를 가지고 곰곰이 생각해 볼 뿐입니다.

라이트는 내세—즉, 마지막 때의 부활—에 대한 신약성경의 지배적인 믿음을 가리켜, 죽음 이후의 삶이라고 부르지 않고, "'죽음 이후의 삶' 이후의 삶"이라고 불렀습니다.[2] 이 표현을 통해 라이트가 말하고자 한 바는, 일반적으로 '죽음 이후의 삶'이라고 불리는 것(즉, 죽음 직후 우리에게 일어나는 일)이 전부가 아니라는 점입니다. 사실 죽

---

2 Tom Wright, *Surprised by Hope* (London: SPCK, 2007), pp. 160-4.

음 직후의 삶이라는 것은 종말에 부활이 보편적으로 일어나기를 기다리는 동안 머무는 일시적인 안식처와 같다고 할 수 있습니다. 죽음을 맞이한 사랑하는 사람들이 지금 머물고 있는 일시적인 안식처이기 때문에, 그곳의 본질을 파악하는 일이 중요한 문제가 되는 것입니다.

제2성전기 문헌으로 본 죽음과 부활 사이

만일 우리가 앞서 말한 질문을 제2성전기 문헌들에 던진다면 어떻게 될까요? 대체로 비슷하면서도 죽음 이후의 삶에 대해 어지럽게 나열된 대답들을 듣게 될 것입니다. 다니엘서의 저자의 경우, 부활 이전에는 많은 일이 일어나지 않는다고 생각한 것 같습니다(적어도 어느 쪽 입장으로도 이야기하지 않았습니다). 그저 죽은 사람들이 땅의 티끌에서 깨어날 것이라고 말하는 정도였습니다(단 12:2). 이는 죽은 사람들이 (그들이) 본래 묻힌 곳에 남아 있고, 미가엘이 나타날 때 그곳에서 깨어난다는 것을 암시하고 있습니다.

에녹1서 22:1—다니엘서보다 더 이른 시기의 기록으로 알려진 문헌—을 보면, 에녹이 여행을 떠나 "서쪽에서 크고 높은 산과 단단한 바위 그리고 아름다운 4곳의 장소들"을 보았다고 말하는데요. 여기서 사용된 표현이 암시하는 것은 곧 이 장소들이 하늘(나라)도 지옥도 아닌, 땅의 서쪽 끝에 있다는 점입니다. 이어서 천사 라파엘은 에녹에게 죽은 사람들의 영혼이 모일 수 있도록 4곳의 장소들이 만들어진 것이라고 설명하는데요. 각각의 장소들은 각기 다른 유형의 영혼들을 나누려고 고안된 것입니다. 이것은 상당히 흥미로운 내용이기 때문에, 단락 전체를 인용할 가치가 있습니다.

따라서 의인들의 영혼도 따로 떨어져 있다. 여기는 그 위에 빛 있는 물의 샘이다. 마찬가지로 죽어서 땅에 묻힌 죄인들을 위해 만들어진 장소가 있다. 그들은 살아있는 동안에는 심판을 받지 않았다 … 그리고 호소하는 이들의 영혼을 위한 장소가 따로 만들어져 있다. 죄인들의 시대에 죽임을 당한 그들은 자신들의 멸망에 대해 말하고 있다.[3] 이렇게 의롭지 않은 죄인이었던 자들의 영혼, 악행을 저지른 영혼들을 위한 곳이 만들어져 있다. 그들은 불법을 일삼는 자들과 함께 있게 될 것이다. 하지만 그들의 영혼은 심판의 날 죽임을 당하지 않을 것이며, 거기서 일어나지도 않을 것이다. (에녹1서 22:9-14)[4]

여기에서 다양하고 흥미로운 생각들이 발견되는데요. 이를테면, 죽은 사람들의 영혼은 심판의 날을 기다리면서 일시적인 안식처에 있다고 언급하는 부분입니다. 그러나 그날은 판결이 내려지는 날이 아니라, 죽는 시점에 이미 내려진 판결이 이행되는 날입니다. 또 하

---

3   죽임을 당한 자들의 호소는 잊혀지지 않고, 심판의 날에 복수를 보게 되리란 것을 알 수 있습니다.
4   이 번역의 출처는 다음과 같습니다. John J. Collins in 'The Afterlife in Apocalyptic Literature', in Alan J. Avery-Peck and Jacob Neusner (eds), *Judaism in Late Antiquity: Death, Life-after-death, Resurrection and the World-to-come in the Judaisms of Antiquity*, vol. 4 (Leiden: Brill, 2000), p. 121.

나 흥미로운 것은 유독 눈에 띄는 분류(방식)입니다. 즉, 의인, 두 종류의 죄인 그리고 죽임을 당한 사람들이 분류되고 있습니다.[5] 또한 죽은 사람들의 영혼이 땅에 머물러 있는 것처럼 보입니다. 하지만 에녹1서의 후반부(후대에 기록된 본문)의 경우, 의인들의 영혼이 스올에 내려가 있다고 말하기도 합니다(에녹1서 102:4-5).

주후 1세기 말의 기록으로 보이는 에스라4서 7:75-101의 경우, 영혼이 몸에서 떠나 몸을 주신 분에게로 돌아간다고 말합니다(에스라 4서 7:78). (본문에 따르면) 그때에 업신여김을 내비친 사람들은 마지막 날에 심판을 받게 될 것이고, 또 "7가지 길을 지나며 고통 속에 한탄하고 슬퍼하며 방황하게 될 것입니다"(에스라4서 7:80). 반대로 의인들은 "큰 기쁨으로 그들을 받아들여 주신 분의 영광을 볼 것이며, 7단계를 지나 안식에 이르게 될 것입니다"(에스라4서 7:91).

그 외에도 다른 많은 전통들이 있어서 다양성의 풍미를 드러내고 있습니다. (각 문헌들이) 모든 사람이 깨어나 상 혹은 벌을 받게 될 것이라고 말하기도 하고, 일부는 깨어나지만 일부는 그렇지 않을 것이라고 말하기도 합니다. 또 심판의 날에 판결이 내려진다고 말하기도 하고, 죽는 날에 판결이 내려질 것이라고 말하기도 합니다. 그리고 판결이 죽는 날에 내려지기는 하지만 영혼들은 그 판결이 이행되는 심판의 날까지 기다려야 한다고 말하기도 하고, 판결이 곧장 이행된다고 말하기도 합니다. 이러한 흐름은 몇몇 랍비 문헌

---

5   이 본문에 대한 또 다른 사본들의 경우 4곳이 아닌 3곳의 장소와, 단 1종류의
     죄인을 말하기도 합니다.

들 안에서 재차 다루어지게 되는데요. 이 문헌들의 경우 의인들이 이미 낙원에서 영원한 생명을 누리고 있다고 주장합니다.[6] 이처럼 최후를 기다리는 동안 과연 우리는 무엇을 하고 있을지에 대한 질문에 맞서, 제2성전기 유대교가 내놓은 대답은 다양합니다. 땅에서 여전히 자고 있다는 답변에서부터, 이미 내려진 판결의 기쁨 혹은 고통을 겪고 있다는 답변에 이르기까지 참으로 다양합니다.

지옥(hell) 살펴보기

이 책은 하늘나라에 관한 책이지, 지옥에 관한 책은 아닙니다. 하지만 사실 정말 많은 사람들이 지옥에 대해 관심을 갖고 있습니다(정확히 말하면 그 개념에 관심이 있는 것이지, 그곳에 가는 것에 관심이 있는 것은 아닙니다). 그러므로 짧게나마 언급할 가치가 있을 것 같습니다. 사실 우리가 후대 문헌들 속에서 보게 되는 잘 정리된 지옥 교리는, 대체로 성경에서는 그 근거를 찾아보기 어렵습니다. 하지만 이 책에서 다룬 많은 주제들과 마찬가지로, 지옥에 대한 개념이 어떻게 더 온전히 자리잡게 되었는지를 보여주는 단서나 씨앗은 찾아볼 수 있습니다. 지옥과 관련하여 크게 5가지 요소가 있고, 그중에서 4가지는 성경에서 찾아볼 수 있습니다. 그리고 성경의 시기 이후로 이 요소들이 모이게 됨에 따라 지옥에 대한 견해는 더 정교해집니다(악인들이 땅 아래에서 영원한 형벌, 즉 불에 타는 극도의 고통을 당하게 된다는 개념이 발생합니다).

첫 번째 요소는 죽은 자들의 영(shades)이 모이는 곳, 스올입니다.

---

6   타르굼 이사야 45.7, 타르굼 스가랴 2.14—4.7.

스올은 죽음을 맞이한 모든 사람들이 가는 장소입니다. (히브리)성경을 보면 사실 스올은 형벌의 장소가 아니지만, 그럼에도 땅 아래 있다는 개념과, 하나님의 임재로부터 단절된 상태라는 개념은 담겨 있습니다. 신약성경을 보면, 하데스—죽음 이후에 가게 되는 장소를 가리키는 그리스 개념—가 때때로 스올과 결합되어 죽음을 가리키기도 합니다(예, 계 1:18). 요컨대, 스올/하데스 개념은 '죽은 사람들은 땅 아래에 있다'는 생각이 자리잡는 데 영향을 미쳤습니다.

(지옥과 관련된) 두 번째 요소는 저지른 죄에 대하여 하나님께서 형벌을 내리신다는 것입니다. 형벌은 성경 전체에서 찾아볼 수 있으며, 하나님과의 언약 관계(라는 개념)에서 흘러나오는 주제라고 할 수 있습니다. 언약을 지키는 것이 이 관계를 확정하는 일이라면, 언약을 깨뜨리는 것은 곧 관계를 망치는 일이라 할 수 있습니다. 히브리 성경을 보면 하나님께서 여러 차례 그분의 백성이 저지른 죄에 대해 형벌을 내리시는 모습을 볼 수 있습니다. 이러한 단계로부터 죽음 이후의 형벌이라는 개념—다니엘 12:1-3과 에녹1서 22장, 그 외 후속 문헌들에서 나타나는 개념—으로 발전하는 것은 그리 어려운 일이 아니었을 것입니다. 다니엘서와 에녹1서 모두 심판의 날 영원한 형벌을 받게 될 것이라는 개념을 담고 있습니다. 물론 에스라4서 7장의 경우, 마지막 심판 전에 고통을 겪게 될 것이라는 생각을 밝히기도 합니다. 이 문헌들의 경우 형벌이 이루어지는 특정한 장소를 염두에 두고 있진 않지만, 그 형벌이 영원하며 또 고통을 가져올 것이라는 점은 분명히 밝히고 있습니다.

(세 번째 요소는 게헨나입니다.) 게헨나에 관한 표현(히브리어로 게-힌놈 [Ge-Hinnom], 이는 힌놈의 골짜기를 의미합니다 - 역주)은 특별히 신약성경 안에서 지옥에 대한 개념을 향해 한 발짝 더 다가선 모습을 보입니다. 힌놈의 골짜기는 예루살렘 밖에 실제로 존재했던 물리적인 장소인데요. 12세기 한 랍비는 게헨나를 쓰레기장과 연결시키기도 했습니다. 그곳에 버려진 범죄자 등의 시신을 없애기 위해 계속해서 불타는 곳이었다고 설명하면서요. 안타깝게도 이러한 연결을 뒷받침하는 고고학적 증거는 발견되지 않았습니다. 그 장소가 저주받은 곳이 된 기원은 열왕기하 16:3과 역대하 33:6에서 쉽게 찾아볼 수 있습니다. 이 구절들을 통해 힌놈의 골짜기가 아하스 왕이 자기 아들을 몰렉에게 바친 장소였음을 알 수 있습니다. 그리고 이로부터 수치와 불법을 불태우는 전통이 나타나게 됩니다.

여기서 드는 한 가지 의문은 신약성경이 게헨나를 영원한 멸망의 장소라고 이해하는 쪽으로 기울었는지(아닌지)에 관한 부분인데요. 라이트(Wright)는 게헨나에서 일어나는 일에 관한 예수님의 경고는 대개 다음 생애에 관한 것이 아니라, 이번 생애에 관한 것이라고 주장합니다(그렇다면 게헨나에 가게 된다는 것은 곧 지금 땅에서 고통과 불을 경험하게 된다는 의미일 수 있습니다).[7] 그런데 또 어떤 학자들은 게헨나라는 표현이 악인들에게 펼쳐질 **미래의 숙명**에 관한 표현과 아주 흡사하다고 지적합니다.[8] 여러 측면을 감안해 볼 때, 저는 후자의 입장을 지지합니

---

7   Wright, *Surprised by Hope*, p. 188.

8   W. D. Davies, Dale C. Allison, *Matthew 8–18: International Critical*

다. "몸은 죽여도 영혼은 능히 죽이지 못하는 자들을 두려워하지 말고, 오직 몸과 영혼을 능히 지옥(hell[gehenna])에 멸하실 수 있는 이를 두려워하라"(마 10:28)와 같은 본문들은 분명 영원한 형벌과 관련된 것처럼 보입니다. 또한 게헨나를 '단순한' 물리적인 장소에서, 죽음 이후에 나타날 잠재적인 숙명의 발현으로 변형시키고 있는 것처럼 보이기도 하고요.

(지옥과 관련된 네 번째 요소는 불못[lake of fire]입니다.) 불과 관련된 또 다른 개념으로는 요한계시록에 나오는 불못(lake of fire)을 들 수 있는데요. 요한계시록 안에서 불못은 4회나 언급되며(계 19:20; 20:10; 20:14-15; 21:8), 다양한 존재들이 이 불못에 던져집니다. 이를테면, 짐승과 거짓 선지자들(계 19:20), 마귀(계 20:10), 죽음과 하데스(계 20:14-15), 비겁한 자들, 신실하지 못한 자들, 가증한 자들, 살인자들, 음행하는 자들, 마술쟁이들, 우상 숭배자들, 모든 거짓말쟁이들(계 21:8)이 불못에 던져지게 됩니다. 요한계시록은 마귀가 불못에서 밤낮으로 고통 당할 것이라는 점에 대해선 분명하게 언급하면서도(계 20:10), 그 못에 던져진 모든 존재가 고통을 당하게 되는 것인지(아닌지)에 대해선 상대적으로 덜 분명한 태도를 보입니다. 불못이 "둘째 죽음"(계 20:14)이라는 설명은 곧 요한계시록의 전반적인 맥락, 즉 종말과 관련이 있음을 보여줍니다. 여기서 또 하나 눈에 띄는 점은 마귀도 불못의 포로일 뿐이며, 결코 불못을 넘어서지 못한다는 것입니다.[9]

Commentary (Edinburgh: T. & T. Clark, 1991), p. 207.

9   타르타루스(Tartarus)가 신약성경 안에서 한 차례 언급됩니다. "하나님께서

성경 밖에서 더 자주 발견되는 다섯 번째 요소는, 지옥을 여행하는 이야기들(의 발전)입니다. 이러한 주제의 이야기들은 주로 주후 2세기 이후 유대 문헌과 기독교 문헌에서 발견되는데요. 힘멜파브(Himmelfarb)와 보컴(Bauckham)은 이 이야기들이 승천을 다루는 문헌들로부터 자연스럽게 발전한 것이라고 주장합니다. (에녹1서 22장을 포함하여) 다수의 문헌들이 악인들의 영혼이 부활 전에 붙잡혀 있는 곳을 다루고 있기 때문입니다.[10] 이는 가능성이 있는 2가지 개념으로 우리의 관심이 향하도록 만듭니다. 첫째, 악인들이 부활과 최후의 운명을 기다리는 장소가 있다는 개념입니다(거기서 고통을 받을 수도, 받지 않을 수도 있습니다). 이것은 지옥을 여행하는 장면을 통해서 알 수 있습니다. 둘째, 불과 관련된 심판 후에는 악인들을 향한 영원한 운명이 있다는 개념입니다.

그렇지만 성경에 나오는 이러한 개념들을 모아 본다고 해도, 우리가 '지옥'(hell)이라고 부를 만한 '실체'를 가리키지 않는다는 점에

범죄한 천사들을 용서하지 않으시고, 지옥[타르타루스]에 던져서 사슬에 묶어 심판 때까지 깊은 어둠 속에 있게 하셨습니다"(벧후 2:4). 타르타루스는 그리스 개념으로서, 악인들에게 고통을 주기 위한 하데스 아래의 영역을 가리킵니다. 베드로후서 안에서 타르타루스는 인간들의 운명이 아니라 천사들의 운명을 가리키고 있다는 점이 흥미로운데요. 이는 땅 아래에서 고통을 받게 된다는 믿음에 대한 단서일 수도 있으나, 여기서는 그 고통이 단지 심판 때까지만 이어집니다.

10 Martha Himmelfarb, *Tours of Hell: An Apocalyptic Form in Jewish and Christian Literature* (Philadelphia: Augsburg Fortress, 1985); Richard Bauckham, 'Early Jewish Visions of Hell', in *The Fate of the Dead: Studies on the Jewish and Christian Apocalypses* (Leiden: Brill, 1998), pp. 49–80.

주의해야 합니다. 또한 마귀가 어떤 측면에서도 지배하는 모습을 보이지 않는다는 점에도 주의를 기울여야 합니다(실은 정반대입니다. 마귀와 마귀의 수하들[angels]의 운명은 불못 속에서 고난을 당하는 것입니다). 그러나 심판의 날 전이든 후이든(혹은 둘 다이든), 형벌이 하나님을 대적하는 존재들을 기다리고 있다는 전통이 점차 발전하기 시작했습니다. 이를테면, 어떤 문헌들은 오로지 마귀와 마귀의 수하들에게 초점을 맞추고, 또 어떤 문헌들은 (하나님을 대적하는) 다른 존재들까지 다룹니다. 마태복음의 경우 한발 더 나아가, 그러한 결말을 겪게 될 자들의 범주를 더욱 확장하고 있습니다. 이를테면, 다른 이를 "미련한 놈"이라고 말하는 사람들(마 5:22), 주린 자에게 먹을 것을 주지 않는 사람들(마 25:41-46)이 그 범주에 포함됩니다. 신약성경은 미래의 형벌에 관한 개념들이 급격히 변하고 바뀌는 시대 속에서 기록된 것으로 보입니다. 물론 후대 문헌에서 발견할 수 있는 지옥에 대한 견해 즉, 더 정교하고 완전하게 자리잡은 견해를 신약성경 안에서 찾아볼 수 있는 것은 아닙니다. 하지만 성경—특히 신약성경—안에는 분명 훗날 더 정교한 견해로 발전하게 되는 개념들이 숨겨져 있습니다.[11]

신약성경으로 본 죽음과 부활 사이

만일 우리가 "죽음 직후 사람들에게는 어떤 일이 일어나는가?"

---

11 지옥 개념에 대한 명확하고 유용한 입문서로는 다음과 같은 자료가 있습니다. Alan E. Bernstein, *The Formation of Hell: Death and Retribution in the Ancient and Early Christian Worlds* (Ithaca, NY: Cornell University Press, 1993).

라는 질문을 똑같이 신약성경에 던진다면, 과연 어떤 대답을 얻을 수 있을까요? 제 생각에는 제2성전기 유대교에서 얻은 대답과 유사한 답을 얻을 것 같습니다(물론 그렇게 복잡하지는 않을 것입니다). 그런데 실상은 (신약성경 안에) 그 주제에 대해 이야기하는 본문이 극도로 적은 상황입니다. 마태복음을 보면, 예수님께서 2가지 비유를 들어 심판에 관하여 말씀하시는데요. 하나는 밀과 가라지의 분리에 관한 비유이고, 또 하나는 양과 염소에 관한 비유입니다. 두 비유 모두 추수 때에 혹은 인자(그 사람의 아들)가 영광 중에 오실 때에, 심판이 내려질 것이라는 점을 암시하는 것처럼 보입니다. 이것은 두 비유가 판결이 죽을 때에 내려지는 것이 아니라, 심판의 날에 내려진다는 모델을 따르고 있음을 나타냅니다. 밀과 가라지, 양과 염소는 모두 심판의 날 전에는 판별할 수 없기 때문입니다. 하지만 두 비유 모두 종말과 연관이 되면서도, 정작 죽음 이후의 삶에 대해서는 직접적으로 언급하지 않는데요. 그렇기 때문에 종말 이전에 벌어지는 일에 대한 내용은 찾아보기 어렵습니다.

(두 비유와) 비슷한 입장을 내비치는 또 다른 본문은 베드로전서 3:18-19, 4:5-6입니다.

> 그가 육체(flesh)로는 죽임을 당하시고, 영(spirit)으로는 살리심을 받으셨으니, 그가 또한 영으로 가서 옥(prison)에 있는 영들에게 선포하셨습니다. (벧전 3:18하-19)

그러나 그들은 산 자와 죽은 자를 심판하실 분에게 고해야 할 것입니다. 죽은 자들에게도 복음이 전파된 것은, 그들이 육체로는 모든 사람이 심판받는 대로 심판을 받으나, 영으로는 하나님을 따라 살게 하려는 것입니다. (벧전 4:5-6)

이러한 본문들은 학자들을 굉장히 곤혹스럽게 만들어 왔습니다. 물론 지금도 곤혹스럽게 만들고 있고요. 이 본문들의 의미를 확신하는 학자들은 아마 거의 없을 것입니다. 저는 지금 살펴본 본문들이, 심판이 죽을 때에 완성되는 것이 아니라는 점, 복음이 죽은 자들에게 전파되어서 죽음 이후에조차 복음을 깨닫고 반응할 기회를 가졌다는 점을 가리킬 수도 있음을 조심스레 주장하고 싶습니다. 물론 이러한 해석은 문제를 해결하는 동시에 또한 많은 문제를 일으킵니다. 예를 들어, 여기서 죽은 자들은 누구를 가리키는 것일까요? 그리스도 이전에 죽은 자들일까요? 아니면 그리스도 이전 혹은 이후에 죽었으나 복음을 듣지 못한 자들일까요? 그것도 아니면 이미 죽었지만 복음에 반응을 보일 수 있는 또 다른 기회를 얻게 된 자들일까요? 정확히 어떤 의미인지 확신하기에는 언급된 내용들이 지나치게 암시적입니다. 물론 상당히 흥미로운 질문들을 자아내는 것은 사실이지만요.[12]

이 주제에 대한 신약성경의 관점을 알려주는 또 다른 비유는 바

---

12   이 본문에 대한 유용한 논의를 살펴보려면 다음의 자료를 참고하세요. Paul J. Achtemeier, *1 Peter* (Philadelphia: Augsburg Fortress, 1996), pp. 288–91.

로 부자와 나사로의 비유입니다. 두 사람은 같은 날 죽음을 맞이하게 되는데요. 부자는 자신이 하데스(Hades)에서 고통을 당하고 있다는 것을 발견하게 되고, 또한 거기서 눈을 들어 아브라함과 아브라함의 품에 있는 나사로를 보게 됩니다.[13] 여기서 가장 먼저 주목해서 볼 점은 부자가 하데스에서 발견된다는 것입니다. 앞서 살펴봤듯이, 하데스는 신약성경 안에서 자주 스올을 언급하는 데 사용됩니다. 한 가지 흥미로운 것은 부자가 있는 곳에서 아브라함과 나사로 모두를 볼 수 있었고, 또 그들과 이야기도 나눌 수 있었다는 점입니다. 또 무엇보다 인상적인 것은 부자가 아브라함을 "아버지"라 부르고, 아브라함은 부자를 가리켜 "아들아"(son)라고 부르는 장면입니다. 크게 보면, 이는 나사로와 부자가 동일한 장소에 있다는 것을 암시합니다. 물론 깊이 갈라진 틈으로 인하여 분리되어 있기는 하지만요. 이것은 에녹1서 22장에서 각기 다른 장소에 영혼들이 나눠지는 환상과, 에스라4서 7장에서 고통이 죽음 직후에 시작된다는 이해가 흥미롭게 결합된 것처럼 보입니다. 하지만 본문에서 보여지는 부자와 나사로의 모습이 최후의 운명을 가리키는 것인지는 분명하지 않

---

13 이 비유는 이집트의 전승과 전통적인 랍비 이야기에 뿌리를 둔 것으로 알려져 있습니다. William Herzog, *Parables as Subversive Speech: Jesus as Pedagogue of the Oppressed* (Louisville, KY: Westminster John Knox, 1999), p. 114. 지혜롭게도 Wright는 예수님이나 누가가 죽음 이후의 삶을 어떻게 생각했는지에 대한 확실한 견해를 얻으려고 그러한 자료들에 지나치게 의존해서는 안 된다고 경고합니다. 그럼에도 불구하고 (그러한 자료들이) 당시의 대중적인 견해를 알 수 있는 통찰력을 주는 것은 사실입니다. N. T. Wright, *Resurrection* (London: SPCK, 2006), p. 438.

습니다.

또 다른 2가지 본문이 흥미로운데요(많은 정보를 담고 있지는 않습니다).
하나는 이번 장의 초반부에서 언급한 데살로니가전서 4:13-18입니
다. 이 본문은 종말에 있을 부활에 대한 분명한 환상을 담고 있습니
다. 저는 이 본문에 대한 라이트의 해석에 동의하는데요. 즉, 이 본
문은 죽은 자들이 살아 있는 자들과 함께 구름 속에서 그리스도를
만나고, 땅에서의 부활을 위해 그리스도와 함께 땅으로 되돌아온다
는 의미를 담고 있습니다.[14] 여기서 바울이 '죽은'(자들)에 쓴 단어는
'잠든 자들'로 번역하는 것이 더 나은데, 그렇게 하면 다니엘 12:1-3
과 분명하게 연결됨을 알 수 있습니다. 참고로, 데살로니가전서와
다니엘서 본문 모두 잠든 자들이 중간 상태에 있는지(아닌지)에 대해
서는 명확하게 이야기하지 않습니다. 흥미로운 또 하나의 본문은
여기저기서 자주 인용되는 요한복음 14:2입니다. "내 아버지 집에
거할 곳들이 많도다"(요 14:2). 라이트는 여기서 거할 곳들을 가리키는
단어(*mone*)가 임시 거처들을 가리키는 데 가장 자주 사용되며, 따라
서 거기서부터 다른 곳으로 이동하게 된다는 것이 본문에 내포되어
있다고 지적합니다. 이로써 라이트는 에녹1서 22장에서 발견되는 4
장소와의 비교를 가능하게 만들었습니다.[15]

사실 이 본문들보다 훨씬 더 중요한 본문은 요한계시록 6:9-11
과 7:13-17입니다. 이 요한계시록의 본문들이 다른 어떤 본문들보다,

---

14   Wright, *Resurrection*, pp. 214-19.
15   Wright, *Resurrection*, p. 446.

죽음 이후의 삶에 대한 대중적인 이해를 형성했다고 할 수 있습니다. 에녹1서 22장에 대한 우리의 고찰에 비추어 볼 때, 요한계시록 6:9-11은 특별히 더 흥미롭습니다. 여기서 순교자들의 영혼은 제단 아래에서 하나님께 외치고 있고, 또 하나님께서 그들이 죽임 당한 것에 대해 복수해 주시고 심판하시기까지 얼마나 기다려야 하는지를 묻고 있습니다.[16] 이러한 장면은 에녹1서 22장의 장면을 놀라울 정도로 반향하고 있습니다. 에녹1서 22장에서도 죽임을 당한 자들이 하나님께 복수해 달라고 외치는 장면을 볼 수 있습니다. 하지만 라이트가 언급한 것처럼, 이 요한계시록의 본문이 분명하게 가정하고 있는 것은, 하늘에 있는 영혼들이 심판을—따라서 은연중 부활을—기다리고 있다는 점입니다.[17]

(요한계시록에서 또 하나 중요한 본문은 7:13-17인데요.) 아무도 그 수를 셀 수 없을 만큼 큰 무리, 즉 흰 옷을 입고 종려나무 가지를 들고 보좌 앞과 어린 양 앞에 서서 하나님을 경배하는 이들에 대한 언급이 중요합니다(계 7:9). 이제 우리는 '흰 옷을 입는다'는 표현을 듣는 순간 곧바로 하나님이나 천사와의 연관성이 떠오를 텐데요. 이로써 우리가 도출할 수 있는 유일한 결론은 곧 요한계시록의 저자의 경우 "하나님 편에서 죽은 자들이 지금 하늘에서 흰 옷을 입은 채 하나님의 보좌 앞에 있다"고 믿었다는 것입니다. 즉, 그들은 분명 하나님과 연결

---

16 Blount가 설득력 있게 주장하는 것은 정의, 심판과 관련이 있습니다(성전의 속죄소와 같이). Brian K. Blount, *Revelation: A Commentary* (Louisville, KY: Westminster John Knox), p. 133.

17 Wright, *Resurrection*, pp. 470-6.

되어 있다는 것입니다. 훨씬 간접적이기는 하지만 바울에게서 나타나는 표현들 역시 이러한 그림을 그리고 있는 것 같습니다. 이를테면, 빌립보서 1:23에서 바울은 (세상을) 떠나서 그리스도와 함께 있는 것이 더 좋다고 이야기하고 있습니다. 또한 고린도후서 5:1-9에서는 주님과 함께 집에 있는 것을 이야기하는데, 여기서 우리는 요한계시록 6-7장과 공명하는 부분을 보게 됩니다. 하지만 이러한 표현들은 그 의미가 요한계시록보다 명확하지 않아서, 정확한 그림을 그리기가 상당히 어렵습니다.

우리가 신약성경에서 발견할 수 있는 내용이 사실 많다고는 할 수 없습니다. 그럼에도 우리 앞에는 분명 다양한 이미지가 있습니다. 하데스에 있는 영혼들과 이미 자신들의 보상/형벌을 받은 이들에서부터, 최후의 판결이 이루어지기까지 심판의 날을 기다리는 이들, 그리고 하나님의 보좌 앞에 서서 하나님을 영원히 경배하는 자들에 이르기까지 정말로 다양한 이미지가 있습니다.

예수님의 부활이 미치는 영향

지금 다루는 주제를 벗어나기 전에 가능성이 있는 또 하나의 사안을 언급하고자 합니다. 저는 신약성경 안에서 첫 그리스도인들은 종말이 이미 시작되었다고 믿었음을 넌지시 밝혀왔습니다(예를 들어, 바울과 누가에게서 나타나는 낙원에 대한 언급을 보세요). 이 또한 지금 함께 다루어야 하는 중요한 신학적 범주입니다. 저는 바울과 누가, 그리고 정도는 좀 덜하지만 다른 복음서 저자들 역시 "예수님의 죽음과 부활

이 종말의 시작을 가리키는 것으로 믿었다"고 확신합니다. 성전의 휘장이 둘로 찢어진 이야기(마 27:51; 막 15:38; 눅 23:45), 낙원에 예수님과 함께 있게 될 범죄자를 언급하는 누가의 이야기(눅 23:43), 누구든지 그리스도 안에 있으면 새로운 피조물이라는 바울의 이야기(고후 5:17) 등은 겨우 몇 가지 사례일 뿐이지만, 그럼에도 분명 종말이 이미 시작되었다는 믿음을 나타내고 있습니다. 하지만 이와 함께 또 분명한 것은 이러한 믿음이, 종말이 오리라는 믿음, 즉 인자(그 사람의 아들)가 다시 오실 것이라는 믿음을 철회시키지 않았다는 것입니다.[18]

많은 신약성경의 저자들이 가리키는 것은 우리의 삶이 시대와 시대 사이에 끼어 있다는 것입니다. 즉, 그들은 우리가 옛 세계와 새로운 세계가 중첩되는 시기에 살아가는 존재임을 말하고 있습니다. 하나님의 나라(kingdom)가 침입해오고 있지만, 그럼에도 옛 세계는 여전히 존재합니다. 모든 피조물이 하나님의 자녀들이 나타나기를 간절히 기다리는 것처럼 우리도 기다립니다(롬 8:19). 그렇다면, (이미) 시작된 종말 가운데 죽은 사람들이 이미 깨어났을 가능성은 없는

---

18 Dodd는 미래에 대한 지속적인 기대가 없는 실현된 종말론(realized eschatology)을 주장한 것으로 유명합니다. 이러한 주장은 종말에 대한 지속적인 믿음과 더불어, 하나님 나라(kingdom)가 현재로 침입한다는 견해에 힘입어 이제는 대체로 거부되고 있습니다. C. H. Dodd, *The Parables of the Kingdom* (London: Nisbet & Co., 1946), pp. 82-4. '과대 실현된 종말론'(over-realized eschatology)에 대한 비평을 보려면 다음의 자료를 참고하세요. Anthony A. Hoekema, *The Bible and the Future* (Carlisle: Paternoster, 1979), pp. 17-18.

걸까요?[19] 종말이 이미 시작되었다고 한다면, 적어도 죽은 자들의 부활이 이미 일어났고, 부활한 몸으로 새 하늘과 새 땅에서의 삶을 이미 누리고 있을 가능성도 있다고 해야하지 않을까요? 이는 사랑하는 사람들의 운명을 걱정하고 염려하는 우리에게 의미있고 유용한 답변이 될 수도 있습니다.

하지만 결국, "우리가 사랑하는 사람들은 부활을 기다리는 동안 어떤 일을 겪게 되나요?"와 같은 질문에 대한 대답은 "모른다"가 되어야 할 것입니다. 우리가 무덤 저편의 일을 정확히 알 수는 없습니다. 그렇다면 결국 우리가 할 수 있는 일은 우리 앞에 놓인 전통들을 유심히 살펴보고 숙고하는 것입니다. 이와 관련되어 다양한 이미지들이 신약성경 안에 나타나기 때문에, 누구나 그중에 하나를 택하여 생각할 자유가 있습니다. 물론 그 가운데서도 내가 택한 이미지는 하나의 이미지일 뿐이며, 다른 이미지들도 존재한다는 사실을 잊어서는 안 됩니다. 아마도 이 주제와 관련된 성경의 다양한 표현들 중에서 요한계시록 6:9-11, 7:13-17이 계속해서 가장 영향력 있고 상징적인 표현으로 남지 않을까 생각합니다. 그 내용이 가장 명확해서 슬픔에 빠진 사람들에게 목회적인 응답을 줄 수 있는 최상의 토대를 제공하기 때문입니다.

---

19   물론 우리가 알 수 없는 부분입니다.

에필로그 … 그래서 어떻게 하라는 건가요?

신학자들이 즐겨 고민하는 논의를 향해 많은 사람들이 자주 물어보고 싶어하는 질문이 하나 있습니다. 바로 "그래서 어떻게 하라는 건가요?"라는 질문입니다. 이는 곧 "그 이야기를 듣고 실천에 옮기면 나에게 어떤 차이가 생기느냐?"라는 질문이기도 합니다. 좀 뻔하게 대답하자면 "일단 해봐야만 알 수 있다" 정도가 될 것입니다. 실제로 신학적인 개념이 살아있는 표현이 되게 하려면, 결국 개인의 삶 속에서 이해하고 살아내는 수밖에 없습니다. 이를 통해서 각 개인이 그 차이를 말할 수 있게 되는 것이죠. 그렇지만 이러한 대답조차 충분하지 않다는 것을 저 역시 잘 알고 있습니다. 그래서 저는 이 책의 마지막 부분에서 생명력 있는 하늘나라의 신학이 일상생활에서 어떠한 차이를 만들어 낼 수 있는지를 잠시나마 살펴보고자 합니다.

한 가지 분명한 점을 지적하며 시작하고 싶은데요. 바로 성경이 본질적으로 말하는 하늘나라가 죽음 후에 일어나는 일과 연결되는 것이 아니라, 하나님이 머무시는 곳과 연결된다는 사실을 우리가 받아들인다면, 하늘나라의 직접적인 여파는 지금보다 훨씬 더 커지게 될 것이라는 점입니다. 하늘나라가 죽을 때 일어나는 일 하고만 연결된다면, 하늘나라는 그저 우리가 죽음을 깊이 생각하게 될 시점까지, 즉 미래로 밀려나게 될 것입니다. 하지만 만일 하늘나라가 땅만큼이나 실재(reality)한다면, 그렇다면 하늘나라는 우리의 삶의 모든 영역, 모든 시간에 영향을 미치게 됩니다.

하늘나라를 믿는 것은 궁극적으로 "이 세계가 전부다"라는 생각에 대한 저항이라고 할 수 있습니다. 하늘나라를 믿는 것은 지금 있는 그대로의 세계뿐만 아니라, 앞으로 다가올 세계 역시도 엿볼 수 있게 해줍니다. 인간과 땅의 것들만이 아닌, 하늘나라와 하나님의 절대적인 공의와 정의, 자비와 긍휼, 사랑으로 형성되는 세계, 자기 이익과 자기 생존의 원리가 아니라, 하나님의 원리—사랑과 정의와 긍휼의 원리—로 운행되는 세계 말이지요. 결국 하늘나라를 믿는 것은 오늘날 우리의 삶에 새로운 차원을 들여오는 일이라고 할 수 있습니다.

희미한 장소

이 책의 곳곳에서 하늘나라가 인간에게 계시되는 경우를 살펴봤는데요. 때로는 땅에 내려온 천사를 통해서, 때로는 하늘나라를 들여다보는 인간을 통해서, 또 때로는 하늘나라에서 말씀하시는 하나님을 통해서, 심지어 때로는 하늘로 승천하는 이들을 통해서 하늘나라가 드러났습니다. 현대 세계에서 사는 우리는 이러한 언어에 그다지 익숙하지 않습니다. 물론 앞서 살펴본 것처럼, 켈트족의 영성의 영향을 받아서 "희미한 장소"에 대해 이야기하는 것을 좋아하는 사람들은 있긴 하지만요. 그러한 사람들은 특별히 더 신성하게 느껴지는 장소를 말하곤 합니다. 하나님의 임재가 다른 곳보다 더 생생하게 느껴지는 장소 말이죠. 제가 지금 하고 있는 말을 아마도 많은 사람들이 수긍할 것이라고 생각합니다. 우리 중에서도 많은 사람들이 다른 곳보다 하나님이 더 가까이 느껴지는 "신성한 장소"를 갖고 있으니까요.

하지만 그 빛나는 장소에서 많은 시간을 보낸다고 해서 그곳이 저절로 가치 있는 곳이 되는 것은 아닙니다. 하나님의 본성에 관하여, 하나님이 머무시는 영역에 관하여 말해주는 바가 있어야 비로소 그 장소가 가치 있게 되는 것입니다. 그러한 장소에서 시간을 보내고 나서 우리가 사는 영역이나 일하는 곳, 혹은 "진한 장소"—하나님의 임재가 그다지 잘 느껴지지 않는 곳—로 돌아오게 되면, '세상이 하늘나라로 뒤덮이는 때를 향한 비전'을 품게 됩니다.

우리가 요한복음 1:51—하나님의 천사들이 인자(그 사람의 아들) 위에서 오르락내리락하는 것을 이야기하는 본문—에서 발견한 아주 중요한 재해석은, 하늘(나라)의 문(창세기 28:17에서 야곱이 이렇게 표현하고 있습니다)이 더 이상 장소가 아니라 사람 즉, 인자이신 예수님이라는 사실입니다. 따라서 어떤 특정한 장소가 "희미한 장소"로 느껴질 수도 있지만, 실은 세상의 모든 장소, 심지어 가장 끔찍한 장소조차 희미한 장소 혹은 하늘(나라)의 문—참된 하늘의 문이신 예수님의 임재를 통해 만들어진—이 될 수 있습니다. 하늘나라를 믿는다는 것이, 하늘나라를 계속해서 보고 느끼기를 갈망하며 언제나 위를—혹은 우리가 하늘나라가 있다고 생각하는 방향을—바라보는 것을 의미하진 않습니다. 하늘나라를 믿는다는 것은 하나님이 작정하신 세계에 대한 비전을 가지고, 그러한 세계를 우리가 살고 있는 곳으로 끌고 오기 위한 모든 노력을 기울이는 것을 의미합니다.

그 결과 하늘나라를 믿는다는 것은, 우리의 삶과 무관하거나 난해한 일이 아니라, 삶을 살아가는 데 있어서 꼭 필요한 부분이 됩니다. 또한 하늘나라를 향한 믿음은 우리가 사는 세계를 달리 보게 만듭니다. 즉, 이 세계는 또한 하늘과 땅이 나란히 존재하는 세계, 하나님께서 개입하실 수 있고 실제로 개입하시는 세계, 하나님의 정의와 사랑이 하늘에서와 같이 땅에서도 마땅히 제 자리를 차지하는 세계라는 점을 보게 만듭니다. 무엇보다 하늘나라를 향한 믿음은 하늘과 땅의 경계선이 너무 진하고 두꺼워서 하나님의 임재가 느껴지지 않는 곳은 이 땅 어디에도 없다는 사실을 깨닫게 합니다.

우리의 행성과 우리의 몸을 돌보는 일

하늘나라와 부활에 관한 성경의 관점이 지닌 또 다른 특징은 바로, 피조 세계—또한 피조 세계와 우리의 관계—를 새롭게 바라보게 한다는 것입니다. 일부 사람들의 경우 다양한 이유를 들어—그 중 하나가 이 행성에 대한 근대적인 태도입니다—크리스텐덤(Christendom)을 비난하지만, 사실 그 비난의 근거가 딱히 타당해 보이지는 않습니다. 그렇지만 우리의 신학이 낳은 피조물을 향한 태도에 대해, 마땅히 책임감을 갖는 것은 분명 중요합니다. 신학 안에도 피조물을 바라보는 방식에 영향을 미치는 여러 가지 견해들이 있습니다. 그중 하나가 이 세계는 그저 더 영적인 차원으로, 즉 하늘나라로 가기 위한 통로일 뿐이라는 견해입니다.

하늘(나라)이 창조 질서의 일부로서 종말에 땅과 함께 구속되고 재-창조될 것이라는 점과, 장래에 우리의 삶은 그 새 땅에서 부활한 몸으로 살아가는 것이라는 점 모두는 중요한 함의를 가지고 있습니다. 곧 우리가 사는 이 세계는 일시적인 곳도, 장래에 영적으로 존재하게 되리라는 희망 속에 버리고 떠날 곳도 아니라는 것입니다. 우리가 사는 세계는 곧 새 하늘과 새 땅의 경우 더 이상 나눠지지 않을 것이며 또한 하나가 될 것이라는 의미를 깨닫게 되는 곳, 그리고 영원히 살 존재처럼 사는 법을 배우는 곳이라 할 수 있습니다.

이는 분명 현재 우리가 살아가는 방식에 엄청난 차이를 만들어낼 수 있습니다. 이를테면, 흔히 영적인 것은 무엇이든지 좋고, 땅의 것은 무엇이든지 나쁘다고 가정하기 쉬운데요. 그러한 가정은 땅의 것이 '닿지 않은' 영적인 것만을 찾아다니며, 가능한 한 땅의 것에서 벗어나려고 애쓰게 만듭니다. 즉, 의도적이든 아니든 우리가 영적이지 않다고 치부해버리는 피조물에 대한 존중을 잃을 수 있는 것입니다. 하지만 제가 본 성경의 전통은 땅에 속하지 않은 영적인 것과, 땅에 속한 피조물 사이에 선을 긋지 않습니다. 성경의 전통이 선을 긋는 곳은 생명을 주시는 하나님—하나님의 영—에게서 비롯되거나 이끌린 것(일)과, 죽음을 가져오는 옛 세계에서 비롯되거나 이끌린 것(일) 사이입니다.

간단히 말해서, 만일 하늘(나라)이 땅과 나란히 창조되었다면, 피조된 것들이 전적으로 나쁘기만 할 리가 없습니다. 따라서 하늘나라를 믿는다는 것은, 지금 이 땅에서 더 충실하고 책임감 있게 살아가는 것을 의미합니다. 환경적인 측면에서 보면, 이 믿음은 우리의 행성을 향하여 이전과 전혀 다른 태도를 만들어낼 수 있는 잠재력을 가지고 있습니다. 대체로 영적이고 '좋은' 것은 하늘나라와 연결시키고, 물리적이고(physical) '나쁜' 것은 땅과 연결시켰던 기독교 전통은 하늘나라의 비-물리적인 존재가 되기를 갈망하며, 우리의 행성을 그저 쓰다 버릴 대상으로 만든 경향이 있었습니다. 하지만 만일 우리가 땅과 같이 하늘(나라)도 종말에 재-창조될 것을 믿는다면, 마땅히 이 행성에 대한 우리의 태도를 재고해야 하며, 영적인 땅의 삶을 향해 나아가야 합니다. 이는 곧 땅에서 하나님의 것(일)으로 살아감을 의미합니다. 하나님은 우리에게 생명(삶)을 주셨고 하나님의 피조 세계 안에서 그와 같이 살아가도록 부르셨습니다. 가능한 한 최선을 다해 죽음이 아닌 생명을 가져오는 행동 양식과 삶의 원칙을 따르도록 부르심을 받은 것입니다. 이는 우리가 말하고 생각하고 행동하는 모든 영역에, 또한 우리가 내리는 모든 결정에 영향을 미쳐야 합니다. 이러한 맥락에서 우리는 우리의 삶의 패턴이 생명을 낳고 있는지 아닌지를 스스로에게 질문해야 합니다.

또한 이러한 이야기는 우리가 몸에 대하여 다른 관점, 더 건강한 관점을 가져야 한다는 것을 의미합니다. 흔히 몸은 일시적인 염증과 같으며, 하늘나라에서 살게 될 때가 되면 버리게 될 대상으로 생각하기가 쉬운데요. 실제로 많은 사람들이 자신의 몸에 대해 상당한 반감을 가지고 있습니다. 하지만 몸의 부활에 대한 믿음은 이에 대해 다시 생각해 볼 것을 요구합니다. 부활 이후의 몸은 지금 우리가 가진 몸과 아주 다를 수 있지만(가장 매력적인 점은 그 몸의 경우 점점 더 활기차게, 점점 더 에너지가 넘치게 될 것이라는 점입니다), 그럼에도 여전히 몸일 것입니다. 이러한 사실은 현재 우리의 몸을 달리 보게 만듭니다. 따라서 우리는 지금 우리의 몸을 통해 부활 이후의 삶을 맛볼 수 있어야 하며, (몸의 부활에 대한) 믿음에 맞게 우리의 몸을 다룰 수 있어야 합니다.

예배, 하늘과 땅이 하나 됨을 경험하는 일

이 책 곳곳에서 드러난 주제 중 하나는 예배의 중요성이었습니다. 올바른 하늘나라 신학은 예배를 드리는 방식보다는, 예배의 의미—예배를 드린다는 것이 곧 무엇을 한다는 의미인지—에 초점을 두고 있습니다. 성경 안에서 인상적인 모습 중 하나는 하늘(나라)의 예배에 참여하는 모습인데요. 많은 사람들에게 하늘(나라)은 멀리 동떨어져 있는 것처럼 느껴질 수 있지만, 사실 성경을 보면 곳곳에서 하나님과 인간 사이의 친밀함이 나타납니다. 그리고 그러한 친밀함이 가장 잘 드러나는 곳이 바로 예배입니다. 요한계시록은 천사들의 노래에 합류함으로써 미래에 있을 하늘과 땅의 하나 됨을 현재에 경험할 수 있는 영광스러운 기회를 제공합니다.

이것이 바로 요한계시록 5장이 신학적으로 기대하는 바입니다. 그러나 이 말이 꼭, 사람들이 예배드릴 때—얼마나 좋은 예배이든지 간에—앞서 말한 경험을 하게 될 것이라거나, 혹 경험을 해야 한다는 것을 의미하진 않습니다. 핵심은 예배가 자동적으로 땅과 하늘이 하나 된 느낌을 전달한다는 데에 있는 것이 아닙니다. 핵심은 바로 예배의 목적과 초점이 하늘에 있는 천사들과 함께함에 있다는 것입니다. 우리가 신학적인 진리를 느끼지 못한다고 해도, 그 진리는 참일 수 있으니까요.

시적 상상력과 하늘나라

마지막으로 올바른 하늘나라의 신학이 중요한 이유는, 그 신학이 가장 깊이 있는 시적 상상력을 발휘하게 만들기 때문입니다. 이 책의 1장에서 우리는 우리가 가진 다른 세계관으로 인해, 하늘나라를 믿는 일에 문제가 발생하는 것을 살펴봤는데요. 논의를 이어갈수록 이 문제가 점점 더 크게 부각되는 것을 보았습니다. 이를테면, 후대 묵시 문학—하늘나라와 천사들, 하나님의 보좌-병거에 가장 관심이 많은 문학—이 가진 문제 중 하나는, 우리와는 너무 동떨어진 세계를 그린다는 것이었습니다. 이는 그 저자들이 주로 이야기한 것이 하늘나라이기 때문만은 아니었습니다. 그들이 사용한 언어 또한 문제였습니다. 이러한 유형의 (묵시)문헌들—초기의 문헌들과 마찬가지로—은 창공(sky) 위의 하늘나라(heaven)에 대해서, 보좌-병거에 앉으신 하나님에 대해서, 짐승의 머리를 가진 인간들과 인간의 머리를 가진 짐승들에 대해서, 천사들의 무리에 대해서, 하늘로 승천하는 일에 대해서, 또 그 밖의 우리가 보기에 기묘하고 놀라운 많은 이미지들에 대해서 이야기하고 있습니다. 이러한 내용과 표현들은 우리가 사는 21세기의 세계관 안에서는 너무나도 낯선 것들이어서, 우리는 본능적으로 그것들을 회피하며 다른 이야기를 하고 싶어한다는 것이 바로 문제의 핵심이었습니다.

하지만 어떤 이유에서 그런 식으로 기록된 것인지를 이해하려고 노력한다면 분명 그로부터 많은 유익을 누릴 수 있습니다. 저의 경우 요한계시록을 문자적으로 이해하려는 태도를 멈추고 대신 그 속의 환상을 시각화하여 떠올리기 시작했을 때, 처음으로 요한계시록을 제대로 이해할 수 있었습니다(물론 저는 그 누구도 요한계시록을 완전히 이해할 수 있다고 생각하진 않습니다). 이러한 유형의 문헌들에 나오는 많은 이미지들은 시각적인 것입니다. 수많은 예술 작품들이 요한계시록을 토대로 그려진 것은 결코 우연이 아닙니다. 요한계시록은 그 내용을 시각적인 묘사로 풍성하게 담아낸 텍스트라고 할 수 있습니다. 이러한 면에서 볼 때, 묵시 문학은 글로 만든 예술 작품이라고 할 수 있습니다. 물론 실제 유대교의 경우 하나님께서 이미지(형상)를 금지하셨기 때문에 예술 작품을 만들어 내지는 않았습니다. 하지만 어떤 면에서 보면 이러한 (묵시)문학은 형상화하는 일 없이 시각적인 경험을 제공한다고 할 수 있습니다. 각 저자들은 시적인 상상력을 발휘했습니다. 그들은 하나님—본질적으로 묘사를 거부하는 분—에 대한 언어에 깊이를 더하고자 애썼습니다. 이 묵시 문학의 저자들이 발휘한 시적 상상력은, 우리 역시 시적 상상력을 발휘함으로써 반응할 것을—두려움으로 반응하는 것이 아니라—요구하고 있습니다. 이러한 점을 가장 잘 이해한 사람 중 하나가 윌리엄 블레이크(William Blake)입니다. 그는 그 저자들의 언어에 심취하여, 자신의 존재의 심연으로부터 그러한 표현을 이끌어 내어 시와 예술을 통해 드러내곤 했습니다.

어떤 이들은 하늘나라에 대한 성경의 언어가 우리의 세계관과 너무나도 동떨어져 있기 때문에, 오늘날 우리가 사용하기엔 무리가 있다고 결론을 내립니다. 하지만 저를 포함한 또 어떤 이들은 그 언어가 성경의 전통에 있어서 너무나도 중요하기 때문에 계속해서 사용하는 쪽을 택하기도 합니다. 어떻게 하면 오늘날 더 공명을 일으킬 수 있을지 고민하면서요. 어느 쪽이든 간에, 하늘나라에 대한 성경의 언어는 분명 우리가 시적 상상력을 발휘할 것을 요구합니다. 다시 말해, 우리를 쉽게 몰아붙이는 원칙들과는 다른 방식—사랑, 자비, 긍휼, 정의, 공의—으로 통치되는 영역, 즉 우리의 영역을 넘어선 영역이 실재함—그리고 하나님이 실재함—을 진지하게 받아들이는 시적 상상력을 발휘할 것을 요구합니다.

올바른 하늘나라 신학은 우리에 대해서 그리고 세계에 대해서 다시 상상해보라고 말합니다. 무엇보다도 하늘나라 신학은 우리의 세계를 창조하신 분, 모든 살아있는 생명체를 존재하게 하신 분, 우리 깊은 곳에 생명을 불어넣으신 분, 우리가 절망 가운데 부르짖을 때 귀 기울이시는 분, 우리에게 말씀하시기 위하여 우리가 걸어놓은 제약들을 거듭 깨뜨리시는 분을 향한 예배의 자리로 우리를 불러냅니다. 하나님이 어떠한 분이신지를 표현하려고 하나님에 관하여 생각하고 말하는 일은 곧 우리가 가진 상상력의 마지막 한 방울까지도 짜내야 하는 일입니다. 성경의 저자들은 언어와 이미지를 자유롭게 사용하면서, 하나님과 하나님이 거하시는 영역을 묘사했습니다. 우리에게 주어진 과제는 곧 그들과 같은 일을 해내는 것입니다(하지만 만일 우리가 사용하는 모든 단어나 이미지, 시[poetry]가 부족함을 느낀다면, 어쩌면 가장 표현이 뛰어난 언어는 곧 침묵일 수도 있겠습니다).

Achtemeier, Paul J. *1 Peter*. Minneapolis: Augsburg Fortress, 1996.

Alcorn, Randy. *Heaven*. Wheaton, IL: Tyndale, 2004.

Alexander, Philip. '3 (Hebrew Apocalypse of) Enoch: A New Translation and Introduction'. In J. Charlesworth (ed.), *The Old Testament Pseudepigrapha: Apocalyptic Literature and Testaments vol. 1*, pp. 223–316. New Haven, CT: Yale University Press, 1983.

Alexander, Philip S. *Textual Sources for the Study of Judaism*. Manchester: Manchester University Press, 1984.

Arnold, Clinton E. *The Colossian Syncretism: The Interface Between Christianity and Folk Belief at Colossae*. Grand Rapids, MI: Baker, 1996.

Avery-Peck, Alan J., and Jacob Neusner (eds). *Judaism in Late Antiquity: Death, Life-after-death, Resurrection and the World-to-come in the Judaisms of Antiquity*. Leiden: Brill, 2000.

Barclay, William. *The Letters to the Corinthians*. Edinburgh: St Andrew Press, 1975.

Barker, Margaret. 'The Archangel Raphael in the Book of Tobit'. In Mark Bredin (ed.), *Studies in the Book of Tobit: A Multidisciplinary Approach*, pp. 118–28. London: T. & T. Clark, 2006.

Barker, Margaret. *Creation: The Biblical Vision for the Environment*. London: T. & T. Clark, 2009.

Barker, Margaret. *The Gate of Heaven: The History and Symbolism of the Temple in Jerusalem*. Sheffield: Sheffield Phoenix Press, 2008.

Barker, Margaret. *The Great Angel: A Study of Israel's Second God*. Louisville, KY: Westminster John Knox, 1992.

Barker, Margaret. *The Great High Priest: The Temple Roots of Christian Liturgy*. London: T. & T. Clark, 2003.

Barker, Margaret. *The Revelation of Jesus Christ*. Edinburgh: T. & T. Clark, 2000.

Barker, Margaret. *Temple Themes in Christian Worship*. London: T. & T. Clark, 2008.

Barker, Margaret. *Temple Theology*. London: SPCK, 2004.

Bauckham, Richard. *The Climax of Prophecy: Studies on the Book of Revelation*. London: Continuum, 1998.

Bauckham, Richard. 'Early Jewish Visions of Hell'. In *The Fate of the Dead: Studies on the Jewish and Christian Apocalypses*, pp. 49–80. Leiden: Brill, 1998.

Bauckham, Richard. *The Fate of the Dead: Studies on the Jewish and Christian Apocalypses*. Leiden: Brill, 1998.

Bauckham, Richard. 'Life, Death and the Afterlife in Second Temple Judaism'. In Richard N. Longenecker (ed.), *Life in the Face of Death: Resurrection Message of the New Testament*, pp. 80–95. Grand Rapids, MI: Eerdmans, 1998.

Beckwith, Isbon Thaddeus. *The Apocalypse of John: Studies in Introduction, with a Critical and Exegetical Commentary*. New York: Macmillan, 1919.

Bernstein, Alan E. *The Formation of Hell: Death and Retribution in the Ancient and Early Christian Worlds*. Ithaca, NY: Cornell University Press, 1993.

Blount, Brian K. *Revelation: A Commentary*. Louisville, KY: Westminster John Knox, 2009.

Bock, Darrell L. *Proclamation from Prophecy and Pattern: Lucan Old Testament Christology*. London: Continuum, 1987.

Bock, Darrell L. 'The Use of the Old Testament in Luke-Acts: Christology and Mission'. *SBL Seminar Papers* (1990), pp. 494–511.

Bousset, Wilhelm. *Die Religion des Judentums im späthellenistischen Zeitalter*. Tübingen: Mohr Siebeck, 1926.

Bowker, John. '"Merkabah" Visions and the Visions of Paul'. *JSS* 16 (1972), pp. 157–73.

Brettler, Marc Zvi. *God is King*. Sheffield: Sheffield Academic Press, 1989.

Brueggemann, Walter. *Cadences of Home: Preaching Among Exiles*. Louisville, KY: Westminster John Knox, 1997.

Carnegy, D. R. '"Worthy is the Lamb": The Hymns in Revelation'. In Harold H. Rowdon (ed.), *Christ the Lord: Studies in Christology Presented to Donald*

Guthrie, pp. 243–56. Leicester: Inter-Varsity Press, 1982.

Carrell, Peter R. *Jesus and the Angels: Angelology and the Christology of the Apocalypse of John*. Cambridge: Cambridge University Press, 1997.

Chase, Steven. *Angelic Spirituality: Medieval Perspectives on the Way of Angels*. New York: Paulist Press, 2003.

Chazon, Esther. 'Liturgical Communion with the Angels at Qumran'. In Daniel K. Falk et al. (eds), *Sapiential, Liturgical and Poetical Texts from Qumran: Proceedings of the Third Meeting of the International Organization for Qumran Studies, Oslo 1998*, pp. 95–105. Leiden: Brill, 2000.

Chester, Andrew. *Messiah and Exaltation: Jewish Messianic and Visionary Traditions and New Testament Christology*. Tübingen: Mohr Siebeck, 2007.

Chester, Stephen J. *Conversion at Corinth: Perspectives on Conversion in Paul's Theology and the Corinthian Church*. London: Continuum, 2005.

Chitty, Dorothy. *An Angel Set Me Free: And Other Incredible True Stories of the Afterlife*. London: Harper Element, 2009.

Collins, John J. 'The Afterlife in Apocalyptic Literature'. In Alan J. Avery-Peck and Jacob Neusner (eds), *Judaism in Late Antiquity: Death, Life-after-death, Resurrection and the World-to-come in the Judaisms of Antiquity*, pp. 119–39. Leiden: Brill, 2000.

Collins, John J. *The Apocalyptic Imagination: An Introduction to the Jewish Apocalyptic Literature*. Grand Rapids, MI: Eerdmans, 1998.

Collins, John J. *Daniel*. Grand Rapids, MI: Eerdmans, 1984.

Collins, John J. 'Gabriel'. In Karel van der Toorn et al. (eds), *Dictionary of Deities and Demons in the Bible*, pp. 338–9. Leiden: Brill, 1998.

Collins, John Joseph. *Seers, Sibyls, and Sages in Hellenistic-Roman Judaism*. Leiden: Brill, 2001.

Cross, Frank Moore. *Canaanite Myth and Hebrew Epic: Essays in the History of the Religion of Israel*. Cambridge, MA: Harvard University Press, 1973.

Davidson, Maxwell J. *Angels at Qumran: A Comparative Study of 1 Enoch 1–36, 72–108 and Sectarian Writings from Qumran*. Edinburgh: T. & T. Clark, 1992.

Davies, W. D., and Dale C. Allison. *Matthew 8–18: A Commentary*. Edinburgh: T. & T. Clark, 1991.

Davila, James R. *Descenders to the Chariot: The People behind the Hekhalot Literature.* Leiden: Brill, 2001.

Day, John. *God's Conflict with the Dragon and the Sea: Echoes of a Canaanite Myth in the Old Testament.* Cambridge: Cambridge University Press, 1985.

Day, John. *Psalms.* OTG. Sheffield: JSOT Press, 1990.

Desrosiers, Gilbert. *An Introduction to Revelation.* London: Continuum, 2000.

DeVries, Simon John. *Prophet Against Prophet.* Grand Rapids, MI: Eerdmans, 1978.

Dodd, Charles Harold. *The Parables of the Kingdom.* London: Nisbet & Co., 1946.

Dunn, James D. G. 'A Light to the Gentiles: The Significance of the Damascus Road Christophany for Paul'. In L. D. Hurst et al. (eds), *The Glory of Christ in the New Testament: Studies in Christology in Memory of George Bradford Caird*, pp. 21-36. Oxford: Oxford University Press, 1987.

Eichrodt, Walther. *Ezekiel: A Commentary.* Philadelphia: Westminster John Knox, 1970.

Eichrodt, Walther. *Theology of the Old Testament*, vol. 2. London: SCM Press, 1967.

Elior, Rachel. *The Three Temples: On the Emergence of Jewish Mysticism.* Portland, OR: Littman Library of Jewish Civilization, 2005.

Elledge, C. D. *Life After Death in Early Judaism: The Evidence of Josephus.* Tübingen: Mohr Siebeck, 2006.

Ellis, E. Earle. *Christ and the Future in New Testament History.* Leiden: Brill, 2001.

Emil, Hirsch. 'Cosmogony'. In David Bridger (ed.), *The New Jewish Encyclopedia*, pp. 281-3. New York: Behrman House, 1962.

Eskola, Timo. *Messiah and the Throne: Jewish Merkabah Mysticism and Early Christian Exaltation Discourse.* Tübingen: Mohr Siebeck, 2001.

Fatehi, Mehrdad. *The Spirit's Relation to the Risen Lord in Paul: An Examination of its Christological Implications.* Tübingen: Mohr Siebeck, 2000.

Finamore, Stephen. *God, Order, and Chaos: Ren Girard and the Apocalypse.* Eugene, OR: Wipf & Stock, 2009.

Fletcher-Louis, Crispin H. T. *Luke Acts: Angels, Christology, and Soteriology.* Tübingen: Mohr Siebeck, 1997.

Forsyth, Neil. *The Old Enemy: Satan and the Combat Myth.* Princeton, NJ: Princeton University Press, 1989.

Fossum, Jarl E. *The Image of the Invisible God: Essays on the Influence of Jewish Mysticism on Early Christology*. Fribourg: Universit tsverlag, 1995.

Fossum, Jarl E. *The Name of God and the Angel of the Lord: Samaritan and Jewish Concepts of Intermediation and the Origin of Gnosticism*. Tübingen: Mohr Siebeck, 1985.

Gesenius, H. F. W. *A Hebrew and English Lexicon of the Old Testament: With an Appendix Containing the Biblical Aramaic*. Translated by Robinson, E. Oxford: Oxford University Press, 1963.

Gieschen, Charles A. *Angelomorphic Christology: Antecedents and Early Evidence*. AGJU. Leiden: Brill, 1998.

Goldingay, John. *Daniel*. WBC 30. Nashville, TN: Nelson, 1989.

Gooder, Paula. *Only the Third Heaven?: 2 Corinthians 12.1–10 and Heavenly Ascent*. London: Continuum, 2006.

Goodman, Martin. 'Paradise, Gardens and the Afterlife in the First Century CE'. In Markus Bockmuehl and Guy G. Stroumsa (eds), *Paradise in Antiquity: Jewish and Christian Views*, pp. 57- 63. Cambridge: Cambridge University Press, 2010.

Goulder, M. 'Vision and Knowledge'. *JSNT* 43 (1994), pp. 15 –39.

Gruenwald, Ithamar. *Apocalyptic and Merkavah Mysticism*. AGJU. Leiden: Brill, 1980.

Gunther, J. J. *St. Paul's Opponents and Their Background: A Study of Apocalyptic and Jewish Sectarian Teachings*. Leiden: Brill, 1973.

Halperin, David Joel. *The Faces of the Chariot: Early Jewish Responses to Ezekiel's Vision*. TSAJ 16. Tübingen: Mohr Siebeck, 1988.

Hannah, Darrell D. *Michael and Christ: Michael Traditions and Angel Christology in Early Christianity*. Tübingen: Mohr Siebeck, 1999.

Hartley, John E. *The Book of Job*. Grand Rapids, MI: Eerdmans, 1997.

Hecke, P. van. *Metaphor in the Hebrew Bible*. Leuven: Peeters, 2005.

Hengel, Martin. *Judaism and Hellenism*. 2 vols. London: SCM Press, 1974.

Henten, Jan W. van. 'Archangel'. In Karel van der Toorn et al. (eds), *Dictionary of Deities and Demons in the Bible*, pp. 80 –2. Leiden: Brill, 1998.

Hering, Jean. *The Second Epistle of Saint Paul to the Corinthians*. Eugene, OR: Wipf

& Stock, 2009.

Herzog, William. *Parables as Subversive Speech: Jesus as Pedagogue of the Oppressed.* Louisville, KY: Westminster John Knox, 1999.

Himmelfarb, Martha. *The Apocalypse: A Brief History.* Chichester: John Wiley and Sons, 2010.

Himmelfarb, Martha. *Ascent to Heaven in Jewish and Christian Apocalypses.* New York: Oxford University Press, 1993.

Himmelfarb, Martha. *Tours of Hell: Apocalyptic Form in Jewish and Christian Literature.* Philadelphia: Augsburg Fortress, 1985.

Hoekema, Anthony A. *The Bible and the Future.* Carlisle: Paternoster, 1979.

Houtman, Cornelis. *Der Himmel im Alten Testament: Israels Weltbild und Weltanschauung.* Oudtestamentische Studien, Vol. 30. Leiden: Brill, 1993.

Hurtado, Larry W. 'Convert, Apostate or Apostle to the Nations: The "Conversion" of Paul in Recent Scholarship'. *SR* 22 (1993), pp. 273 – 84.

Hurtado, Larry W. *How On Earth Did Jesus Become a God?: Historical Questions About Earliest Devotion to Jesus.* Grand Rapids, MI: Eerdmans, 2005.

Hurtado, Larry W. *Lord Jesus Christ: Devotion to Jesus in Earliest Christianity.* Grand Rapids, MI: Eerdmans, 2005.

Hurtado, Larry W. *One God, One Lord: Early Christian Devotion and Ancient Jewish Monotheism.* London: SCM Press, 1988.

Isaacs, Ronald H. *Ascending Jacob's Ladder: Jewish Views of Angels, Demons, and Evil Spirits.* North Vale, NJ: Jason Aronson, 1997.

Johnson, Luke Timothy. *The Acts of the Apostles.* Collegeville, MN: Liturgical Press, 1992.

Johnson, Trevor. 'Guardian Angels and the Society of Jesus'. In Alexandra Walsham (ed.), *Angels in the Early Modern World*, pp. 191–213. Cambridge: Cambridge University Press, 2006.

Johnston, Philip S. *Shades of Sheol: Death and Afterlife in the Old Testament.* Downers Grove, IL: Inter-Varsity Press, 2002.

Jong, Matthijs J. de. *Isaiah Among the Ancient Near Eastern Prophets: A Comparative Study of the Earliest Stages of the Isaiah Tradition and the Neo-Assyrian Prophecies.* Leiden: Brill, 2007.

Kim, Seyoon. *The Origin of Paul's Gospel*. Vol. 4. WUNT 2. Tübingen: Mohr Siebeck, 1984.

Kim, Seyoon. *Paul and the New Perspective: Second Thoughts on The Origin of Paul's Gospel*. Vol. 140. WUNT 2. Tübingen: Mohr Siebeck, 2002.

Kooij, Arie van der. 'The Ending of the Song of Moses: On the Pre-Masoretic Version of Deut 32.43'. In Florentino Garcia Martinez (ed.), *Studies in Deuteronomy: In Honour of C. J. Labuschagne on the Occasion of His 65th Birthday*, pp. 93 –100. Leiden: Brill, 1994.

Light, Gary W. *Isaiah*. Westminster John Knox, 2003.

Lincoln, Andrew T. *Paradise Now and Not Yet: Studies in the Role of the Heavenly Dimension in Paul's Thought with Special Reference to His Eschatology*. Cambridge: Cambridge University Press, 2004.

Longenecker, Richard N. *Life in the Face of Death: Resurrection Message of the New Testament*. Grand Rapids, MI: Eerdmans, 1998.

Longenecker, Richard N. *The Road from Damascus: The Impact of Paul's Conversion on his Life, Thought, and Ministry*. Grand Rapids, MI: Eerdmans, 1997.

Macaskill, Grant. 'Paradise in the New Testament'. In Markus Bockmuehl and Guy G. Stroumsa (eds), *Paradise in Antiquity: Jewish and Christian Views*, pp. 64 – 81. Cambridge: Cambridge University Press, 2010.

McDannell, Colleen, and Bernhard Lang. *Heaven: A History*. New Haven, CT: Yale University Press, 1990.

McGrath, Alister E. *A Brief History of Heaven*. Oxford: Blackwell, 2003.

Mach, M. 'Michael'. In Karel van der Toorn et al. (eds), *Dictionary of Deities and Demons in the Bible*, pp. 569 –72. Leiden: Brill, 1998.

McKeown, James. *Genesis*. Grand Rapids, MI: Eerdmans, 2008.

Madigan, K. J. *Resurrection: The Power of God for Christians and Jews*. New Haven, CT: Yale University Press, 2009.

Marshall, I. Howard. *The Gospel of Luke*. Grand Rapids, MI: Eerdmans, 1978.

Meyers, Eric Mark. *Jewish Ossuaries: Reburial and Rebirth. Secondary Burials in their Ancient Near Eastern Setting,* Rome: Pontifical Institute Press, 1971.

Milgram, Rabbi Goldie. *Living Jewish Life Cycle: How to Create Meaningful Jewish*

Rites of Passage at Every Stage in Life. Woodstock, VT: Jewish Lights, 2008.

Morris, Leon. *Revelation*. Grand Rapids, MI: Eerdmans, 1996.

Morse, Christopher. *The Difference Heaven Makes: Rehearing the Gospel as News*. London: T. & T. Clark, 2010.

Mowinckel, Sigmund. *The Psalms in Israel's Worship*. OTG. Sheffield: JSOT, 1962.

Oesterley, W. O. E. *Immortality and the Unseen World: A Study in Old Testament Religion*. London: SPCK, 1921.

Olyan, Saul M. *A Thousand Thousands Served Him: Exegesis and the Naming of Angels in Ancient Judaism*. TSAJ 36. Tübingen: Mohr Siebeck, 1993.

Patai, Raphael. *The Jewish Mind*. New York: Hatherleigh Press, 1977.

Pennington, Jonathan T. *Heaven and Earth in the Gospel of Matthew*. Grand Rapids, MI: Baker, 2009.

Pope, M. *Job*. New Haven, CT: Yale University Press, 2007.

Porteous, Norman W. *Daniel: A Commentary*. Louisville, KY: WJK, 1965.

Price, R. M. 'Punished in Paradise (An Exegetical Theory on 2 Cor. 12.1-10)'. *JSNT* 7 (1980), pp. 33 - 40.

Rambo, L. R. 'Current Research on Religious Conversion'. *RSR* 8 (1982), pp. 146 -59.

Reynolds, Benjamin E. *The Apocalyptic Son of Man in the Gospel of John*. Vol. 249. WUNT 2. Tübingen: Mohr Siebeck, 2008.

Riley, G. J. 'Devil'. In Karel van der Toorn et al. (eds), *Dictionary of Deities and Demons in the Bible*, pp. 244 - 9. Leiden: Brill, 1998.

Rowland, Christopher. 'Apocalyptic Visions and the Exaltation of Christ in the Letter to the Colossians'. *JSNT* 19 (1983), pp. 73 - 83.

Rowland, Christopher. *The Open Heaven: A Study of Apocalyptic in Judaism and Early Christianity*. London: SPCK, 1982.

Rowland, Christopher, and C. R A. Murray-Jones. *The Mystery of God: Early Jewish Mysticism and the New Testament*. Leiden: Brill, 2009.

Russell, Jeffrey Burton. *A History of Heaven: The Singing Silence*. Princeton, NJ: Princeton University Press, 1997.

Savage, Timothy B. *Power through Weakness: Paul's Understanding of the Christian Ministry in 2 Corinthians*. Cambridge: Cambridge University Press, 1995.

Sawyer, John. *Isaiah.* Vol. 1. Louisville, KY: WJK, 1999.

Schimanowski, Gottfried. '"Connecting Heaven and Earth": The Function of Hymns in Revelation 4 -5'. In Ra'anan S. Boustan et al. (eds), *Heavenly Realms and Earthly Realities in Late Antique Religions,* pp. 67- 84. Cambridge, Cambridge University Press, 2009.

Scholem, Gershom. *Jewish Gnosticism, Merkabah Mysticism, and Talmudic Tradition.* New York: Jewish Theological Seminary of America, 1960.

Scholem, Gershom. *Major Trends in Jewish Mysticism.* New York: Schocken Books, 1955.

Segal, Alan F. *Life After Death: A History of the Afterlife in Western Religion.* New York: Doubleday, 2004.

Segal, Alan F. *Paul the Convert: The Apostolate and Apostasy of Saul the Pharisee.* New Haven, CT: Yale University Press, 1992.

Segal, Alan F. *Two Powers in Heaven: Early Rabbinic Reports about Christianity and Gnosticism.* Leiden: Brill, 1977.

Shiner, W. T. 'The Ambiguous Pronouncement of the Centurion and the Shrouding of Meaning in Mark'. *JSNT* 78 (2000), pp. 3 -22.

Simon, Ulrich E. *Heaven in the Christian Tradition.* London: Rockliff, 1958.

Sperber, Alexander, Israel Drazin, and Abraham Berliner, trans. *Targum Onkelos to Exodus: An English translation of the text with analysis and commentary (based on the A. Sperber and A. Berliner editions).* New York: KTAV, 1990.

Stadelmann, Luist J. *The Hebrew Conception of the World: A Philological and Literary Study.* Rome: Pontifical Biblical Institute, 1970.

Stone, Michael Edward. *Fourth Ezra.* Philadelphia: Augsburg Fortress, 1990.

Stroumsa, Guy G. 'Introduction: The Paradise Chronotype'. In Markus Bockmuehl and Guy G. Stroumsa (eds), *Paradise in Antiquity: Jewish and Christian Views,* pp. 1-14. Cambridge: Cambridge University Press, 2010.

Stuckenbruck, Loren T. *Angel Veneration and Christology: A Study in Early Judaism and the Christology of the Apocalypse of John.* Tübingen: Mohr, 1995.

Sumney, Jerry L. *Identifying Paul's Opponents: The Question of Method in 2 Corinthians.* London: Continuum, 1990.

Tate, Marvin. *Psalms 1–50.* WBC 19. Nashville, TN: Nelson, 2005.

Thiselton, Anthony C. *The First Epistle to the Corinthians*. Carlisle: Paternoster, 2001.

Thiselton, Anthony C. *Life After Death: A New Approach to the Last Things*, Grand Rapids, MI: Eerdmans, 2011.

Tur-Sinai, Naftali H. *The Book of Job: A New Commentary*. Jerusalem: Kiryath Sepher, 1967.

Tuschling, R. M. M. *Angels and Orthodoxy: A Study in Their Development in Syria and Palestine from the Qumran Texts to Ephrem the Syrian*. Tübingen: Mohr Siebeck, 2007.

Virtue, Doreen. *How To Hear Your Angels*. London: Hay House UK, 2007.

Walsham, Alexandra. *Angels in the Early Modern World*. Cambridge: Cambridge University Press, 2006.

Wenham, Gordon J. *Genesis 1–15*. Waco, TX: Word Books, 1987.

Westermann, Claus. *Genesis 1–11: A Continental Commentary*. London: SPCK, 1985.

Wilson, R. McL. 'Gnostic Origins'. *VC* 9 (1955), pp. 193 –211.

Wrede, William. *The Messianic Secret*. Cambridge: James Clarke & Co., 1971.

Wright, J. Edward. *The Early History of Heaven*. Oxford: Oxford University Press, 2002.

Wright, N. T. 'In Grateful Dialogue: A Response'. In Carey C. Newman (ed.), *Jesus and the Restoration of Israel: A Critical Assessment of N. T. Wright's Jesus and the Victory of God*, pp. 244 – 80. Leicester: Inter-Varsity Press, 1999.

Wright, N. T. *Jesus and the Victory of God: Christian Origins and the Question of God: v. 2*. London: SPCK, 1996.

Wright, N. T. *Resurrection*. DVD. IVP Connect, 2006.

Wright, N. T. *The Resurrection of the Son of God*. London: SPCK, 2003.

Wright, Tom. *Surprised by Hope*. London: SPCK, 2007.

Zwiep, Arie W. *The Ascension of the Messiah in Lukan Christology*. Leiden: Brill, 1997.

구약성경

사해문서

마침내 드러난 하늘나라

초판1쇄   2021. 08. 23
지은이   폴라 구더
옮긴이   이학영
교정교열   김덕원 박선영 하늘샘
표지디자인   장미림

발행인   이학영
발행처   도서출판 학영
전화   02-853-8198
팩스   02-324-0540
주소   서울시 관악구 남부순환로 168길 68-2
이메일   hypublisher@gmail.com
총판처   기독교출판유통

ISBN   9791197035531 (93230)
정 가   16,000원